国际工程教育丛书

余寿文 王孙禺 张文雪 雷 环 编著

中国工程教育专业认证
及其国际实质等效性研究

清华大学出版社
北京

图书在版编目(**CIP**)数据

中国工程教育专业认证及其国际实质等效性研究/余寿文等编著. —北京:清华大学出版社,2021.9
    (国际工程教育丛书)
    ISBN 978-7-302-59030-9

Ⅰ.①中… Ⅱ.①余… Ⅲ.①高等教育–工科(教育)–认证–研究–中国 Ⅳ.①G642.0

中国版本图书馆 CIP 数据核字(2021)第 177108 号

责任编辑:马庆洲
封面设计:常雪影
责任校对:王淑云
责任印制:朱雨萌

出版发行:清华大学出版社
    网　　　址:http://www.tup.com.cn,　http://www.wqbook.com
    地　　　址:北京清华大学学研大厦 A 座　邮　编:100084
    社 总 机:010-62770175　邮　购:010-62786544
    投稿与读者服务:010-62776969, c-service@tup.tsinghua.edu.cn
    质量反馈:010-62772015, zhiliang@tup.tsinghua.edu.cn
印 装 者:小森印刷霸州有限公司
经　　销:全国新华书店
开　　本:165mm×240mm　印　张:15.75　字　数:269 千字
版　　次:2021 年 10 月第 1 版　印　次:2021 年 10 月第1次印刷
定　　价:78.00 元

产品编号:090442-01

总　　序

近年来,中国工程院设立工程科技咨询研究课题,开展了"工程教育改革与发展研究""创新型工程科技人才培养研究""建立具有国际实质等效性的中国高等工程教育专业认证制度研究""院校工程教育的工程性与创新性问题研究""工程教育专业认证制度与工程师注册制度衔接问题的研究""国际工程教育合作战略研究"" '一带一路'工程科技人才培养及人文交流研究""构建工程能力建设研究"等一系列课题研究。这些研究具有重要的理论意义和现实意义,是加快我国创新型国家建设的迫切需要,是推动工程师培养制度改革的需要,是促进工程科技人才培养与人文交流的需要。这些课题的研究有利于提出相关政策建议,对于深化工程科技人才培养、鼓励和引导工程科技人才成长具有重要的战略意义。

特别要强调的是,在中国工程院和清华大学共同申请和推动下,2015 年 11 月经联合国教科文组织(UNESCO)第 38 届大会批准、2016 年 6 月联合国教科文组织国际工程教育中心(ICEE)在北京正式签约成立。该工程教育中心以联合国教科文组织"可持续发展"的宗旨和原则为指导,以推动建设平等、包容、发展、共赢的全球工程教育共同体为长期愿景,围绕全球工程教育质量提升与促进教育公平的核心使命,致力于建成智库型的研究咨询中心、高水平的人才培养基地和国际化的交流合作平台。

目前,国际工程教育中心研究人员已牵头承担或作为核心成员参与联合国教科文组织、中国工程院、国家自然科学基金委、国家教育部委托的重大咨询研究项目,在提升国际影响力、政策影响力和学术影响力等方面发挥越来越大的作用。

为了更好地反映国际工程教育发展的过程和趋势,反映国际工程教育中心的研究成果,拟将近年来完成的报告、论文等汇集出版。

尽管这些报告或论文有些数据略早,但这些资料真实地记录了近些年我国工程教育研究的发展进程。这些成果作为工程教育的研究方法和政策过程有一定的回顾意义,反映了我国工程教育发展进程中的历史价值,以供后来者对工程教育研究历史的梳理和追溯。

当前,世界处于百年未有之大变局中,工程科技突飞猛进既是百年变局的一项基本内容,也是百年变局的基本推动力量。全球科技创新已经进入空前密集活跃的时期,这对于工程领域人才培养和人文交流模式变革,对于提高国家竞争实力都提出了非常迫切和现实的要求。可以说,这就是我们编写和出版此书的意义所在。

工程教育界的同仁们,我们共同努力再努力!

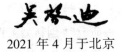

2021 年 4 月于北京

[吴启迪,教授,联合国教科文组织国际工程教育中心(ICEE)副理事长兼中心主任,清华大学工程教育研究中心主任,曾任教育部副部长,同济大学校长等职]

第二部分 论文作者简介

（按姓名拼音字母排序，作者单位及职务、职称据文章发表时列出，个别有微小变动）

孔钢城　清华大学教育研究院博士研究生

雷　环　清华大学教育研究院博士研究生

李　蔚　清华大学教务处副研究员

刘俊霞　清华大学教务处讲师

迈克尔·密里根（Michael K J Milligan）　美国工程与技术认证委员会（ABET）执行主任

彭　晶　清华大学教务处职员

乔伟峰　清华大学工程教育研究中心研究人员、教育研究院博士研究生

王孙禺　清华大学教育研究所教授

余寿文　清华大学副校长、教授

袁本涛　清华大学教育研究所副教授

张文雪　清华大学教务处副处长，副研究员，清华大学教育研究所博士生

郑　娟　清华大学教育研究院博士研究生、北京工业大学高教所助理研究员

目　录

第一部分　主　报　告

第二部分　主要研究成果

第一部分　主　报　告 *

---

* 本报告为中国工程院、教育部咨询课题的部分成果(2005—2006 年度)。后做局部修改。

第一章 导 论

新中国成立以来,我国高等工程教育有了迅速的发展。特别是近些年,高等工程教育的规模有了进一步增长。由此,社会对高等工程教育也提出了更高的要求。如何提供适应我国新型工业化发展的人才,今后如何培养适应经济全球化的工程技术人才,这是我国高等工程教育面临的一个迫切问题。

国际高等工程教育专业认证制度是工程人才培养质量的重要保证,也是各国高等工程教育参与国际交流的一项重要基础。工程教育认证,是一种按国际实质等效标准的认证,各国工程界关于工程教育认证标准的文字描述可能有所不同,但其表达的内容实质是一致的,主要目的是保证工程教育质量的一致性。目前,我国高等工程教育评价体系尚未真正形成,还没有一个完善的、统一的、具有国际实质等效性的高等工程教育专业认证制度;而欧美等发达国家在这一领域已经有了相当长的历史并取得了丰富的经验,因此,借鉴欧美的经验并开展这方面的研究对于建立中国特色且具有国际实质等效性的高等工程教育专业认证制度有着非常重要的现实意义。为此,根据中国工程院、教育部提出的研究任务,一年多来,我们对国际高等工程教育专业认证制度与高等工程教育改革问题开展了研究,本报告即是这一研究成果的汇总与集成。

第一节 充分认识开展高等工程教育专业认证的重要性

高等工程教育专业认证制度是我国工程师质量保证体系的重要组成部分,同时,在经济全球化背景下,它也是促进我国工程技术人才参与国际流动的重要保证。因此,建立高等工程教育专业认证制度对于提高我国高等工程教育的国际竞争力以及确保我国高等工程教育的质量都具有十分重要的作用,具体体现在以下几个方面。

一、通过高等工程教育专业认证,促进高等工程教育质量提高

通过评估促进教育质量的提高,是被高等教育实践证明了的一条带规律性的措施,是世界各国高等教育发展和质量建设的共同经验,其中教学质量的评定与控制对提高人才培养质量具有十分重要的作用。通过高等工程教育专业认证,可以明确工程教育专业的标准和基本要求,促进各院校和专业进一步办出自己的特色;可以改善教学条件、促进对教学经费的投入;可以促进教师队伍的建设和专业化发展;还可以发现大学相关专业院系教学管理的薄弱环节,促进建立科学规范的教学质量管理和监控体系,从而提高大学教学管理水平。由于高等工程教育专业认证标准体现了高等工程教育的基本要求与质量导向,从某种意义上讲,它是一根"指挥棒"。

二、加强高等工程教育与工业界的联系,促进高等工程教育改革与发展

考察我国工程教育,必须详细分析我国的高等工程院校与政府、工业界、中介组织之间的关系。随着经济改革的深入,大学与工业企业的联系不断增强,但仍缺乏有效的连接纽带。政府对大学起着重要的领导与调控作用,中介组织的作用尚处于发育阶段。

因此,在政府的支持下,加强工程教育与工业界的联系,成为改革工程教育,提高工程教育质量的关键之一。工程专业的人才培养,包括基础与专业的学习和工程实践的训练;其基础与专业的学习主要在校内完成,工程实践训练则需要学校与企业共同协作完成。工程教育如果没有企业参与,培养计划就难以满足产业界对人才的需求,而且在校期间的工程训练部分也难以保证质量要求,这是我国高等工程教育中的薄弱环节。通过高等工程教育专业认证,把工业界对工程师的要求及时地反馈到工程师培养的过程中来,引导高等工程教育专业的改革与发展,密切高等工程教育和工业界的关系。开展高等工程教育专业认证,使工业界参与工程教育培养过程中的培养方案的制定、培养过程的改进与培养成果的验

收,促进工业界对高等工程教育的了解和支持。有工业界的参与,可以使高等工程教育更加有效反映工程技术的实际需求,改善高等工程教育的产业适应性,促进高等工程教育为工业界提供合格的工程师。

三、有利于高等工程教育的国际交流,强化学生就业竞争力优势,提升我国高等工程教育的国际竞争力

随着经济全球化和工业界国际竞争加剧,如何培养能够参与国际化工程项目的工程师,在实质等效性的要求下推进全球工程教育的交流,这是世界各国高等工程教育正在努力解决的问题。由于国际高等工程教育专业认证对于学生未来进入就业市场有着决定性的意义,因而必将引起社会的广泛关注,学生和家长在选择某个专业时确认其资质、学校确定专业的改进措施、用人单位选材乃至我国高等工程教育争取国际留学生市场份额、输出本国教育资本等,都与是否建立起具有国际实质等效性的高等工程教育专业认证制度有着密切的关系。随着我国加入 WTO,工程服务与教育服务作为服务贸易的重要组成部分也必将打破相关的壁垒,加入到国际竞争的行列之中。为了使我国的工程技术人员能够平等参与国际就业市场的竞争,满足进入国际就业市场的现实要求并获得平等待遇,在我国开展中国特色又具有国际实质等效性的高等工程教育专业认证,不仅十分必要,而且有利于促进我国高等工程教育的国际交流,提升国际竞争力。

第二节　推进高等工程教育专业认证的必要性

尽管我国经过多年的努力,已经建立起一套完整的高等教育体系和与之配套的质量评估制度,然而面临经济全球化和日趋激烈的国际竞争环境,我们必须审时度势,努力建构具有国际实质等效性的中国高等工程教育专业认证制度,有必要认真研究相应的国际认证组织及其认证制度,在适当的时候及时加入国际高等工程教育专业相应的国际认证协议,成为国际组织成员。

当前,促进我国高等工程教育专业获得国际互认的重要任务之一就是要为加入《华盛顿协议》做好准备。

《华盛顿协议》(Washington Accord)是 1989 年由澳大利亚、美国、爱尔兰、新西兰、英国、加拿大 6 个英语国家首先发起建立的。《华盛顿协议》主要针对四年制

本科高等工程教育,相互承认经过认证的工程学位。《华盛顿协议》签约成员分为正式会员和预备会员。香港、南非、日本已分别于 1995 年、1999 年、2005 年成为正式会员;2003 年德国、马来西亚和新加坡被接纳为预备会员;2005 年韩国和中国台北也被接纳为预备会员。至此,签约正式会员与预备会员增加到了 14 个(详见表 1-1)。

表 1-1　华盛顿协议正式会员和预备会员一览(截至 2005 年)

	国家/地区	正式会员或预备会员 SIGNATORY/PROVISIONAL ORGANIZATION	加入年份
1		澳大利亚 (主席单位)	澳大利亚工程师学会 INSTITUTION OF ENGINEERS, AUSTRALIA, IEAUST	1989
2		美国 (秘书长单位)	美国工程与技术认证委员会 ACCREDITATION BOARD FOR ENGINEERING AND TECHNOLOGY, ABET	1989
3		爱尔兰	爱尔兰工程师学会 INSTITUTION OF ENGINEERS OF IRELAND, IEI	1989
4	正式签约国家或地区	新西兰	新西兰专业工程师学会 INSTITUTION OF PROFESSIONAL ENGINEERS, NEW ZEALAND, IPENZ	1989
5		英国	英国工程委员会 ENGINEERING COUNCIL, ECUK	1989
6		加拿大	加拿大专业工程师委员会工程认证委员会 CANADIAN ENGINEERING ACCREDITATION BOARD OF THE CANADIAN COUNCIL OF PROFESSIONAL ENGINEERS, CEAB OF CCPE	1989
7		香港	香港工程师学会 HONG KONG INSTITUTION OF ENGINEERS, HKIE	1995
8		南非	南非工程委员会 ENGINEERING COUNCIL OF SOUTH AFRICA, ECSA	1999
9		日本	日本高等工程教育认证委员会 JAPAN ACCREDITATION BOARD FOR ENGINEERING EDUCATION, JABEE	2005

	国家/地区	正式会员或预备会员 SIGNATORY/PROVISIONAL ORGANIZATION	加入年份
10	预备签约国或地区 德国	德国工程、信息科学、自然科学和数学专业认证机构 ACCREDITATION AGENCY FOR STUDY PROGRAMMES IN ENGINEERING, INFORMATICS, NATURAL SCIENCES AND MATHEMATICS, ASIIN	2003
11	马来西亚	马来西亚工程师学会 ENGINEERING ACCREDITATION COUNCIL OF MALAYSIA (EAC, MALAYSIA)	2003
12	新加坡	新加坡工程师学会 INSTITUTION OF ENGINEERS, SINGAPORE, IES	2003
13	韩国	韩国高等工程教育认证委员会 ACCREDITATION BOARD FOR ENGINEERING EDUCATION OF KOREA, ABEEK	2005
14	中国台北	台湾高等工程教育学会 INSTITUTE OF ENGINEERING EDUCATION TAIWAN, CHINA, IEET	2005

　　《华盛顿协议》的正式会员有一票否决权,预备会员没有表决权。预备会员通过其认证体系的运作并不断完善,在达到《华盛顿协议》的标准和要求后,则可申请成为正式会员。《华盛顿协议》每两年召开一次大会,审议和批准接纳新的成员。目前,包括中国、俄罗斯、印度、泰国等都在积极准备申请加入该组织。《华盛顿协议》的正式会员和预备会员中既有发达国家或地区也有发展中国家或地区,这表明《华盛顿协议》所要求的认证体系正在得到国际认可,《华盛顿协议》的地位和作用正越来越重要。

第三节　高等工程教育专业认证是教育制度创新的重要组成部分

　　我国参与高等工程教育专业认证开始于1992年的建筑专业认证。此后,由于我国正式加入 WTO,教育环境随着国际贸易市场的开放面临着新的全球竞争。如何进一步建设适应新型工业化要求的中国工程教育专业认证体系,又使其能适应国际市场竞争对人才培养提出的质量要求,这是我国高等工程教育制度创新所面临的重要任务。

一、高等工程教育创新提出的新要求

如今,世界在变化,科技在变化,高等教育也在变化。高等工程教育更需要适应环境的变化而加以不断调整,以培养学生创新、务实、灵活和应变的能力。新一代工程师们需要的能力将不只是限于传统科学知识及基础工程概念,更应该具备在跨专业、跨领域团队中合作的能力,具备参与国际竞争的能力。

然而近年来,我国高等工程教育专业培育出来的学生,多偏重理论学习,而缺乏实际动手、分析及设计创新的能力,以致毕业后进入工作岗位,难以适应工程实际的需要。传统的课程,往往限于训练学生的理论思维及习题解答能力,学生擅长解决课堂上的问题;然而,实际工程问题大都不是定义完整,也不限于唯一的解决方式或答案,而是需要花上数个月,甚至数年才能解决。在这样的情况下,所需的知识往往是超乎传统课程课本所能给予的,而且工程问题需要团队共同努力才能解决。现有的课程,鲜少有这方面的训练,学生更不会有此认识。所以,对这方面之课程设计非常重要。

因此,现代高等工程教育,再也不能局限于学科各自为政的教学模式,而需训练学生灵活运用基础知识解决实际工程问题的基本能力,并配合当代发展趋势,训练学生整合知识及实际设计的能力,使学生在毕业后能对相关领域有快速适应和实质贡献。

近年来,随着科学技术和社会经济的迅速发展,各国高等工程教育对质量提出的要求越来越高。美国工程与技术认证委员会(ABET)近几年在高等工程教育方面提出了许多新的内容、务实的教育改革计划,其中最重要的就是提出 11 项学生核心能力指标(EC-2000)(具体内容见后文)。这些能力指标旨在评价学生的综合能力,包括沟通、合作、专业知识技能、终身学习的能力及世界观,等等,为教师、教育机构在设计课程上提出了明确方向与要求。

二、认证制度的国际实质等效性要求对教育教学发展产生重要影响

美国 ABET 提出的"以成果产出(program outcomes)为导向"的观点,已受到高

等工程教育界的特别关注。更准确地说,在有限时间的课堂上,教师要指导学生在本学科领域内学到应具备的基础知识,同时要指导学生发展解决实际问题并具有在跨领域开展研究的能力。毫无疑问,注重"产出"的指标,对课程设置会有重要的影响。教师将由此重新审视培养计划,明确学生专业知识和技能的学习目标。重视学生学习能力的结果促进课程整合,引导学生在跨领域或跨组织团队中与他人相处合作。教师需具备足够的工程背景知识和工程以外的综合知识,这样教师才能引导学生去学习本学科以外的课程。教师对于其课程的学习成果与目标要有比较深入的了解。为了实现这些,一方面,针对"要求学生学什么",能与工业界的用户一起,用长远的育才眼光进行设计与改进课程;另一方面,也要针对"学生学到了什么",有一个全局性的考查与检验。由于我国工程教育的不平衡性特点,还应该在考虑认证制度等效性的同时,加强对工程教育投入的重视。

三、高等工程教育专业认证将会改变教育评估的传统观念

专业认证制度及其国际交流与互认对工程教育质量监控、对教师与学生的发展都将带来新的挑战。教育认证不同于教育水平评估,认证不是各校各专业好坏的评比,而是建立一套质量管理及保障制度,以保证专业教育达到合格的质量要求。认证观念是认证制度建立的关键所在,可以预见高等工程教育专业认证制度实施的困难之一在于各高校对参与认证工作的心态,要让人们接受认证制度、改变对教育评估的传统观念,需要相当长的时间。

总之,高等工程教育专业认证制度的建立,将是我国高等教育改革和制度创新的一项重要举措。加入 WTO 以后,工程与教育服务作为服务贸易的重要组成部分也必将面临越来越严峻的国际竞争。我国教育界、工程界有必要为建立具有国际实质等效性的高等工程教育专业认证制度早做准备。

第二章　国际高等工程教育专业认证制度

第一节　美国 ABET 高等工程教育专业认证制度

美国 ABET 是高等教育认证委员会(CHEA)授权负责对授予学位的工程、技术、计算及应用科学专业进行认证的机构。经过 ABET 认证的专业得到了很多组织的广泛认同,是高校和相关机构互相尊重友好合作的例证。

ABET 是有多个职业和技术学会组成的联盟。这些学会在学术界和工业界开展专业实践,构成了董事会和四个认证分委员会为主体的组织结构,这四个分委员会分别是:工程认证委员会(EAC,1933 年)、技术认证委员会(TAC,1944 年)、应用科学认证委员会(ASAC,1976 年)和计算科学认证委员会(CAC,2000 年)。如图 2-1 所示。

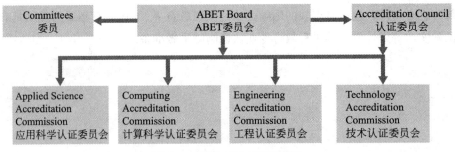

图 2-1　美国 ABET 组织结构

ABET 对认证的文件进行不断的修改和补充。最初的说明与随后修改和补充的内容共同组成了关于工程、技术、计算和应用科学专业认证的政策和程序。

一、ABET 的宗旨、职责与目的

ABET 的宗旨在于规划和实施对授予学位的专业进行综合认证的程序,帮助学术机构制订专业教学计划;提高对工程、技术、计算科学以及应用科学方面感兴趣的学生的学术发展,对有专业认证权利的机构提供技术支持。

ABET 的职责在于通过常务委员会和分委员会进行工作。分委员会包括:工程认证委员会、技术认证委员会、计算认证委员会和应用科学认证委员会。这些认证委员会有以下职责:

1. 认证委员会的各项政策、程序和标准应提交 ABET 董事会批准。董事会对政策、程序及认证标准进行审核,也可以向相应的认证委员会提出具体的修改意见。认证委员会的认证过程应该遵守董事会批准的政策、程序和标准。除申诉外,认证委员会应该对认证进行最终的决策。

2. 所有有关认证的申诉由董事会负责受理,董事会决定最终结果。

3. 认证决定是基于 ABET 公布的相关标准、政策和程序做出的。ABET 公布的其他文件仅做参考。

ABET 专业认证的主要目的是:

- 请考生和家长知道,哪些学校的哪些专业点是符合合格标准的,以便为学生将来成为工程师做好准备;
- 请工学院的院长和专业教师知道,如何正确评价本专业点的强项和弱项,以及如何保持和改进;
- 请纳税人和用人单位知道,哪些专业点的毕业生已经为执业和公共事业做好了准备。

ABET 通过不懈的努力,促使高等工程教育适应变化的环境,引导其成员团体与其他支持者参与认证活动并解决战略问题;ABET 在所有的活动中,最主要的任务是提高质量,提高女性、少数族裔以及企业与政府人员参与 ABET 活动的频率。

ABET 的工作属于为发展全球教育事业提供咨询服务,费用由受益者负担。

二、ABET 的战略规划

ABET 的任务是认证教育专业。向公众提供、实施并保持独立、客观、高质量和高效的认证体系,及时公布认证结果,提供咨询服务,了解适应新出现的技术、不断变化的学科和模糊的学科边界,以适应不断发展的教学模式(教学法、学校的类型)。

ABET 鼓励提高教育质量,鼓励创新。协助其内部以及组织之间的思想和经验交流,增加相关专业的参与度。

ABET 以财政独立的方式促进全世界的教育发展,帮助美国和全世界的教育机构的发展。通过加入国际互认体系、承认专业的实质等效性以及评估教育证书等方式,促进专业技术人员在国际范围的流动,并帮助其他国家和地区建立教育质量保障体系。

ABET 在项目和实施过程中咨询支持者和公众的意见,出版适当的报告和数据,使这些报告和数据容易获取,参加利益相关者和各种组织的论坛,提高认证的价值。

ABET 对变化的环境和支持者未来的需求提供有预见性的建议,并为此做好充分准备。ABET 及时了解周围的环境,针对新出现的问题及时争取利益相关者和其他组织的投入,在战略上寻求成员组织和其他组织的参与;在实践中,坚持不断提高质量的理念。ABET 关注提高女性、少数群体以及企业和政府人员的参与。

ABET 以有效和财政负责的方式管理项目和资源,保持对志愿者和员工的适当管理,以最有效的方式使用志愿者和员工,建立有效的互助型关系。

三、ABET 的认证原则

ABET 专业认证遵循以下基本的原则:

(一) 院校

属于以下类别的高等院校提供的专业将有资格得到认证:

1. 该高校已通过地区性或国家性认证机构的认证或者该高校是美国教育部承认的州行政机构批准正式建立的学校。

2. 该高校是经过州行政机构批准建立的,只有工程、技术、计算或应用科学,或这几个专业的交叉学科,没有其他的专业;或者其他符合 ABET 认证目的的专业所在的高校。

3. 该高校符合条件①,其分校受到主校的直接管辖,分校开设的专业与主校的相同。如果有多个分校的高校在提交认证专业时,每个分校在认证过程中将被看作是一个独立的学校。

（二）专业

1. 认证对象：ABET 认证的是授予学位的教育专业而不是高校、院系或是学位。只有当完成一个专业的任何方式都满足认证标准，该专业才能通过认证。

2. 专业名称：认证的专业名称需体现该专业的内容，并且出现在毕业生的成绩单和学校的文件中。学校不能用同一个名称命名已经认证的专业和未经认证的专业。尽管专业的命名是教育机构的特权，但并不鼓励对同一专业使用不同的名称，因为这会对公众，包括学生、预期的学生和雇主造成误导。

工程认证委员会——所有的工程专业名称需包含"工程"二字。

技术认证委员会——所有的工程技术专业名称的最后一个名词必须是"技术"。最好是包含"工程技术"。

3. 教学实践：一个专业是一个有规划的教学实践，包括紧凑的课程设置和其他合理安排的教学模式，这样课程才会有深度。另外，该专业的设置应使学生具备将相关知识运用到专业领域的能力，也应体现当代高等教育的教育目标。专业标准是由各学会和委员会制定的，这些标准确定了大的学科下的具体的专业要求。

4. 工程能力：ABET 认证的专业都是高等教育专业，包括工程、技术、计算和应用科学。所有的专业都有扎实的科学和数学的基础。

工程认证委员会——认证的专业应使学生具备工程实践的能力。

技术认证委员会——认证的专业在本质上是技术性的，是介于工程学和职业教育/工业技术之间的技术教育领域。简单地说，工程技术与工业技术专业的区别在于师资类型、设备、数学与科学的内容以及专业化的程度。工业技术专业的老师多有职业教育背景，而工程技术专业的老师多有工程学或是技术背景。

计算认证委员会——认证的专业应使学生具备在计算科学领域实践的能力。

应用科学认证委员会——认证的专业属于高等技术教育的范畴，与工程学或应用科学在实践和学术研究方面都有密切的联系。这些专业不是严格意义上的工程学或是工程技术。应用科学专业与工程学和工程技术专业中包含的数学、基础科学和人文学科的内容有相似之处。工程学专业中的某些传统的工程科学和工程设计内容已被应用科学的具体专业取代。一些专业会使学生具备在应用科学专业领域实践的能力，这些领域通常不属于工程学或是工程技术的范畴。然而，这些专业因为达到了专业标准的特定职业的入门课程要求而具有了职业特点。

5. 专业标准:一些专业名称体现了大的学科下的细分的专业。对这些细分的专业制定了专业标准。如果专业名称体现了细分的专业,并且该专业有相应的标准,那么该专业除了满足一般标准外,也要符合相应的专业标准。

6. 专业差异:专业认证的一般标准包括师资、课程、学生、管理、设施、职责。如果不同专业在以上方面存在差异,这些专业将会被区分开来并分开进行认证,这样,对其认证的标准也就不同了。不同的课程设置、不同的学科需要分开进行认证,同一学科内师资、设施、学生或管理不同也就意味着这个学科存在两个或以上不同的专业,这些专业也需要分开进行认证。

7. 选择项目(课程设置):一个大学科下的一个专业可能有不同的课程设置(通常称为选择项目),这种专业将按照不同的选择项目分别进行认证。在这种情况下,高校需在认证申请前正式设置该选择项目,选择项目课程设置需符合一般标准,同时也要符合该专业标准。必须明确选择项目的认证地位,将其与同专业其他未经认证的课程及其他专业区分开来。

8. 专业水平:ABET 根据不同的水平开展认证。

EAC——可以就本科或研究生水平的工程学专业进行认证。高校仅能对一个学位水平上的某一专业提出认证。

TAC——可以对副学士学位水平或学士学位水平的工程技术专业进行认证。对于不同的水平有不同的标准作为其课程设置的最低标准。高校可以对在两个学位水平上的某一专业均提出认证。

CAC——仅能对学士学位水平的计算专业进行认证。

ASAC——可以对副学士学位、学士学位或硕士学位水平的应用科学专业均可认证。高校可以对不同水平上的某专业提出认证。

9. 专业范畴:宽泛的专业可以使学生拥有尽可能多的就业机会。另外,如果一个专业不能使学生接受某一领域的足够科目的学习、具备一定的专业技能,该专业没有资格接受认证。

10. 夜校专业和非校内授课的专业:如果这些专业设置与白天在学校开设的课程实质上是一致的,使用同样的或同等的实验设备,接受同样的学术标准考核,那么这些专业也可以进行认证,高校必须证明这些专业有相同的课程内容,对学生作业和评分要求同样严格。

11. 特殊专业:最好是减少需要认证的特殊专业的数量。

12. 实验性或创新性专业:教育专业中的实验性和创新性具有很高的价值。

这样的专业可能很难满足具体的定量标准。认证主要关注这些专业满足相应的标准、使学生具备在相应领域实践的资格的能力。鼓励在专业设置时采取满足标准的创新性的方法和步骤,以提高专业水平。

四、ABET 的认证程序

(一) 申请环节

1. ABET 委员会随时准备认证满足标准的专业。

2. 愿意进行认证的专业可与 ABET 直接联系。

3. 认证的过程是自愿的,没有任何劝说或压力要求高校的专业进行认证,只有提交书面申请的专业才能被认证。

4. 在考察当年或之前已有学生从该专业毕业的情况下,考察小组才会进行实地考察并做出最初的认证。

如果一个学校已经有经过 ABET 认证的专业,并且在既定的一般检查前一学年有学生从新的专业毕业,对新专业的初次认证可以和既定的一般检查同时进行。

(二) 自评报告与实地考察

1. 自评是为了证实被认证的专业符合相应的认证标准,对专业的评估包括定量和定性的分析,以此得出认证结果。

2. 自评报告是认证开始之前高校向 ABET 提交的自我信息。自评报告必须包括全日制专业、夜校专业以及所有其他可选方案和校外实施方式。

3. 在审阅自评报告之后,考察小组将进行实地考察。该小组的成员是精心挑选的,能代表 ABET 及其成员组织,考察的目的有以下三个方面:

a. 获取在自评报告中无法详细阐述的信息,如学术氛围、师生的热情、师生的稳定性和持续性、师生的能力、教学成果等。这些都是定性的因素,无法用书面材料的形式得以证明。在考察前,高校须向考察小组提供该专业随机抽取的毕业生成绩单。

b. 考察小组将会帮助高校评估其优势及劣势。

c. 考察小组将仔细审查高校提供的材料的内容,包括:

(1) 学校和院系对该专业的支持、管理和组织。

(2) 提供专业授予学位的情况。

(3) 学校及每个专业的成熟度和稳定性。

（4）对录取学生的基本要求。

（5）学院或专业的学生数量。

（6）师资及教学任务。

（7）用于专业教学的设施。

（8）投资、支出和资金来源等财政状况。

（9）课程内容。

（10）具有代表性的学生作业，能反映教学成果。为了对专业进行定性的评估，学校需要展示教学材料，如所有课程的教学大纲、课本等；实地考察过程中考察小组需能获得足够的技术、数学和科学课程的学生作业样本；这些样本应反映不同级别的作业要求，包括家庭作业、测试、考试、绘图、实验报告、项目和技术课程中的计算机应用实例。学校也必须要提供实例证明学生具有符合要求的口头和书面交际能力。

（11）毕业生就业情况记录以及通过全国性考试的比例，以此来评价专业教学目标的达成度。

（12）为学生提供的服务必须与学生的教育和职业需要相适应。包括注册；辅导、职业和学术方面的指导；图书馆、计算机、实验设施；其他与学校和专业教育目标一致的服务。学生服务必须足以支持该专业的实施，并有证据证明。

（13）教学目标明确，教学成果与学校或专业的教学目标一致。必须明确并公布有关学生的学术政策，如招生、实习、退学、申诉及毕业要求，这些要求必须公平公正。如果一个专业的学术政策与学校的有差别，要说明不同之处。院系评估学生作业的标准必须具有合理性和一致性，要向学生、教师和工作人员公开。

4. 综合审查是为了对专业进行不间断的定期认证，将参考所有的标准，并包括：对高校提交的自评报告的审查、考察小组实地进行考察的情况、考察小组准备的认证报告。

5. 综合审查必须是对每一个专业在上次认证后不超过六年的时间内进行。综合审查需要对委员会认证过的专业进行重新审核，又称为一般审查。

6. 如果发现上次审查过程中有不足之处，可以在定期的总体审查期间进行临时审查。临时审查将侧重于上次审查中存在的问题、缺点以及不足之处。临时审查将根据上一次审查中存在的问题、缺点和不足之处的性质和特点确定是否安排现场评估。

7. 实地考察小组通常包括一名组长和每个专业的认证人员各一名。总体审查或临时审查时的小组成员一般不少于三人。如果一个专业需要同时满足不同专业的认证标准,那么每个专业的认证人员都要对其进行认证。当考察的重点有限,需认证的两个专业在很大程度上有交叉或者是由两个或以上的委员会进行联合认证的情况下,小组人数可以进行相应的缩减。

8. 考察小组组长通常是相应委员会的现任成员。考察小组成员通常是从学会成员提供的名单中挑选。

9. 高校针对临时认证提交的临时报告通常由相应委员会的现任成员进行评估。认证人员在需要的时候可以寻求相应的专业评估员的帮助。

10. 在征得委员会和高校同意后,考察小组中可以包括观察员。

11. 认证结束后,考察小组会向高校提供一份最初的说明,并且每个接受认证的专业都有单独的部分进行说明。专业可以对这份最初的说明做出回应。说明中的错误或其他信息也会得到修改。修改过的说明是对专业的最后的说明。

12. 对专业的说明主要包括以下内容:

a. 事实的说明。例如,该专业有五名全职教师承担该专业的教学任务。

b. 一致性的说明。例如,该课程符合相应的标准。

c. 对问题的说明。潜在的问题指目前该专业符合认证的标准、政策和程序,但情况可能发生改变,改变后该专业可能会不符合认证的标准、政策和程序。

d. 对薄弱环节的说明。薄弱环节是指该专业不完全符合认证的标准、政策或程序,不能保证课程的质量。因此,需要对专业进行改进以使其满足认证的标准、政策和程序。

e. 对不足的说明。不足之处是指该专业不符合认证的标准、政策和程序。

f. 对考察结果的说明。观察是与认证结果不直接相关的建议和评价,可以促使高校进一步改善专业设置。

13. 在实地考察后,学校有七天的时间就事实的说明提出修改意见。如果七天内没有向组长提出任何意见,就认为该校没有回应。

14. 考察报告的形成。

a. 根据所要认证的专业,从 ABET 学会成员提供的合格的认证人员名单中选出来考察小组成员。

b. 小组将向学校领导或其代表以及希望了解情况的院系负责人口头陈述考察发现。此时可以对小组的考察发现进行事实性修改。

c. 考察小组以书面形式向相应的委员会汇报主要的考察结果和建议,委员会修改后发给高校。小组会准备一份对高校的最初说明,高校可对此说明进行修改。最后的说明会提交相应委员会的全体成员进行审核。

d. 在考察和相应的委员会年会期间,高校负责人可以向委员会提交任何认为会有助于认证的补充资料。委员会可以对高校的回应保持灵活的态度,一般来说,认证活动会基于现场考察时相应专业的实际情况。征求高校回应的目的在于更改考察中的事实性错误。对于考察中发现的不足,只有高校在考察当年采取了切实有效的措施进行修改或改正,并有行政人员签字的正式文件证明的情况下,这些不足才被认为是经过改正。如果只是提出要更改但未完全实施或是只提出了良好的意向,比如招聘新老师,增加新的课程,增加投资和设施等,这些措施的效果将在下一次考察或临时报告中接受评估。

15. 学校的管理、学生个人服务、图书馆、文学和科学等更广泛的问题只考虑与认证的专业相关的方面。经过地区认证的学校和未经地区认证的学校将会不同对待,没有经过地区认证的学校的这些方面要根据 ABET 的政策进行深入的考察。

(三) 认证结论

1. ABET 相应的委员会将对认证进行最后的决策,决策时它们会考虑考察小组的建议和学校对最初的说明的回应。如果有临时考察报告,还要考虑临时考察报告。

2. 专业认证的期限通常是两年或六年。这期间任何时候都可以进行审查,如果满足最低要求就可以通过认证。如果由于某些原因,该专业在未来可能出现问题,那么认证期限通常会比较短,通常是两年。影响认证期限的因素有财务状况的不稳定、组织机构的不稳定、需要进一步改善师资或设施、新的课程、过分依赖于个人等。

3. 获得六年期限的认证表明该专业符合委员会公布的认证标准。

4. ABET 不对专业划分等级。只有通过认证或未通过认证。认证活动只表明下一次审查的性质。

5. 如果考察表明该专业有不确定之处或存在明显的不足,在临时审查之后可能授予较短的认证期限。

6. 进行认证的委员会决定最后的认证结果。决定时会考虑高校提供的材料和考察小组向委员会提交的建议。

7. 经过委员会认证的所有专业都要接受总体审查。审查日期会根据该学校内经过认证的第一个专业的最初认证的时间确定,以六年为一个周期。高校内所有接受委员会认证的专业同时也要接受总体审查。

8. 委员会有以下的认证结论,共分为 9 种:

NGR（Next General Review）下一轮常规评估——这表明该专业设置没有不足或缺陷。这一行为通常是在综合性的总体审查后授予的，一般为期六年。

IR（Interim Report）中期报告——这表明该专业存在薄弱环节。这些薄弱环节的性质不需要对高校的补救或修改行为进行实地考察，但高校须递交有关补救措施的报告。这一行为的有效期通常为两年。

IV（Interim Visit）中期考察——这表明该专业存在薄弱环节。需要对高校的补救措施进行实地考察。这一行为的有效期通常为两年。

RE（Report Extended）报告延长——这表明学校在 IR 后针对薄弱之处所采取的补救措施令人满意。这一行为仅在 IR 评估之后做出，将认证延长到下一次总体审查，因此，该行为的有效期通常为两年或四年。

VE（Visit Extended）延长考察——这表明高校在 IV 后针对薄弱之处采取的补救措施是令人满意的。这一行为仅在 IV 评估后做出。这一行为将认证延长到下一次总体审查，因此，该行为的期限为两年或四年。

SC（Show Cause）陈述理由——这表明专业存在不足之处。需要对高校的补救措施进行实地考察，该行为有两年期限。

SE（Show Case Extended）陈述理由延长——这表明高校在 SC 后针对所有薄弱环节和不足之处的补救措施是令人满意的。这一行为仅在 SC 评估之后做出。该行为将认证延长到下一次总体审查，因此，该行为有两年或四年的期限。

NA（Not to Accredit）不予认证——这表明该专业存在不足之处，不符合认证标准。这一行为通常在 SC 评估后或对一个新的未经认证的专业评估后做出。

T（Terminate）终止认证——这一行为通常是在高校要求延长正在逐步取消的专业的认证的情况下采取的。目的是对还在学习该专业的学生进行认证。这一行为有三年的期限，不会在该行为后进行 SC。

9. 在认证委员会或董事会做出"不予认证"的决定后，据下一学年 9 月 30 日最近的学年起，"出示理由"后的"不予认证"开始生效。对学校的通知应该表明：该专业在当前年度报告中的认证地位将变为认证终止；ABET 希望学校在"不予认证"当前学年的 9 月 30 日前正式通知受到终止专业认证影响的老师和学生。如果委员会拒绝对专业进行认证，也没有在申诉时被董事会驳回，那么 ABET 将在下一年认证专业清单中指出终止认证的时间。

10. 高校有时会考虑取消某一经过认证的专业。可以采取以下的步骤在目前认证期限的基础上将认证延长三年，以使当前还在该专业就读的学生能够得到认证。专业若有要申请"终止"认证，高校须在专业认证期满当年的 1 月 30 日前提交申请"T"类的评估申请。

11. ABET委员会对一所高校所有与认证有关的专业的综合评估在六年的时间内完成,包括已经通过认证的、正在认证的、申请认证帮助的专业。对单个专业的临时认证时间不会超过下次综合评估和认证的日期。

12. ABET委员会认证的专业每年会发表在ABET认证年刊上。年刊上出现的认证专业适用于在前一年毕业的所有学生。为了让这一结果有可靠性和时效性,每隔六年将进行实地考察和重新评估。

13. ABET的职能受到其成员学会的制约,它只负责进行认证,并公布通过认证的专业。它没有权力强制教育专业达到某些标准。相反,ABET希望保持院校的独立性,以此来推动工程、技术、计算科学和应用科学教育的发展。

14. 如果在认证期间,ABET有理由相信专业设置不符合认证标准,ABET将告知高校原因,并要求高校对此做出回应。如果高校回应并不充分有理,ABET就可起用因故撤销程序。因故撤销程序一开始要告诉高校采取该程序的原因。也可能要进行实地考察来对原因进行确认。还要准备一份对撤销原因进行全面说明的文件,以便高校进行分析和回应。如果高校的回应不充分,认证将会被取消。高校会即刻收到取消认证的通知和一份原因说明。取消行为包括不予认证行为,高校可以对此提出申诉。申诉结束前认证仍然有效。

(四) 申诉

高校专业对不予认证行为可以提出申诉、重新考虑和立即进行重新考察的要求。

学校领导在收到不予认证的通知后,可向ABET的执行董事以书面形式提出申诉,指出为什么认证委员会做出的不予认证决定是不恰当的,是因为信息错误或者没遵守ABET公布的政策、标准和程序。

收到申诉后,ABET主席将会选出三名以上的现任或以往董事会的成员组成申诉委员会。该委员会至少要有一名成员有专业认证的经验或曾是相应委员会的成员。ABET主席会指定一名成员作为委员会主席。

申诉委员会将查看认证周期的不同阶段所有的文件副本,包括高校在认证过程中做出的回应及递交的其他资料和委员会提交的资料。

高校对委员会执行报告的回应,篇幅通常在一页纸左右。高校也可以提交它认为可以支持申诉的材料。但这些材料必须与认证的专业有关,并且委员会能够获取与之相关的信息。

申诉委员会在考虑申诉时仅参考学校和相应的委员会提供的书面材料。申诉委员会主席将以书面形式向 ABET 董事会报告委员会的决定。申诉委员会的决定也是 ABET 的最终决定。

五、信息保密

1. 学校为 ABET 及其代理人提供的信息是机密的,没有相关学校的书面文件的授权,该学校的信息是不能公开的。

2. 在委员会的会议中为审查和讨论提供的所有材料内容无须公开。

3. 仅在适当的情况下,这些文件的内容和认证行为可以被 ABET 公开。与最终认证有关的机构和评估者或委员会成员之间的交流必须经过总部。

第二节 德国 ASIIN 高等工程教育认证制度

德国高等工程教育的建立与发展是与其工业化进程及产业革命发展相适应的,为德国工业化培养了大批高质量的产业人才,为德国科学技术发展和科学应用于工业实践作出了非凡贡献。德国高等工程教育以注重人才培养质量著称。

一、德国设有高等工程教育专业认证与工程师认证的专门机构

根据德国认证委员会制定的标准,德国设有高等工程教育认证与工程师认证的专门机构——工程学、信息学、自然科学和数学专业培养计划专业认证机构 ASIIN(德文名称 Akkreditierungsagentur fur Studiengange der Ingenieur-wissenschaften, der Informatik, der Naturwissenschaften und der Mathematik e. V 的缩写)。ASIIN 是德国目前最大的一个高等教育认证机构。至今,在德国高等工程教育专业认证方面还有其他 5 个机构。尽管机构不同,但他们的认证标准是统一的。当前,德国的专业认证仍存在两个需要解决的问题:①全德大学校长会议(HRK)认为,全德有 1.2 万个专业项目需要认证,认证机构不足;②认证费用昂贵,从全德来看是一笔很大的开支,其必要性与替代办法正在研究之中。

ASIIN 的前身是 ASII(德国工程学与信息学专业培养计划专业认证机构),成立于 1999 年,2000 年获得德国国家认证委员会的授权。2002 年 ASII 业务领域扩大后更名为现在的 ASIIN。ASIIN 是由各大学、应用技术大学、权威的科技协会、专

业教育和进修联合会以及重要的工商业组织共同参与建立的非营利机构,也是德国唯一对工程学、信息科学与计算机科学、自然科学和数学学科本科教育项目、硕士教育项目的认证机构。

ASIIN 负责制定评估这些专业领域的培养计划的要求和程序,并负责检查这些认证标准和程序是否符合德国法律法规以及欧洲现行的相关指令。ASIIN 还与其他国内国际认证机构进行联络,而且就相互合作、认证程序和标准以及已通过认证的培养计划的互认等方面达成相关协议。ASIIN 于 2003 年 6 月被接收成为《华盛顿公约》预备会员,成为欧洲大陆工程教育认证行业内第一个非英语认证机构。成为《华盛顿协议》正式成员是 ASIIN 成员与客户今后努力工作的重要部分。更重要的是,这是在使已通过 ASIIN 认证的工程教育专业获得国际承认的道路上迈出的重要一步,无疑也是德国工程师实现职业流动性的先决条件。ASIIN 希望实现高等工程教育领域的学位资格的国际互认,从而以这些资格为基础,在欧洲大陆实现工程师的职业流动。同时,在自然科学、数学和信息学领域,ASIIN 正积极努力实现具有可比性的互认。

ASIIN 有完善的组织结构和运作模式。ASIIN 设执行理事会,下设两个独立的认证委员会和 13 个技术委员会。

两个认证委员会是:认证委员会 I 负责工程与信息学专业培养计划的认证,认证委员会 II 负责自然科学和数学专业培养计划的认证。

13 个技术委员会是:机械工程学/工艺学、电机工程学/信息技术、土木工程学/测量学、信息学、工程物理/材料科学和工艺、工业工程学、商业信息学、农业与营养科学和景观维护、化学/工程化学、生物科学、地理科学、数学和物理学。

ASIIN 的成员大会、执行理事会、总部单位、认证委员会、技术委员会和专家审查组等各个组成单位的相互关系如图 2-2 所示。

上述两个相对独立的认证委员会是由来自大学的代表、来自应用技术院校的代表,以及来自工商界的代表各按 1/3 的相同比例组成的。

两个认证委员会的职责是:

制定认证的基本原则和质量标准;

按照上述认证委员会的构成比例组建技术委员会,其任务是:

——开发特定专业领域的认证标准并持续监督认证标准的执行;

——审核由审查组提交的认证报告;

——提出特定专业领域的认证问题,以及培训审查员;

根据技术委员会的建议,为即将进行认证的培养计划指派经验丰富的审查员

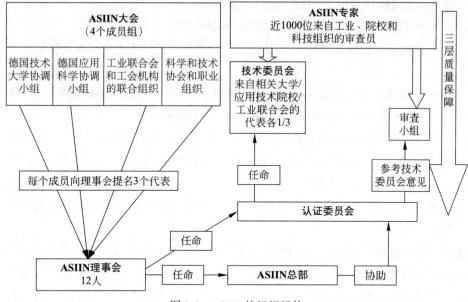

图 2-2　ASIIN 的组织机构

和审查队伍；

协助建立资深专家和审查员资源库；

根据审查报告和技术委员会的意见对培养计划进行认证。

以上 13 个技术委员会包括了工程学、信息学、自然科学和数学专业的所有研究领域。

二、ASIIN 的认证目标与原则

德国十分注重高等工程教育。德国大学中设立学士和硕士学位课程的目标非常明确，即

- 增强德国高等教育课程的国际化和多样性，确保课程的质量和透明度；
- 提高德国大学毕业生在全球就业市场的竞争能力；
- 招收更多外国留学生；
- 使学位课程更快、更灵活地适应市场的需求；
- 利用两级学位的形式为继续教育培训创造更多机会，通过提供在职硕士学位课程，为成人终身学习提供条件。

作为高等工程教育的认证机构，ASIIN 的目标也非常清楚，即

- 提高德国高等教育的质量；

- 确保引入新学位项目的质量标准保持稳定；
- 使德国的学术水平和学位水平能与国际接轨；
- 使高等教育更加灵活，为个人的教育之路和企业的人力资源开发提供更多机会；
- 使德国大学与国际接轨的学位项目更有竞争力，吸引本国和外国的广大学生；促进学位项目的多样性、高质量，以及透明度。

申请认证的大学和应用技术大学必须负责证明他们设置的课程完全符合ASIIN制定的标准，并且就优化培养计划的"产出"来说，他们已经取得了既定的目标。在认证过程中，不仅重视大学和应用技术大学所设立的培养计划的多样性和越来越大的区别性，而且非常重视教育领域全球越来越激烈的竞争下所需要的质量标准。

ASIIN为工程、信息、自然科学和数学等方面的专业认证制定了总体要求和不同领域的特殊要求。这些要求为保证这些领域的合格毕业生能够在他们所选的职业中取得成功做好准备。认证过程重视制定和监督总体和特殊领域的输入和输出标准。这些标准是由德国国内和国际科研组织、综合大学院系主任大会、应用技术大学院系主任大会、技术和工商协会以及来自工商界的专家和学者制定和完善的。目标是在德国高等教育领域创造出尽可能多的多样性，确保质量、透明度、服务可比性的不断提高，以及保证实现目标的程序、资源和必要设备的充足。

ASIIN的认证程序适用于不同的研究领域、不同类型的大学和所有德国的州郡，而且其目标是向国际标准接轨。

三、ASIIN 的认证对象

目前，认证对象既包括只授予学士学位的单独培养计划，也包括先授予学士学位，然后授予硕士学位的连续的培养计划，甚至还包括提供非连续的培养计划和授予继续教育硕士学位的培养计划。而且，那些没有终期考试规定的学历教育培养计划也必须参加认证。

ASIIN的任务是：

- 根据相关政府机关或者私立大学提出的申请，开展专业认证，认可专业学位的培养计划，承认其向有资格的毕业生授予的学位；
- 汇总和出版通过认证的专业的目录；
- 努力使已经通过认证的专业获得国际认可。

通常，授予德国大学学位的专业只能由ASIIN来进行认证。那些至少一半学时学习是在德国大学完成,由该大学授予学位的专业也必须由 ASIIN 来进行认证。对于外国大学的认证申请,如果该大学能够满足 ASIIN 所制定的质量标准,那么具有同等效力的证书就可以授予。"资质相当"的合格证书证明了外国大学的培养计划满足了由 ASIIN 制定并广泛应用于德国的大学和应用技术大学的质量要求。

四、ASIIN 的认证要求

ASIIN 根据德国国家认证委员会制定的标准,规定了授予本、硕学位的培养计划的总体要求。

从教育需求方面来看,参加申请认证的培养计划必须具备在申请该培养计划的学生中有一定的需求,拥有就业市场的中长期需求证明文件和相关毕业生容易获得就业机会的条件下才能被认证。大学和应用技术大学必须保存校友文件及其毕业生的去向统计数据,那么这些毕业生在劳动力市场获得成功的可靠信息就能够作为再认证程序的一部分而轻松获取。这些毕业生在劳动力市场的成功是该培养计划质量评估的重要指标之一。

从构成与时间来看,大学和高等教育研究机构以及应用技术大学都可以设立学士培养计划和硕士培养计划。德国《高等教育纲领条例》中规定,本科和硕士培养计划的标准学习时间是:本科不得少于 3 年,也不能多于 4 年;硕士课程不能少于 1 年,但不能超过 2 年。

通常,学生必须证明自己已经获得了至少 180 个 ECTS(欧洲学分兑换体系)学分才能获得学士学位。根据国际惯例,学生只有获得了总共 300 个 ECTS 学分,包括先修课程的学习才能获得相应的硕士学位。其他学士和硕士培养计划的学分数量要求在《高等教育纲领条例》的规定要求中有着不同学分标准。

根据德国教育部门的要求,学位考试工作量是学士和硕士学位培养计划中必不可少的组成部分。关于学士学位考核的规定,ASIIN 制定了 12 个学分的最低要求。对于硕士学位的考试工作量来说,通常范围是 15~30 个学分不等。另外,在不同的培养计划中,不同的学术背景下,特定培养计划的学位考试工作量在特定专业的补充条款中有所规定。

五、ASIIN 的认证程序

申请者可以从 ASIIN 主页 www.asiin.de 上的认证程序链接的"路标"中来获得与认证程序相关的所有主要信息。认证程序主要有的三个阶段,参见表 2-1:

表 2-1　ASIIN 认证程序

第一阶段	大学	向 ASIIN 总部提交咨询书和预先要求的所有重要信息。这些信息包括**认证问卷**和明确阐述计划内容的**培养计划内容概述**。认证问卷同样可以从 ASIIN 主页 www. asiin. de 上的认证程序链接中获得,并可从网上直接提交给 ASIIN 总部。在打印版中,申请者应注明全面负责的技术委员会,为认证小组的专业领域提出建议,而且如果申请认证硕士学位培养计划,则可同时申请关于毕业生参与高层行政管理工作许可的额外审查
	ASIIN	接收并正式审查咨询书。预备信息将在总部由相关的技术委员会进行审核,以确定责任、所需的认证人员数量等。根据这些信息,总部将准备一份认证程序(时间框架和成本),并同时要求出具一份声明,明确表示认证费用将由申请者/大学管理部门支付
第二阶段	大学	通过签署认证协议并同意承担认证费用而进行认证申请。按照指导原则的要求撰写自评报告。在自评报告正式提交之前,ASIIN 会在其办公室举行会议,为报告的正式完成进行审核,并与课程计划负责人进行讨论
	ASIIN(认证组)	根据技术委员会的建议,ASIIN 组建一支由首席认证员率领的认证小组。认证小组的人员组成将会通知申请者。如果有不公正的嫌疑,申请者可以要求更换认证人员。认证小组在收到自评报告后应仔细审核其技术水平,并在现场评估之前将所有问题和意见提前通知计划负责人
	ASIIN	在现场评估之后,向申请认证的大学提交认证报告的初稿,以便检查其完整性和准确性
	大学	对认证报告的初稿提出意见。如果必要,可更正其错误并/或补充其遗漏之处
第三阶段	ASIIN	由相关的技术委员会对报告进行审查和评估,然后由 ASIIN 认证委员会拟定认证决定。认证委员会做出认证决定后,总部将通知申请认证的大学,而且若有必要,还会通知相关管理部门。最终认证报告仅提交给大学和理事会。在网上以列表的形式公布认证结果

六、ASIIN 的认证结果公布

ASIIN 在经过严格的认证之后,将发布认证结果。

原则上,培养计划的认证资格具有一定的时间期限,通常有效期为 5 年。这一期限内,要保证至少有一个学位计划得到完整的实施,并对所评估计划的学习成功情况进行初步判断。认证工作可能得出以下结果:

1. 完全合格,整个 5 年认证期内有效。

2. 不完全合格,因而合格期有限(在一定期限内必须达到一定的必要条件)。如果在规定时间内达到了要求,经认证组和技术委员会确认满足了相关条件,那么合格期限将延长至整个 5 年认证期。

3. 初审不合格。在这种情况下,大学或者应用技术大学还有一次机会向认证委员会申请认证。

4. 终审不合格。

认证委员会做出认证决定后,总部将通知申请认证的大学,若有必要,还需通知相关管理部门。最终认证报告仅提交给大学和理事会。

为了保证国际公认的标准,ASIIN 制定的认证结果的时效期(最长为 5 年)期满后,大学必须申请重新认证。重新认证时,需要对培养计划及其目标,以及计划及目标的执行情况进行综合的评价和彻底的检查。重新认证必须查明认证所要求的教育和质量标准是否达到,必须调查该培养计划的毕业生在就业市场的成功率。

第三节　英国 ECUK 高等工程教育专业认证制度

一、宗旨和目标

英国的工程教育专业认证活动有相当长的历史,部分工程职业学会很早就开始在英国开展活动。1970 年起英国开始进行工程教育专业认证。自 1981 年起,英国的认证活动由英国工程委员会(ECUK)统一协调各下属工程职业学会来进行。

英国工程委员会的任务是设立国际认可的工程师、技术专家和技术人员的专业能力和职业道德标准,并颁发许可,以保持和促进这一标准。

英国工程委员会在皇家授权下,对内负责英国境内的工程师职业管理,对外代表英国工程师的利益。英国工程委员会通过多个经许可的工程机构管理英国的职业工程师,这些机构向合格的成员授予"英国工程委员会注册工程师"的称号。英国注册工程师分为三类:特许工程师(Chartered Engineer)、技术工程师(Incorporated Engineer)和工程技术员(Engineering Technician)。这三个头衔受到工程委员会皇家特许的保护,而且只能被在英国工程委员会注册的人使用。

所有申请成为特许工程师、技术工程师和工程技术员的个人必须达到英国工程委员会所设定的能力标准,并且成为相关的经许可的工程机构的会员。申请人必须证明拥有符合条件的教育基础和适当的职业经历,在面试中,需要申请者证明其职业能力达到了既定的标准。

英国工程委员会的宗旨是建立并保持契合实际的国际公认的工程师、技术专家和技术员的能力和道德标准,并通过向符合标准的机构颁发执照促进和提高这些标准。

英国工程委员会的目标是通过清晰合理的方式确保工程师、技术专家和技术员的能力和水平,使他们获得雇员、客户、政府和社会各界的信任。

英国的认证机构加入了数个国际主要的协议,达到了与其他签约成员建立了工程和技术专业的互换性,其独立、专业的认证结果越来越受到国际认可。

二、工程教育认证体系

英国认证管理体系有三个层次,即:

- 高等教育质量保障机构(Quality Assurance Agency for Higher Education, QAA)。其宗旨是保障英国的高等教育质量,并在全国层面上制定各层次和类型学位的质量标准,其中就有关于工程教育学位标准的文件,对英国的工程教育质量进行总体控制;
- 英国工程委员会(ECUK);负责设置工程教育专业认证和工程师注册的总体要求与一般性标准,统筹英国工程教育专业认证和工程师注册;
- 英国工程委员会许可的各领域工程职业学会(Institute)。

三级认证体系既保证了英国高等工程教育的质量,又体现了针对具体学科特色的灵活操作性。

英国工程委员会并不执行具体的认证工作,而是对下属不同领域的工程职业学会授予许可,由各学会根据自身行业特色制定补充细则和针对性标准,并执行该领域内的具体认证和工程师注册管理工作。每个学会都有一个委员会,该委员会将在认证小组报告的基础上评估这个教育专业能否为毕业生注册为某类工程师提供部分或全部支撑性的知识、理解和技能,从而做出是否对其进行认证的决定。

三、工程师职业资格认证体系

英国有三种较为成熟的注册工程师类型,即:

- 工程技术员;
- 技术工程师;
- 特许工程师。

作为特许工程师,需要具有经过认证的综合型工程硕士学位(integrated MEng);或者,经过认证的工程或技术的荣誉学士学位[Bachelors(Honours)],此外,需要再加一个被许可的学会认证的合适的硕士学位或工程博士学位(EngD),或未来合适的硕士水平的学习。

工程教育专业认证和工程师职业资格认证紧密联结的体系是英国的特色。尽管这三类注册工程师体现的是类别和分工的差异而非层次的差异。但是,从英国工程职业能力标准的要求来看,这三者仍体现出了逐渐提高的教育基础、职业能力和实践经历的要求。从社会地位、收入和从业范围来也能看出特许工程师在其中具有最高地位。因此,从工程技术员、技术工程师到特许工程师体现的是英国工程师职业发展道路中的三个阶段。

英国通过整合高等教育资格框架和确立工程职业资格阶梯,并利用工程师注册时的教育门槛要求,在工程教育专业认证和工程师职业资格之间构建起了紧密衔接关系,这一衔接体系为各类型和层次的工程专业毕业生都提供了成为注册工程师或技术员的通道,也为工程从业者的职业发展和继续教育带来了动力和方向。

四、认证工程专业的成果标准

获得认证的工程专业必须体现出对职业能力的理解、知识和技术的掌握水平。其成果标准必须符合英国职业工程能力成果标准所制定的特许工程师和技术工程师能力和责任基本要求。认证工程专业的成果标准包括两类:一类是基本标准,适用于所有专业;另一类是工程学科必备的具体标准。

1. 一般学习成果标准

获得认证的工程专业的毕业生的资格必须符合以下标准：

- **知识和理解**：毕业生必须能够知道和理解工程学科主要的事实、概念、理论和原理及其深层次的科学和数学原理；必须了解更大范围的跨学科工程背景及其原理；必须了解社会、环境、道德、经济和商业对工程实践的影响。
- **智力能力**：毕业生必须能够运用适当的定量科学和工程工具分析问题；必须能够在提出解决方案和设计时发挥创造力和创新能力；必须有全局观，并在合适的层次工作。
- **实践技能**：毕业生必须通过实验室和车间的工作、有指导的工业界经历、个人和团队项目、设计工作、使用计算机软件设计分析和控制研发等途径掌握工程实践的技能。
- **基本的迁移能力**：毕业生必须具备迁移的能力，包括解决问题、交流、合作、有效使用 IT 设施和信息检索的能力；还应当对自己的学习和发展进行规划，具备终身学习的基础。

2. 具体学习成果标准

获得认证的专业的毕业生必须达到以下 5 个学习成果。这些成果适用于经过认证的(荣誉)学士级别、达到注册特许工程师标准的专业。根据每一个专业的特点和目的，每个成果的学习范围有所不同。

- **与工程专业相关的科学和数学以及专业知识**
  - 理解和掌握工程专业所依赖的科学原理和方法论，从而了解科学和工程的背景，帮助他们理解工程和技术发展的历史、现状和未来；
  - 理解和掌握工程专业所依赖的数学原理，从而使他们在分析和解决工程问题时准确运用数学的方法、工具和概念；
  - 运用和综合其他工程专业的知识，以支持本专业的学习。
- **工程分析**
  - 理解工程原理，具备应用这些原理分析主要工程过程的能力；
  - 通过使用分析方法和建模技术，辨别、分类和描述系统和部件工作情况的能力；
  - 运用专业相关的定量的方法和计算机软件解决工程问题的能力；
  - 理解并运用系统方法解决工程问题的能力。

- **设计**

设计是指创造和开发经济实用的产品、过程或程序以满足既定要求。它涉及到关键的技术和智力挑战,综合了所有工程学的理解、知识和技能来解决实际问题。因此毕业生应该掌握以下知识和能力:

- ○ 调查和确定问题、判断环境和可持续发展、健康和安全、风险等限制条件;
- ○ 理解客户和使用者的需要,明确考虑这些需要的重要性;
- ○ 判断和管理成本;
- ○ 运用创造力提出创新办法;
- ○ 保证解决方案符合问题的所有方面,包括产品、操作、维护和处理;
- ○ 管理设计程序和评估结果。

- **经济、社会和环境背景**

- ○ 理解和掌握工程程序的商业和经济背景;
- ○ 掌握实现工程目的的管理技巧;
- ○ 理解工程活动促进可持续发展的要求;
- ○ 了解管理工程活动的相关的法律框架,包括对个人、健康、安全和风险的法律问题;
- ○ 理解高水平职业技能和道德规范的必要性。

- **工程实践**

- ○ 掌握特定材料、设备、过程或产品的特点;
- ○ 车间和实验室能力;
- ○ 了解工程知识应用的环境(例如操作和管理、技术发展等);
- ○ 了解技术文献和其他信息资源;
- ○ 了解知识产权和合同问题;
- ○ 了解实践的规范和工业标准;
- ○ 了解质量问题;
- ○ 在技术不确定的条件下开展工作的能力。

第四节 日本 JABEE 工程专业认证制度

当前国际上有两大高等工程教育认证系统,一个是美国的 ABET,一个是德国 ASIIN。日本作为一个制造业强国,高等工程与技术教育在其国家发展中具有独特的地位和作用,但长期以来,日本并没有形成像美国和德国一样完整的高等工程教育认证机构。直到1999年日本才正式成立了技术者教育认定机构(即Japan Accreditation Board for Engineering Education,JABEE),也就是我们所说的高等工程教育认证机构。目前,该机构已经成为《华盛顿协议》的正式会员。到2004年底,日本接受并通过该机构认证的专业涉及97所学校的186个专业,涉及毕业生18 000人。

一、日本高等工程教育认证机构

1995年日本工学会向文部省建议把国际高等工程教育认证系统引入日本高等工程教育领域,1996年日本工学教育协会正式组成一个认证系统设计委员会。1997年由学术界、企业界和政府部门共同组成了一个国际通用高等工程教育检讨委员会。1999年11月,日本高等工程教育认证机构正式成立。2001年6月,《华盛顿协议》总会于南非召开,日本在此次大会上正式提出了作为预备会员的申请,并就JABEE的组织结构、认证体系等作了30分钟的说明报告,该报告得到大会的全员认可,日本被全票通过接纳为预备会员国。2003年6月,《华盛顿协议》总会在新西兰召开,在这次会议上,日本提出了作为正式会员的申请,在大会上日本就作为预备会员2年来的改进进行了报告。同年,作为《华盛顿协议》会员国的加拿大、美国、新西兰三国组成《华盛顿协议》审查小组进入日本进行考察,并于同年11月在三所大学进行了实地考察。2004年4月,审查小组就日本认定委员会的认证过程进行了详细的调查。但审查小组认为在JABEE提交的报告书中,对作为工程师教育的重要部分——工程设计陈述得不够充分,此后,日本接受这一意见,JABEE通过对国际高等工程教育的现状的研究与比较,对设计教育进行了重新修订。2004年12月,日本主持召开了"工程师教育与工程设计"国际大会,会议取得了共识并被采纳为日本今后高等工程教育改进的方向。这一结果获得审查小组的积极评价,并就日本的最终申请报告书的修正提出了善意的建议,最后审查结果是无条件推荐JABEE作为《华盛顿协议》的正式会员。2005年6月,《华盛顿协议》总会在香港召开,JABEE在此次大会上就其最新成绩进行了10分钟的报告,同时,报告不是简单地把认证系统作为最低水准的保障,而是把重点放在了促进高等工程教育水准的持续提高。会议以审查小组的报告和本次会议报告为基础,对日本加入《华盛顿协议》进行了闭门审查,审查获得全员同意,一致通过。2005年6月15日,JABEE成为《华盛顿协议》的正式会员。这样,作为国际高等工程教育实质等效互认组织的《华盛顿协议》目前已经发展为9个正式会员(美国、加拿大、英国、爱尔兰、新西兰、澳大利亚、南非、中国香港、日本）。

二、JABEE 设立的主要目的与认证系统

JABEE 所认证的是高等工程教育专业而不是作院校评估,它的主要活动在于履行两项基本的职责:一是确认工程教育专业的教育计划能否确保教育质量的实现,也就是要监督质量保障系统是否能够严格执行。这里的教育计划不仅是指课程设置,也包括教育方法、教育设备与学术环境、教师质量以及教育评价体系是否完善等。二是审查学校所规定的教育水准是否达到了认证机构所规定的基本水准,也就是说所培养的人才是否达到了作为一名工程师所必需具备的最低限度的知识和能力(Minimum Requirement)。

为此,根据 JABEE 组织章程第三条的规定,其基本目的就是"以统一的标准为基础,对高等教育机构中高等工程教育专业进行认证,确保其具有国际的同等水准,并促进高等工程教育质量的提高,使其能够培养出具有国际通用型的工程技术人员,以满足社会和产业发展的需求"。具体来说,主要包括如下几个方面:

- 实施认证与审查工作,并对已经通过认证的专业向世界公布;
- 促进先进教育方法的引进和导入;
- 通过认证工作,促进高等工程教育评价方法的发展,培养本领域的评估专家;
- 明确教育活动中组织的责任与个人的作用,对教师的贡献予以评价等;
- 通过本认证的专业,其毕业生在申请国家工程师资格时的初次考试予以免试。

为了达到以上的目标,JABEE 认证体系基于以下思想而设计:

- 不得妨碍大学的独立性、多样性和革新;
- 本认证是非强制性的,因此,只对那些希望实施认证的学科、专业或者方向进行认证;
- 为确保认证的透明性,认证的标准和过程按照公布的进行;
- 本认证通过具有权威性的、中立的第三者进行评价;
- 通过认证的专业将予以公布;
- 本认证确保具有公正的一贯性;
- 本认证是仅适应日本的认证体系;
- 尽可能地节省费用,不做无意义的工作;
- 本认证系统并非一次性评价,而是周期性地进行评价、修正。

三、JABEE 的认证标准与审查

1. JABEE 的认证标准

对于 JABEE 的认证标准来说主要包括 4 个方面,即 Plan、Do、Check 和 Act,具体见表 2-2。

表 2-2　JABEE 的认证标准

类别	标准
Plan	标准 1:学习与教育目标 标准 2:学习与教育的量
Do	标准 3:教育手段(入学选拔方法、教育方法、教育组织) 标准 4:教育环境(设施·设备、财政、对学生的支援体制)
Check	标准 5:学习·教育目标的达成
Act	标准 6:教育改善(教育检查体系与持续的改善)

JABEE 的认证审查包括自评和专家小组的实地考察,无论是自评还是专家小组的实地考察都必须包括以上六条标准,这六条标准的内涵具体而言主要包括如下方面:

(1) 学习与教育目标:主要内容包括:(a)从全球的观点全面思考事物的能力与素养;(b)作为工程技术人员,必须明白工程技术对社会、自然的影响及其效果,能够自觉地负起对社会的责任(遵循技术伦理);(c)掌握数学、自然科学以及信息技术的相关知识并具有相关知识的应用能力;(d)掌握本学科领域专门技术的相关知识并具有对这些知识的应用能力;(e)具有综合利用各种科学、技术和信息知识并根据社会需要进行设计的能力;(f)能够熟练使用日语,具有书面、口头表达能力以及会议讨论的交流能力,同时,还要具有基本的国际交流能力;(g)具有自主的、持续学习的能力等;(h)能够根据限定条件,有计划地推进事业的进步等能力。

(2) 学习与教育的量的要求:4 年期间,必须修得 124 个以上的学分并获得学士学位;同时,4 年期间的总学时(包括教师指导的时间)必须保障在 1800 学时以上;其中人文、社科(包括语言)的学习不得少于 250 学时,数学、自然科学以及信息技术也不得少于 250 学时,专业课程的学习不得少于 900 学时。

(3) 教育手段,包括:(a)入学选拔方法(为了实现基本的学习目的和目标,考察学生所必须具备的基本资质等的方法;对那些已经修完通识教育课程的学生申请进入本专业学习时,必须有一套具体的选拔程序并通盘考虑他们在通识教育时期的成绩;对转学插班生所修学分的互换以及评价方法)。(b)教育方法(为了达成本专业的学习/教育目标,必须做好相应的课程设计并使所有相关教师和学生知晓,同时,明确各门课程与相关专业目标的关系;以课程设计为基础,各门课程应有具体的教学大纲并使相关教师和学生知晓;同时,教学工作要严格依照教学大纲进行,在教学大纲中应包括教学内容、方法、目标以及成绩评价方法和标准等;同时,各专业必须建立起一套能够帮助学生理解、增进学生的学习动力的制度,并根据学生的需要实施相关的活动;学生自身也可以对照专业的学习和教育目标对自己所达到的程度进行自我测试)。(c)教育组织(为实现教育目标,必要配备足够数量的具有相当能力的教师,该专业还必须建立一套教师培养制度以促进教员质量的提高并开展相应的活动;该专业也应该有相关的教师评价方法并能够依此进行教师评价;各教学科目之间应该密切配合,为了提高教学效果,应该建立起教师协作网并积极开展相关活动)。

(4)教育环境:主要包括教育设施/设备,如必要的教室、实验室、讨论室、图书室、信息网络设备、自习室、休息设备以及食堂等;财源主要是确保基本设备设施的完善以及维护和运行所需的经费;学生学习支援体制,主要是为增进学生的学习动力,必须完善教育环境,尽量满足学生学习的需求。

(5)学习/教育目标完成度的评价:根据教学大纲规定的评价方法和标准,对各教学科目有相应的目标达成评估;学生在其他高校获得的学分有一套评估方法以便学分互换;对于转学来本专业的学生,以前所获得的学分也必须有相关的评估方法并能够根据这些方法进行学分互换;各专业还必须根据本专业的教育目标建立一套综合评价体系和标准并以此对学生进行全面评价;所有毕业生都必须全部达到本专业的各项学习和教育目标。

(6)教育改善:该专业必须建立一套教学反馈系统,根据以上标准(1)~(5),构建一套自评体系,这一体系必须反映学生和社会的要求;同时,还必须完善相应的档案,如会议记录等,这些档案可供教师阅览;教育手段、方法以及教育环境的改善活动等。

当然,除了以上所有专业认证都必须具备的通用标准以外,各专业还根据自身的要求有不同的专业认证标准。现在日本已经实施的专业认证领域包括:化学、机械、材料、地球/资源、信息、电气/电子/通信、土木、农业工程、建筑学、物理·应用物理、管理工程、农学、森林、环境工程、生物工程以及跨学科工程学科等。

对于专业方面的特殊评价标准很简单,主要是两项:一项是学生对本专业基本知识和能力的掌握程度;一项是教师队伍的结构与水平,特别是教师队伍中有多少人同时拥有工程师资格,以及讲授工程实际的能力。

2. JABEE 的认证与一般院校评估的区别

值得指出的是,JABEE 的认证标准和现有的大学评价标准是非常不同的,现在日本的大学教育评价主要由大学设置/学校法人审议会进行的设置审查、由督导委员进行的不定期检查、由大学标准协会进行的"加入审查"等,应该说这些审查的标准与 JABEE 的审查标准的基本理念是非常不同的。具体见表 2-3。

表 2-3　院校评估与 JABEE 认证标准比较

教育机构的活动	院校评估	JABEE 的认证标准 （教育专业认证）
主要活动	检查	质量改善
评价的视角	做了什么	现在的活动能否达成教育目的
教育活动的立场	教育活动是评价的对象	教育活动是达成教育目标的手段
评价对象	课程设置、教师、设备等	教育成果
教育成果的作用	没有定义	作为改善教育活动的信息

一般而言,院校评估都是对教育活动的资源,如课程、教师、设备等的评价,也是对各专业教育活动的评价。总之,这种评价并不对教育成果进行评价,而是假定如果教育的投入好,那么产出也好,因此,在评估的过程中主要是对教育投入数量与质量的评估。同时,这种评价是以外部评价机构规定的标准进行评估的,评价结果主要根据被评价机构满足评价标准的程度来决定。与此相应,JABEE 所实施的审查是对教育计划的评价,评价的对象是 4 年间教育计划达成的状况,是对教育成果的评价,它根据大学自身所提出的教育目标以及 JABEE 所提出的要求,来检查某个专业是否达到了国际同类专业的最低水准要求。同时,其方式主要是通过学校自评报告以及审查小组的实地访问调查来检讨教育成果是否达到了教育计划所规定教育目标应该达到的必要水准,而院校评估主要是对教育资源(课程、教师、设备等)等的评价。JABEE 认证审查的另一个重要点是评价其内部结构是否具有足够的机能从而促进达成教育目标、改善教育手段、完善教育活动,因此,学校自身的自我评估和评价活动得以经常性地实施,其结果主要是为了促进教育过程的改善,并使教育计划的缺点以及需要改善的地方得以不断修正。而院

校评估的结果主要是决定下一个教育周期应该改善的地方。因此，JABEE 认证业务的焦点在于：(a)教育活动的成果(Educational Outcomes)，包括教育机构自身所规定的教育目标达成情况如何以及标准 1 和其他各项标准所要求的教育目标完成情况；(b)教育活动的有效性(Educational Effectiveness)，包括教育过程的有效性和教育手段的有效性；(c)教育活动的质量(Educational Quality)，包括严格的成绩评价，对不同学生个体的关注，教育效果的评估/评价以及改善系统，有效的教师发展系统(Faculty Development System)等。

3. JABEE 审查的基本方针

正如上文指出的那样，认证主要是要审查教育计划的内容与质量保障的实施状况以及确认所认证的专业是否达到了认证机构规定的基本要求。为此，其基本方针为：

(1) 对某一专业的认证，所有审查均由同一审查小组实施(其中必须包含约 3 名左右的产业界人士)。

(2) 接受认证的专业其所有毕业生必须最少达到标准 1 所包括的内容以及各专业自身确定的教育/教学目标。

(3) 审查的关键点在于标准(1)(a)以及各专业别的认证标准和标准(5)、(6)所要达到的学习目标的评价、证明以及继续改善的相关专业方面的证明。

也就是说，要考虑社会的要求，具体设定学习/教育目标(包括标准 1 和专业标准要求)，具有相应的评价方法、学生质量达到国际水准以上、评价能够得以真正实施、教育组织在实施改善措施方面是否得力、功能是否完备等。

(4) 标准 1 以及各专业所必须达到的最低要求由各专业根据社会(产业界、毕业生以及其他人员)的需求并考虑学生的资质等予以确定和公布，同时，接受认证的专业必须证明其毕业生的水准达到或超过了这些要求。审查人员要根据国际标准，判明这一专业所规定的最低要求以及所提供的相关证明是否符合国际基准的。另外，接受认证的专业还必须就最低标准设定的根据向审查人员予以说明，各位教师对这些最低要求也非常清楚并明白如果达不到这些最低要求就无法保证基本的教育质量。同时，即使本专业公布的最低要求高于国际最低水准的标准，那么，如果本专业的学生达不到这一要求，也不得准予毕业。

(5) 出示相关证明时，不仅要明确告示教育内容(课程)，还必须有达到基本要求的证据。如通过考试来提供证明的时候，除了出示试卷以及最低要求的答案以外，还要出示报告等证据。

（6）在有转学生或者插班生的情况下，相关专业必须出具具体的证明表明该学生具有与其他学生实质同等的程度，而不仅仅只有接受转学生和插班生的制度，还必须有国际通用的具体证明。

（7）修习其他大学的课程或者通过远程教育学习的课程并获得通过的情况下，其合格水准与本专业的最低要求相比是在以上还是怎样也必须由各专业自己予以判断并就其适当性向认证审查人员予以说明。

（8）虽然希望我们培养的学生能成为标准1的（a）和（b）等的专家，但并不强求。我们培养的不是人文社会科学或伦理的专家，而只是作为常识和基本的能力要求。课程讲授并不仅仅是知识的传授，培养学生独立思考的能力、提供理论知识应用于实践的机会也非常重要。同时，标准1的（a）也可以作为教养教育的一部分。

（9）本认证标准所要求掌握的不仅仅是知识，更重要的是能力。

传统的以课堂讲授为主传授知识的方法已经越来越具有局限性，必须营造出一种学生能动学习的环境。我们知道，真理的获得需要经过"具体的体验、深刻的观察、长期的思考、抽象的概括再到积极的体验"等反复的认识过程，因此，仅仅是课堂讲授是远远不够的，还必须增加课堂讲授以外的讨论、实验等。由此，有必要减少传统的课堂讲授时间，增加教师作为学生教练的功能，帮助学生能力的成长。

四、JABEE 认证的审查程序与方法

如前文指出，JABEE 的审查包括两个部分，首先是申请专业的自评；JABEE 在接到认证申请后，组成审查专家组到实地考察，除审查小组的组长和专家以外，还可以有观察员参加（观察员可以接受组长的邀请提出相关的意见，但其意见仅供参考），时间为两天。JABEE 审查小组会通过实地考察，对照自评报告，检查自评报告的根据，审查该专业是否已经满足所有认证标准，根据审查小组的审议结果，再经过相关专业审查委员会以及 JABEE 审查调整委员会的审查、调整和确定，以确定的审查结果为基础，JABEE 审查委员会提出可否通过专业认证的报告，交由JABEE 认证委员会审议、决定，再交由 JABEE 理事会通过。JABEE 理事会对认证和审议负法律责任。

1. 认证对象

主要是文部科学省认可的 4 年制本科院校的学部（也包含工业/技术高等专门学校、短期大学 2 年制专攻科）的高等工程教育专业，只要设置从事工程师职业

的基础教育专业即可,不管是否设置工学部。同时,如果一个高等工程教育专业领域涵盖几个专业方向,则不同的方向应该分别加以认证。这里的高等工程教育专业(program)不仅仅是指某学科的课程,而是指从入学到毕业的整个教育过程以及教育环境等,是学科、课程(course)的总称。

2. 认证的有效期

一般有效期为5年(从当年的毕业生毕业算起5年内,这5年期间通过认证的专业名称会一直公布)。但如果仍存在一些小问题需要改进,则要缩短有效期,一般为2年;2年之后,申请"中期检查",如果全部改善并达到要求则继续延长3年,但这一认证结果只会通知受认证单位本身,而不会向社会公布。如果期满需要继续认证,则在5年期满的第二年内提出认证继续审查申请。

3. 自评报告书

由于高等工程教育认证分为自评审查和实地考察两个部分,因此,自评报告十分重要,它是专家实地考察的重要基础。自评报告是向专家实地考察时说明本专业是否达到了JABEE认证标准的重要文书,必须清楚明了地书写。实地考察主要是对自评报告中无法确认或者确认困难的事项进行调查和取证。无论自评还是专家实地考察,认证、审查的重点包括毕业生的知识和能力是否达到了教育目标规定的要求;认证专业的自评报告以及相关的规则是否在教学大纲、教学手册等文件有明确的记载并在实际中得到了落实;所有的毕业生是否达到了社会所期待的水准以上(也就是作为学士学位所要求的水准以及作为国际互认所要求的程度。当然,不同的专业要求是不尽一致的,不同时代的要求也会有变化。因此,这一点很难具体明确地表述,它需要学校和认证机构相互讨论和充分协商,尽量减少分歧。通过认证和审查,考虑双方对教育水准的意见,达到共同认可的水准以确保教育质量。但如果对教育水准和质量的认识分歧很大,则根据实地考察的情况,交由专业审查委员会以及JABEE认证/审查调整委员会对其做出相关的调整和判断,最终由JABEE认证委员会判定)。

4. 认证和审查程序

(1)首先由希望得到认证的机构向JABEE提出书面申请并交纳一定的认证费用。

(2)JABEE确认所需认证的专业领域后确定实地考察小组的派遣机构,并向该审查小组派遣机关委托本专业的认证事项。如果接受认证的专业涉及其他专业,还必须与相关的协会协商并签订相关的认证协议。审查小组的派遣机构必须是 JABEE 的正式会员单位,如果一个专业同时有多个专业方向申请认证,所有实地考察小组将会同时进行考察和审查活动。

(3) 审查小组派遣机关根据《审查小组组成标准》确定组长和专家,并由 JABEE 负责任命。在必要的情况下,组长和专家也可以由 JABEE 的认定/审查调整委员会直接选定和任命。

(4) 审查小组确立以后,JABEE 负责通报相关学校的专业所要认证的专业名称、审查小组派遣机关以及审查小组成员的构成,并寄送相关的审查文件。学校的相关专业如果对审查小组的某个成员有异议,可以提出申诉,如果调查属实,则对成员进行调整。

(5) 由组长负责和接受认证的专业协商,确定审查日程。

(6) 接受认证的专业必须在确定审查的日期前,完成自评报告并分别交送审查小组派遣机构和 JABEE。

(7) 审查小组对自评报告进行审查。对自评报告中的疑点,由组长归纳集中直接向相关专业进行询问。必要的时候,可以要求补充相关资料,但专家成员不得与接受认证的单位直接接触。

(8) 审查小组实地考察,通过实地考察形成审查报告,同时完成综合认证意见书。在实地考察的最终面谈时,将审查报告书的复印件交给接受审查的机构,同时,宣读综合认证意见书。如果对方认为专业审查报告书中有关内容与事实不符,可以在两周内向组长和审查小组派遣机构提出书面补充材料予以说明。

(9) 组长在和专家协商的基础上,就自评报告的审查结果、实地考察结果以及受评专业的追加说明材料等进行综合审定,形成一个完整的认证报告,在实地考察完成后的 4 周内,通过审查小组派遣机构提交给受评教育机构、专业审查委员会以及 JABEE。

(10) 受评教育机构如果对该认证报告有异议,可以在实地考察完成后的 7 周内通过审查小组派遣机构向组长书面提出《异议申辩书》,如果对其中的有关问题立即采取了改善措施并得到了改正,也可以向组长提出《改善报告书》。

(11) 组长和专家在协商的基础上,对受评机构提出的异议或改善报告进行审查,提出二次审查报告书,并在实地考察结束后的 10 周内,通过派遣机构向专业审查委员会以及 JABEE 提交。如果教育机构没有异议也没有改善报告,则在派遣机构确认的基础上,按规定的格式形成二次审查报告书。

（12）专业审查委员会对二次报告进行审查并形成专业委员会审查报告书，同时向 JABEE 提交。

（13）JABEE 认证/审查调整委员会就专业审查委员会的审查报告书进行审议，形成并向 JABEE 认证委员会提交最终审查报告书和最终认证通过与否的建议书。

（14）JABEE 认证委员会就最终审查报告书和最终认证通过与否建议书进行审议，决定是否通过认证，并获得 JABEE 理事会的承认。认证/审查调整委员会必须向 JABEE 认证委员会提交以下相关资料：最终认证通过与否建议书、最终审查报告书、自评报告书、组长及专家名单（包括单位、职务等）、审查日程记录。

（15）JABEE 就认证通过与否、审查结果等向受评机构、专业审查委员会以及审查小组派遣机构进行通报，并对被认证的专业向社会公布。

（16）如果最终认证没有通过，接受认证的专业可以在 3 个月以内，向 JABEE 提出不服申辩书，并提出不服的理由。JABEE 申诉委员会对相关事实和内容进行详细调查，最后提出裁定结果。一旦裁定，不再受理申诉。

5. 审查结果的表述

对于审查结果，根据所认证专业满足认证标准的程度，分为 A、C、W、D 4 等，其中 A 为适合，即完全满足认证标准的要求。C 为悬念，即虽然现在满足认证标准，但仍有希望进一步改善的地方，也就是说要达到完全满足认证标准的要求，还需要做一定的努力。W 为弱点，也就是现在刚刚达到认证标准的要求，但水准并不高，还需要做较大的努力，如：还没有完全达到教育目标的要求或者资金不够充足或者经营管理不够完善等，因此，可以给予 2 年的改善期；2 年以后必须再次申请"中期审查"，如果不申请，则 2 年到期后不再予以承认。D 为欠缺：即目前还没有达到认证标准的要求。

五、JABEE 与专业协会、企业界以及大学的关系

日本现在从事高等工程教育的各类高等教育机构多达 770 所。

在这 770 所大学中，国立大学 87 所，私立大学 543 所，还有其他如城市或地方院校 140 所。这么庞大的高等工程教育规模急切需要一个资质认证的机构通过认证的手段促进其质量的提高并保证质量具有国际可比性、资格具有国际互换性。

JABEE 就是从事这一认证的正式机构，但 JABEE 的认证并非仅仅依靠自身，

还必须依靠相关的专业协会,JABEE 的正式会员单位包括 89 个工程领域的专业协会,理事会成员包括正式会员单位之外的 17 个学术组织,另有 59 个工业界的赞助会员单位。JABEE 对申请认证机构的审查正是委托这些正式会员单位来进行的。实地考察小组由相关的专业协会负责组织。

同时,企业界对学校而言是学校人才的消费者,对 JABEE 而言是赞助者和支持者;产业界与专业协会的关系则是协助专业协会进行认证,主要是派遣审查员,企业界一般会占到全部审查员的 1/4 以上。图 2-3 为 JABEE、产业界、专业协会、高等教育机构的关系图。

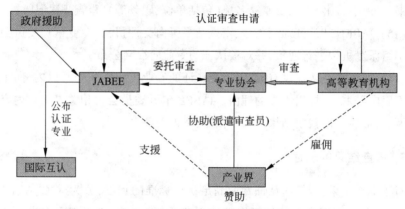

图 2-3　JABEE、产业界、专业协会、高等教育机构的关系

第五节　国际高等工程教育专业认证框架的特征

许多国家的教育界、工程界专家认为建立一个具有国际实质等效性的高等工程教育专业认证体系的框架是十分必要的。在这些国家中,对美国高等工程教育的专业认证制度的认同度是比较高的。

一、认证工作框架

专业认证(professional accreditation)是"专门职业性的专业认证"(professional programmatic accreditation)的简称。它适用于专门职业性或简称专业性(professional)强的专业(program),诸如工程、医药卫生、法律等学科中的许多专业,以保证各专门职业所必需的教育质量。专业认证同时又是专门职业执业资格注册必不可少的基础一环。

需要强调的是,专业认证面向的不是学校,也不是面向学院,更不是面向学生,而是面向专业。

校内的专业自评和校外专家组的现场考察,是专业认证不可或缺的两个环节。

认证标准严格要求学校建立校内教育质量保证体系,要求持续改进教学、提高质量。其指导思想是质量的保证,归根结底要靠学校自己。

认证标准把教育"产出"放在首要地位。要求校内教育质量保证与此相呼应。

二、认证组织框架

一个国家应该有一个覆盖全国高等工程教育的专业认证组织。这个组织,从地区上说,覆盖全国各地;从学科上说,覆盖工程学的各个分支;从教育层次上说,统管学位教育与非学位教育,本科教育与研究生教育;从组织上说,集各分支学科的工程学会于一体,有分有合;从认证标准上说,既有体现各专业共性的一般标准部分,又有反映各专业个性的专业标准部分。有这样一个认证组织,其好处是,使全国的工程专业有一个统一的基本质量标准;便于在全国的工程专业实施统一的质量认证;有利于监督并帮助学校确保和提高教育质量;有利于在工程界和教育界之间就高等工程教育标准等问题进行沟通和协调;可以在政府和公众面前充当高等工程教育质量的代言人;可以在世界上,代表一国的高等工程教育质量说话。

这个全国高等工程教育专业认证组织应该是国家相关政府部门授权的、具有独立法人资格的中介组织。它能够在规定范畴内自主地制订认证标准、程序和方法,接受委托,开展认证工作,不受或少受教育拨款部门的干预。只有这样,才能更好地确保认证的客观性和公正性,从而确立它在国内外的权威地位。

国外的高等工程教育专业认证组织一般均是中介组织。通常,这个组织以各工程学会为其基本力量。许多成员同时具有工程实际和高等工程教育资历,并在专业认证方面有充分的经验。工程、高等工程教育、工程专业认证都是专业性很强的工作。由专业性的中介组织参与到工程教育的质量监督中来,无疑具有十分重要的意义。

三、国际互相承认框架

根据以往的经验,各国之间工程专业点及其所授学位的互相承认问题并不是一国的高等学校与另一国的高等学校直接解决得了的。但就高等工程教育而言，各国负责全国高等工程教育专业认证的组织基于彼此可以信赖的、具有实质等效的认证工作，通过共同签署互认协议是可以做到国际互认的，例如《华盛顿协议》就是一个典型。

　　一个国家的高等工程教育要走向世界，就必须努力使高等工程教育符合国际公认的质量水准，必须有权威的全国高等工程教育专业认证组织作出质量保证。这个组织应该对内不断提高认证水平，促进高等工程教育质量的提高；对外与各国同行组织，特别是《华盛顿协议》组织，加强交流与合作，增进相互了解，积极创造条件，以逐步达成互相承认。

第三章　建立具有国际实质等效性的
中国高等工程教育专业认证体系

　　我国已经建立了比较完整的工程教育体系,高等工程教育专业的学生总量在世界上也位居前列,其中,就读工程专业的学生已经占到我国高等教育在校学生总数的1/3以上,是世界上的高等工程教育大国。当然,我们还存在着一些问题,如提高高等教育质量的问题、区域发展的不平衡引起的协调发展问题等。我国正处在工业化的进程之中,实施科教兴国的战略要求我们努力建设创新型国家,今后企业将成为创新的主体。为企业培养合格的工程技术人才成为高等工程教育的重要使命。在改革的过程中,高等教育的政府主导作用将逐步过渡到政府—高校—企业—中介组织各司其职、和谐发展的新格局。而教育既有适应经济全球化发展的一面,也有其社会性,即教育要承担起维护教育主权、培养社会主义建设需要的接班人的任务。

　　中国高等工程教育所具有的这些特征,是建立我国工程教育专业认证体系所必须认真加以考虑的。当然,随着中国加入WTO,人才资源的国际流动将成为一个不可避免的现实,这就要求我们前瞻性地考虑在工程教育领域积极应对,采取具有国际实质等效性的高等工程教育专业认证制度将是未来的发展形势的必然要求。

　　目前,建立我国高等工程教育专业认证制度已逐渐成为工程界、教育界必须认真研究的问题,并正积极推进这一工作。认证标准和实施方案是认证制度的核心内容。为此,这里将在简要比较美国、德国、日本高等工程教育专业认证标准的主要内容,以及我国建筑学专业教育评估标准的基础上,进而提出具有国际实质等效性的我国高等工程教育专业认证标准和实施方案的建议。

需要特别指出的是,实质等效性是《华盛顿协议》的灵魂,也是申请加入《华盛顿协议》的关键。实质等效性的内涵是说,尽管加入《华盛顿协议》的国家不同,各国的经济、文化、教育各有不同,工程教育的标准在文字上表达可能有所不同,但从本质上来说,要求是一致的。实质等效性中最重要的又是毕业生学习产出的等效性。

与此同时,我们还要特别注意,决不可直接照搬美国、德国、日本的认证制度,而忽视了中国高等工程教育自身的特色。

第一节 国际高等工程教育专业认证标准及其对我国的启示

高等工程教育认证(accreditation)是一种资格认定,是保障和提高高等教育质量的一种方法和途径,通过认证对达到或超过既定教育质量标准的专业给予认可,并协助院校和专业进一步提高教育质量。所谓专门职业性专业认证(professional programmatic accreditation,简称专业认证)是由专业性(professional)认证机构针对高等教育机构开设的专门职业性专业教育(programmatic)实施的专门性(specialized)认证。这些专门职业性专业往往与公众生活、安全相关,涉及医药、工程、法律等。高等工程教育专业认证则是由专业性认证机构对高等教育机构开设的高等工程教育专业实施的认证。通过实施专业认证,不仅可以对高等教育机构的工程专业教育质量进行评估,并促使专业不断提高教育质量,还可以向公众提供专业教育质量的权威判断。

一、建立高等工程教育专业认证制度的目的

高等工程教育在我国已有百余年历史。新中国成立以来更是得到快速发展,已经建立起多种层次、多种形式、学科门类基本齐全的高等工程教育体系。高等工程教育所培养的工程科技人才,为我国工业、农业、科技、国防现代化事业作出了重大贡献。走新型工业化发展道路、全面建设小康社会,为我国高等工程教育带来了又一次难得的发展机遇,也对高等工程教育提出了新的要求,其中最重要的是如何进一步提高高等工程教育质量。世界许多国家高等工程教育发展的经

验表明,完善的专业认证制度是保障和促进高等工程专业教育质量的重要方法和途径。但迄今为止,专业认证制度在我国高等工程教育质量保障体系中还是一个薄弱环节,除国家建设部在建筑工程领域对专业认证制度进行了一些有益的实践探索之外,我国尚未开展过大规模的专业认证工作。建立高等工程教育专业认证制度,是实现我国高等工程教育全面、协调、可持续发展的迫切需要。

近年来,工程专业教育的国际互认获得了重要的进展,成为我国建立高等工程教育专业认证制度的一个重要动因。随着经济全球化的发展,加入工程专业国际互认协议不仅有利于我国高等工程教育质量的提高,还将有利于我国注册工程师制度的实施以及工程师在国际劳动力市场的流动。2004年,教育部副部长吴启迪在第三届国际高等工程教育大会的发言中指出:"中国高等工程教育必须加快改革,调整高等工程教育的学科专业结构、层次结构和人才培养模式。在这里,特别应当强调的是高等工程教育的国际评估和工程师资格认证问题。我们将与世界上的评估认证机构合作,进一步推进高等工程教育的评估和工程师资格认证,以适应国际工程技术人才市场的需要。"

综上所述,我国建立高等工程教育专业认证制度的主要出发点,首先,加强对高等工程教育的宏观管理,保证和提高我国高等工程教育质量;其次,顺应国际高等工程教育领域的发展趋势,为我国实施注册工程师制度以及为进一步取得工程专业的国际互认打下基础。因此,建立中国特色且具有国际实质等效性的高等工程教育专业认证制度具有十分重大的现实意义。

建立高等工程教育认证制度的核心是建立标准,认证标准是系统地收集信息作出价值判断的依据,是高等工程教育基本质量标准,也是学校进行专业建设、自我评价以及专家审阅自评报告和实地考察的基础。我国高等工程教育专业认证标准设计的基本原则,应该以为我国全面建设小康社会、实现中华民族伟大复兴培养合格的工程科技人才为根本方向;同时,要体现高等工程教育的发展方向,一方面要吸收、借鉴国际高等工程专业认证标准与规范,为参与国际互认创造有利条件;另一方面,也要尊重中国高等工程教育发展的传统与成功经验,继承重视基础、重视实践的特色,遵循高等工程教育规律,抓住影响教育质量的关键因素及其内在联系,确保高等工程教育基本的教育质量。

二、发达国家高等工程教育专业认证标准的设计

美国、德国等一些发达国家的高等工程教育专业认证制度已经发展得较为完

善成熟。还有一些国家如日本,虽然加入《华盛顿协议》不久,但也已经先于我国迈出一步,积累了不少经验。即使和我国处于同步阶段的俄罗斯也在这一领域迈出了坚实的步伐,2003 年,该国工程教育协会邀请《华盛顿协议》的会员国如美国、澳大利亚、日本、南非等国的专家一同参加了其技术工艺专业学士培养教育计划的认证;2003 年共有 6 所大学的 12 个专业通过了该认证。相比而言,我国的高等工程教育认证还仅仅处于起步阶段。分析研究他们的诸多做法,将为我国制定既有中国特色,又具有国际实质等效性的认证制度、认证标准提供有益的参考和借鉴。

在本研究的"国际高等工程教育专业认证制度"中我们已经比较详细地介绍了 ABET、ASIIN、ECUK、JABEE 等的认证制度,在此我们简单回顾美国、德国以及日本等的高等工程教育专业认证标准。

1. 美国高等工程教育专业认证标准

美国高等工程教育专业认证的历史最为悠久,从认证机构的最初成立到现在已有 150 多年,是发展最为完备和成熟的高等工程教育专业认证制度。目前,美国高等工程教育专业认证由全国性、权威非官方组织——工程技术认证委员会总体负责,ABET 下设四个认证委员会,其中工程认证委员会负责各工程专业的认证,包括制定认证标准、组织认证实施和认证管理。

美国高等工程教育专业认证现行认证标准是 EAC 于 1995 年 12 月公布、2001年全面推行的新的认证标准 EC2000。EC2000 的内容包含三大部分:其中第一部分最具实质意义,即适用于基本水平专业的一般认证标准,其指标及主要评估内容如表 3-1 所示。

表 3-1　美国 EC2000 高等工程教育基本水平专业的一般认证标准

认证标准	具体内容
标准 1:学生	对学生进行评估、指导和监控
标准 2:专业教育目标	学生从本专业毕业后的前几年内能达到的水平
标准 3:专业产出和评价	学生从本专业毕业时应掌握的知识或具备的能力及评价程序

续表

认证标准	具体内涵
标准4:专业教育内容	适合工程需要的专门学科领域,不规定具体的课程设置,但教学计划必须使学生能为今后在工程领域执业做好准备
标准5:师资	师资数量可以承担教学计划中规定的全部教学任务,学历、背景的多样性、工作经验等,专业教师必须具备适当的资格,不断改进专业及其教育目标和产出
标准6:设施	适当的教室、实验室和相应的仪器设备,并形成一种有利于学习的氛围
标准7:学校对专业的支持和财政资源	适当的学校支持、财政资源和建设性的领导,以保证本专业的质量和持续发展
标准8:专业标准	阐明基本水平标准应用于该专业时的特殊性,主要涉及教学计划和教师资格,共划分为航天工程、农业工程、建筑工程等24种专业

EC2000体现的最重大变革即从注重投入转向注重产出,反映了美国工程专业认证指导思想的演变和标准重点的转移。EC2000的标准3——专业产出和评价提出申请认证的工程专业必须证实毕业生具有以下11种能力,可以看作是美国工程界和高等工程教育界对新世纪工程人才素质的要求:

① 运用数学、自然科学以及工程知识的能力;

② 实验的设计、操作及数据的解析能力;

③ 根据经济、环境、社会、政治、伦理、卫生和安全、工艺性、可持续性等约束条件,设计系统、零部组件和制造程序以满足特定需求的能力;

④ 在多学科(multi-discipline)团队中承担角色的能力;

⑤ 分析识别,并明确阐述以及解决工程问题的能力;

⑥ 对专业与伦理责任的领悟能力;

⑦ 有效沟通的能力;

⑧ 具备必要的宽厚知识和教育,能够从全球的、经济的、环境的以及社会的视角理解工程问题解决方案可能带来的影响的能力;

⑨ 理解终身学习的必要性以及付之于实践的能力;

⑩ 具有与当代问题相关的知识；

⑪ 在工程实践中具有运用相关技术、技能和新工具的能力。

2. 德国高等工程教育专业认证标准

德国的工程专业认证制度是近几年在经济全球化和欧洲一体化的背景下建立起来的。德国工科专业认证机构(The Accreditation of Bachelor's and Master's Study Programs in Engineering, Informatics, Natural Sciences and Mathematics,德文缩写 ASIIN)是 2002 年在德国工程师协会(Association of Engineers, VDI)倡导下,由各大学、应用科学大学、权威的科技协会、专业教育和进修联合会以及重要的工商业组织共同参与建立的非营利机构。ASIIN 近几年开展的高等工程教育专业认证更多是为了满足高等工程教育和注册工程师国际互认的需要,增加德国高等教育在国际范围内的可比性,使其更有竞争性和吸引力。2003 年 6 月, ASIIN 加入《华盛顿协议》,使通过其认证的工程科学和信息学的专业项目得到广泛的国际认可。

ASIIN 对工程专业的一般认证标准和要求由 ASIIN 下设的两个认证委员会之一的工程及信息学认证委员会(Accreditation Commission 1-Engineering & Informatics)负责制定,主要包括 5 个方面的内容,见表 3-2。

表 3-2　德国 ASIIN 高等工程教育专业认证标准

认证标准	具体内容
需求、目标与成果	对各利益相关方(如学生、工业企业界、工程协会等)的需求有明确清晰的认识; 教育目标和高校及学生、工业界的要求一致; 教学成果达到评估的要求和本专业的教学目标
教育过程	课程设置能确保教学成果; 教学过程按照教学计划实施,学生得到充足的指导和支持等
资源与合作关系	学术及支撑队伍结构合理,教师的学术水准和对学生的充分指导等; 教室、实验室、图书馆及相关设备和服务等教学设施充足; 教育经费充足; 国际国内的合作项目等促进教学成果和学生流动
教育过程评估	学生在规定时间内获取了足够的专业知识和技能; 毕业学生找到与专业资历匹配的工作,利益各方认可教学成果等
管理体系	组织与决策过程有利于教育成果的实现; 建立有效的内部质量保障体系

ASIIN 关于教育目标的阐述是,不仅要满足知识转移的目的,还要满足使学生能够获得在其所选工作中获得成功的必要能力和终身学习的能力。申请认证的培养计划必须通过教授学生基础理论、专业和跨学科的知识和技能来达到传递方法和技能的目的。必须让学生深刻了解社会责任和伦理道德,有机会获得必要的核心资质。还必须鼓励学生获得外语资质从而使毕业生可以在国际环境中表现活跃、具有竞争力。

另外,由认证委员会授权的 13 个技术委员会分别制定各相关工程领域的专业标准,根据专业性质对课程设置比例、学分等作进一步具体的规定和说明。

3. 英国工程教育专业认证标准

（1）学习产出标准

英国工程委员会对工程教育专业认证标准与工程师注册标准的关系定位十分明确,二者都是基于工程委员会发布的英国工程职业能力标准文件（UK Standard For Professional Engineering Competence,UK-SPEC）制定的,该文件规定了在英国从事工程职业、注册为各类工程师所应具备的知识、能力和承诺的标准。因此,要把工程教育专业认证的学习产出标准放在英国工程职业能力标准文件对特许工程师和技术工程师的能力与承诺的描述中去解读,这使得对工程教育专业的认证和考察,是以毕业生未来所从事的工程职业为目标和指向的。并且,在不同类型和层次专业的认证标准与相应的工程师注册标准之间,对于毕业生和申请者的知识和能力要求形成了大致的对应关系,例如,与荣誉学士学位毕业生对应的是技术工程师,与综合型工程硕士学位毕业生对应的是特许工程师。

（2）学习产出分类

英国工程教育专业认证遵循的是学生的学习产出标准。学习产出分为一般学习产出（General Learning Outcomes）和特殊学习产出（Specific Learning Outcomes）。

一般学习产出

一般学习产出包括“知识和理解”“智力能力”“实践技能”和“通用的可转移技能”。一般学习产出具有普遍性,其认证标准会运用到所有的专业中,它是以可注册为特许工程师的荣誉学士学位项目为基础来制定的,对于其他认证项目则会设置适用性的标准。

知识和理解：必须证明学生能够具备所在工程学科基本事实、概念、理论和原则，以及具有支撑性的科学和数学的知识和理解；必须对更宽广的多学科工程背景及其潜在原则有所了解；必须能够领会影响其工程运行的社会、环境、伦理、经济和商业考虑。

智力能力：学生必须能够运用合适的、定量的科学和工程工具去分析问题；必须能够证明在综合解决办法和形成设计上具有创造性和创新性能力；必须能够领悟广阔的图景并且因而能够在细节上体现出相应水平的工作。

实践技能：学生必须拥有工程实践技能，可以通过例如实验室和车间工作，在工业界监督下的工作经验，个人或团队的项目工作、设计工作，以及在开发和使用计算机软件进行设计、分析和控制的工作中获得。

通用的可转移技能：学生必须发展出将会在各种各样的解决方法中都有价值的可转移技能，包括解决问题、交流和与他人一起工作，以及有效利用通用的 IT 设备和信息检索的技能，还包括作为终身学习基础的自学计划和表现改进。

综合型工程硕士学位和其他硕士学位项目对通用可转移技能的认证标准要求更高。综合型工程硕士需要具备的通用可转移技能有：开发、监督和更新一个计划以反映变化的操作环境的能力；监督和修正一个持续工作的个人项目，以及独立学习的能力；理解团队中的不同角色，以及实施领导的能力；在不熟悉的情境下学习新理论、概念、方法等的能力。

其他硕士需要具备的通用可转移技能有：开发、监督和更新一个计划以反映变化的操作环境的能力；监督和修正一个持续工作的个人项目，以及独立学习的能力；主动履行作为团队成员或领导者的个人责任的能力；在不熟悉的情境下学习新的理论、概念、方法等并应用它们的能力。

特殊学习产出

特殊学习产出也称具体学习产出，包括："由相关工程学会定义的支撑性的科学和数学，以及相关的工程学科""工程分析""设计""经济、社会和环境背景"和"工程实践"。如表 3-3 所示，不同的认证项目在特殊学习产出的各项认证标准上均有所不同，特殊学习产出的认证标准可以充分显示出项目的特殊性。

表 3-3　英国高等工程教育专业认证的特殊学习产出标准

	荣誉学士学位项目	综合型工程硕士学位项目	技术工程师项目	其他硕士学位项目
由相关工程学会定义的支撑性的科学和数学,以及相关的工程学科	• 对支撑学生在其所在工程学科中的教育,使他们能够理解该学科的科学和工程背景,并且对支持他们理解过去的、当下的和未来的发展和技术必不可少的科学原理和方法的知识和理解; • 对支撑学生在其所在工程学科中的教育,使他们能够在分析和解决工程问题时熟练地应用数学方法、工具和符号必不可少的数学原理的知识和理解; • 应用和整合其他工程学科的知识和理解以支持他们学习所在工程学科的能力	• 对所在专业和相关学科科学原理的综合理解; • 能够认识到与所在专业相关的技术发展; • 对和所在工程学科有关的数学和计算机模型的综合知识和理解,以及对它们的局限的领悟; • 对来自包括工程之外的一系列领域内容的理解,以及在工程项目中有效地运用它们的能力	• 对和当前技术及其进化相关的支撑性科学原理的知识和理解; • 对支持关键工程原理应用必不可少的数学知识和理解	• 对和所在专业相关的科学原理的综合理解; • 对当前问题和/或新见解的批判性意识,这些问题和新见解大多位于所在专业的前沿或由前沿所提示; • 理解和所在学科有关的,某些来自工程之外的概念,并有效运用它们的能力

	荣誉学士学位项目	综合型工程硕士学位项目	技术工程师项目	其他硕士学位项目
工程分析	• 理解工程原理以及应用它们分析关键工程过程的能力; • 通过使用分析方法和模型技术定义、分类和描述系统及其组成部分的能力; • 为了解决工程问题,应用与所在工程学科相关的定量方法和计算机软件的能力; • 理解并运用系统方法解决工程问题的能力	• 运用基础知识调查新的和正在出现的技术的能力; • 运用数学和以计算机为基础的模型解决工程问题的能力,以及评估特殊案例局限的能力; • 对一个不熟悉的问题提取相关数据,以及在合适的时候使用以计算机为基础的工程工具解决这个问题的能力	• 监测、解释并应用分析和模拟的结果进行持续改进的能力; • 通常在一个多学科的背景下,运用与所在工程技术专业相关的定量方法和计算机软件的能力; • 使用分析的结果解决工程问题,应用技术和执行工程过程的能力; • 通过运用相关技术的实践性知识,在工程问题上使用系统方法的能力	• 运用基础知识调查新的和正在出现技术的能力; • 运用合适的模型解决工程问题,以及评估特殊案例局限的能力; • 通过适当地创新、使用或改造工程分析工具,收集和分析研究数据的能力,以及运用合适的工程工具处理陌生问题,例如有着不确定或不完整数据或规格的问题的能力

	荣誉学士学位项目	综合型工程硕士学位项目	技术工程师项目	其他硕士学位项目
设计	• 调查和定义一个问题,以及识别约束条件,包括环境和可持续性的限制、健康、安全、风险评估问题; • 理解顾客和用户的需求,以及考虑到美学等问题的重要性; • 识别和管理成本动因; • 运用创造力设立创新性的解决方案; • 确保符合问题的目的和所有方面,包括生产、操作、维护和处置; • 管理设计过程以及评价产出	• 对于设计程序和方法广泛的知识和综合的理解,以及在不熟悉的情境下应用和改造它们的能力; • 产出一个产品、系统、组成部分或过程的创新设计以满足新需求的能力	• 定义一个问题并确认其限制; • 根据客户和用户需求设计解决方法; • 在实践性的背景中使用创造力和创新性; • 确保符合目的(包括操作、维护和可靠性等); • 改造设计满足其新目的或应用	• 运用独创的思想发展对产品、系统、组成部分或过程的实际解决方法的能力

	荣誉学士学位项目	综合型工程硕士学位项目	技术工程师项目	其他硕士学位项目
经济、社会和环境背景	• 对工程过程的商业和经济背景的知识和理解； • 对于可能会在某种情境下被用来实现工程目标的管理技术的知识； • 理解对推动可持续发展的工程活动的需求； • 认识到支配工程活动的相关法律要求框架，包括人员、健康、安全，以及风险(包括环境风险)问题； • 理解在工程中需要高水平的职业和道德行为	• 对管理和商业实践，及其局限的广泛的知识和理解，以及怎样能更适当地应用它们； • 通过对类似风险的基础的理解，评估总体商业风险的能力	• 对工程过程的商业和经济背景的知识和理解； • 对于可能会在某种情境下被用来实现工程目标的管理技术的知识； • 理解对推动可持续发展的工程活动的需求； • 认识到支配工程活动的相关的法律要求框架，包括人员、健康、安全，以及风险(包括环境风险)问题； • 理解在工程中需要高水平的职业和道德行为	• 对管理和商业的实践及其局限，以及在特定专业背景下如何恰当应用它们的知识和理解； • 通过对类似风险的基础的理解，评估总体风险的能力

续表

	荣誉学士学位项目	综合型工程硕士学位项目	技术工程师项目	其他硕士学位项目
工程实践	• 对特殊材料、设备、过程，或产品特性的知识； • 车间和实验室技能； • 理解可以应用工程知识的背景（例如运行和管理，技术发展等）； • 明白如何使用技术资料和其他信息来源； • 认识到知识产权和合同问题的本质； • 对合适的实践准则和工业标准的理解； • 意识到质量问题； • 带着技术不确定性工作的能力	• 对当前的实践及其局限的透彻理解，以及对类似新发展的感悟； • 对各式各样的工程材料和组成部分的广泛的知识和理解； • 在考虑到一系列商业和工业限制的情况下，应用工程技术的能力	• 对相关材料、设备、工具、过程，或产品的理解及运用能力； • 对车间和实验室实践的知识和理解； • 理解可以应用工程知识的背景（例如运行和管理，技术的应用和发展等）； • 从技术资料中使用和应用信息的能力； • 使用合适的实践准则和工业标准的能力； • 理解管理工程过程的原理； • 意识到质量问题并持续改进	• 对当前的实践及其局限的透彻理解，并能领悟到类似的新发展； • 对各种工程材料和组成部分达到先进水平的知识和理解； • 在考虑到一系列商业和工业限制的情况下，应用工程技术的能力

4. 日本高等工程教育专业认证标准

日本 2001 年被接纳为《华盛顿协议》预备会员,2005 年成为正式会员。日本高等工程教育专业认证机构(JABEE)负责制定的认证标准主要包括 4 个方面:Plan、Do、Check 和 Act(简称 PDCA),具体见表 3-4。

表 3-4 日本 JABEE 高等工程教育专业认证标准

	认证指标	评估标准
Plan	标准 1:学习与教育目标	见下文 8 方面目标内容
	标准 2:学习与教育的量	4 年期间必须修得的学分数、总学时数,包括人文社科、数学、自然科学、信息技术及专业课程
Do	标准 3:教育手段	入学选拔方法; 教育方法:课程设计,课程教学大纲,建立能够帮助学生理解、增进学生学习动力的制度; 教育组织:配备足够数量并具有相当能力的教师,建立教师培养制度、评价方法
	标准 4:教育环境	教育设施设备:必要的教室、实验室、讨论室、图书室、信息网络设备等; 财力资源:确保基本设备设施的完善以及维护、运行; 学生支撑体系:尽量满足学生学习的需求
Check	标准 5:学习、教育目标的达成	对各教学科目的目标进行评估; 建立一套综合评价体系和标准并以此对学生进行全面评价; 所有毕业生都必须达到本专业的各项学习和教育目标
Act	标准 6:教育改善	建立教学反馈系统; 教育手段、方法以及教育环境的改善活动等

学习与教育目标的主要内容包括:a)从全球的观点全面思考事物的能力与素养;b)作为技术者,必须明白技术对社会、自然的影响及其效果,能够自觉地负起对社会的责任;c)掌握数学、自然科学以及信息技术的相关知识并具有相关知识的应用能力;d)掌握本学科领域的专门技术的相关知识并具有对这些知识的应用能力;e)具有综合利用各种科学、技术和信息知识,根据社会需要进行设计的能力;f)能够熟练使用日语,具有书面、口头表达能力以及会议讨论的交流能力,同

时,还要具有基本的国际交流能力;g)具有自主的、持续学习的能力等;h)能够根据限定条件,有计划地推进事业的进步等能力。

除了以上所有专业认证都必须具备的通用标准以外,各专业还应根据自身的要求有不同的专业认证指标。

三、国际高等工程教育认证制度对我国的启示

《华盛顿协议》签订后,高等工程教育认证已逐步得到国际工程界、教育界的认同。以上我们简单介绍了《华盛顿协议》3个正式会员国家认证标准,虽然这些国家本身的工程教育依旧存在着诸多的问题,但我们认为他们已经在高等工程教育认证方面先于我国迈出了一步,积累了不少经验,而且形成较为完善的认证体系,他们的诸多做法对我们有十分重要的借鉴意义。具体地说,如下几个方面是我们必须认真思考和对待的:

1. 认证标准应简单明了

从这些国家的认证标准来看,总的来说简单明了,偏重质化而不是量化,更没有在指标的权重上作过多的关注。日本在一级指标中,涉及定量的指标只有一项,就是关于课时量以及相关课程的比例规定。这也是目前美国的 ABET 和德国的 ASIIN 共同具有的特点。因此,我们在设计认证标准时,建议不要把指标设计得太烦琐,以简明扼要为原则。

2. 注重学校自评

从认证过程来看,这些国家的认证组织都非常注重学校的自评。实际上,整个认证过程都是以学校自己的评价为基准的,特别是在设立教育目标时,也充分尊重学校自己提出的教育目标。审查小组的任务主要是审查该专业设置的教育目标是否符合认证委员会提出的最低要求、该专业的办学条件是否足以保证其教育目标的完成,以及其毕业生的质量是否达到了该专业自身提出的教育目标。这样,不仅保证了各专业达成认证机构规定的基本质量要求,而且有利于各学校、各专业根据自身的情况发展出自身的特色,而不至于因为"统一"的要求而抹煞了学校的办学特色。因此,我国开展高等工程教育专业认证也应当充分尊重各学校、各专业自身的特点,鼓励特色的发展。

3. 认证委员会为中介组织

各国的认证委员会均是一个第三方认证机构,也就是说它是一个中介组织,

并具有独立的法人资格。相关政府部门予以授权、给予一定的政策支持和资金援助,而不参与具体的事务。因此,它对高等教育机构的相关学科的认证也没有强制约束力,无论进行认证还是不进行认证都在于学校的自愿而不是强制。为此,建议我国今后的高等工程教育认证,也不要成为一个政府行为。从长远来看,应该由政府的教育主管部门,会同相关的工业界代表,以及中国工程院、相关的学会与协会共同组成一个全国性的工程教育专业认证委员会。由政府授权并给予一定的经费支持和运作上的检查与关注,以保证我国工程教育专业认证工作的展开。按照国际上通行的做法,政府在考虑注册工程师制度的建立与改革时,要求与高等工程教育专业认证挂钩是十分必要的。

4. 认证委员会与教育界、科技界和工业界须充分合作

在认证方式上,各国的认证委员会与教育界、科技界和工业界充分合作,认证委员会的作用主要是制订标准、筹划运作、组织管理以及对认证结果的审核决定,但在具体的认证事务上则委托给教育界、工业界以及少量管理人员组成的专业认证工作组和专家小组。而专家小组又实行组长负责制,责任明确。因此,建议在我国的高等工程教育专业认证过程中,也建立相应的认证组织,形成教育主管部门、高等学校、企业和专业学会、协会等良性互动的机制。

5. 申诉机制的建立

申诉机制的建立有利于保证认证结果的公平性。认证委员会在认证结果的定性上,不仅要充分听取专家的意见,同时也允许学校提出申诉,这样就可以尽量避免评价结果的片面性和非公平性,因为专家的评审意见也会出错。为此,我国今后的高等工程教育认证也应该设立同样的程序和机制,以便保证学校的利益不会受到不公正的对待。因此,高等工程教育的认证不仅仅是设立一个规制,更重要的是促进高等工程教育的发展。

6. 国际化与本土化问题

当前,我们的认证标准设计的指导思想应该是:适应中国新型工业化发展需要,从国家利益出发,贯彻落实科学发展观,建立中国特色的高等工程教育专业认证制度,通过实施高等工程教育专业认证,促进我国高等工程教育全面、协调、可持续发展。

同时,我们的任务是建立中国特色且具有国际实质等效性的高等工程教育专业认证体系。吸收、借鉴国际工程专业认证标准与规范,为参与国际工程教育的

专业互认做好准备。应对经济全球化,加入工程专业国际互认协议将有利于我国高等工程教育质量的提高,有利于工程师在国际市场的流动。因而:

a. 认证标准的结构和内容在考虑中国工程教育的特点的基础上,与《华盛顿协议》国的提法相近,以适应国际认证标准的实质等效性的要求。美国、德国、英国、日本的认证标准结构和内容具体可参考附件。

b. 在认证的初始阶段需要有计划地邀请《华盛顿协议》成员国的专家参加。

7. 高等工程教育专业认证与工程师资格认证要配套进行

考虑到前面提到的有关产业界对教育认证的意义了解不够、社会对认证的效果尚存疑虑等等问题,政府、企业、大学要全力宣传高等工程教育认证对提高高等教育质量、提高中国工业企业水平、提高工程师的地位的重要意义。有关主管部门要促进企业与大学密切配合,使高等工程教育专业认证与注册工程师制度改革的执行框架的设计相配套,参考国外经验,在考虑注册工程师制度改革框架的设计中,充分考虑其对培养工程师的工程教育的影响;同时,工程专业教育认证必须面向注册工程师制度的要求。

第二节 我国高等工程教育专业认证标准的设计建议

一、我国建筑学专业评估标准

由国家建设部主持开展的我国高校建筑工程专业认证已经对专业评估与认证工作做了一些有价值的实践性探索。建筑工程专业教育认证指标体系包括三方面的内容:一是教育质量;二是教育过程;三是教学条件。对学校专业评估的重点是教育质量的智育标准,它是未来注册工程师所具备的基本专业教育要求。全国高等学校建筑学专业本科(五年制)教育评估标准如表 3-5 所示。

表 3-5 全国高等学校建筑学专业本科(五年制)教育评估标准

一级指标	二级(三级)指标
教育质量	德育标准:政治思想、职业道德与修养; 智育标准:建筑设计、相关知识、建筑技术、建筑师执业知识、公共课程; 体育标准

一级指标	二级(三级)指标
教育过程	思想政治工作； 教学管理与实施：教学计划与教学文件、教学管理、课程教学实施、实习、毕业设计
教学条件	师资队伍； 场地条件； 图书资料； 实验室条件； 经费条件

建筑工程专业评估有力地促进了办学条件的改善，促进了学校专业办学水平和教学体系的提高和完善，促进了社会对专业教育的参与程度，促进了国际间对专业办学水平的了解和互认，促进了学校专业教学与职业性之间的联系。然而，我国的工程专业认证还只限于建筑工程专业等为数不多的专业，未能得到很好发展的原因，一是观念方面的分歧，有一种意见认为，对于注册工程师制度来说，工程专业认证并不是必要的；二是中国工程界和教育界对国际上运行多年的工程教育专业认证制度和注册工程师制度，未能感受到实际发展的需求推动，也与按行业划块管理的体制有关。

二、构建我国工程教育专业认证标准的基本原则

1. 科学性原则

认证标准应当反映高等工程教育规律，符合高等工程教育发展方向。尽管各国认证标准不尽相同，但还是具有相当程度的一致性。具体表现在：

第一，都注重工程教育标准的国际等效性，力求达到国际互认水准。因此，我国建立工程教育专业认证制度之初，就要使认证标准和认证程序在保持中国特色的同时，力求遵循国际规范，为进一步取得工程专业和工程师的国际互认创造条件。

第二，都包含一般标准和专业标准两大部分，认证机构主体只是给出总体的认证方针和一般性基本要求，各专业领域的有关组织再进一步补充更有专业针对性的具体标准内容。

第三，一般标准部分大体都包含培养目标、教学内容、师资队伍、学生管理、质

量保障、条件设施等内容,且重视产出标准,这些方面是影响工程教育质量的关键因素,其基本标准以及内在联系也是认证标准应有的基本内容。

2. 适应性原则

不同国家不同的社会和教育背景反映在专业认证的认证标准中,使得各自的认证标准各有侧重。我国工程教育专业认证制度要立足于我国国情和教育现状。建立工程教育专业认证制度,最根本的目的是保障并提高我国工程教育质量。我国已经建立起多种层次、多种形式、学科门类基本齐全的工程教育体系,规模居世界首位。2004 年,理工院校达到 617 所,全国工科本科专业共有 185 种,13 433 个专业点,工科在校本专科生 437.62 万人,工科在校研究生 31.8 万人。我国工程教育重视基础、重视实践的特色,对于培养大批工程科技人才发挥了重要作用。但同时,高校之间教育质量不平衡,既有一批办学质量达到世界较高水平的大学,也有一批学校的办学条件和办学水平存在较大差距。因此,我们不可能照搬其他国家的现成标准,要在与国际等效性的前提下,探索建立中国特色的认证标准。

3. 开放性原则

工程教育质量是政府、企业、大学及社会共同作用的结果。专业认证制度本身反映了来自政府调控和社会力量参与的外部质量监督作用。我国工程教育在与产业结合、与企业紧密联系合作方面还有很大的发展空间。通过建立工程专业认证制度,要加强工程界对工程教育的结合与指导,推动建立产学研的紧密合作。反映在认证标准上,要充分吸取高校、工业企业界、专业协会等各方的意见和建议,力求得到社会各界的广泛参与和认可。

4. 发展性原则

认证标准要推动和完善大学自身建立起有效的质量保障体系,要求专业具有自我改进和完善的能力。因此,认证标准应具有相对稳定性,才能有利于促进高等学校的可持续性发展。同时,认证标准本身也是随着时代的发展和工程技术的进步而不断发展变化的,以引导大学对社会发展新要求做出积极回应。EC2000 的制定和实施反映了美国工程专业认证指导思想的演变和标准重点的转移,"11 种能力"可以看作是美国工程界和工程教育界对新世纪工程人才素质的基本要求。构建专业认证标准,要分析研究高等工程教育发展方向,以及各国专业认证标准的变化和发展,使得专业认证标准达到并保持国际水准。

三、我国高等工程教育专业认证标准设计建议

高等工程教育专业认证标准应提供高等工程教育基本质量要求。为此,建议设 8 个一级指标和若干个二级指标(其中包括 7 个一级指标和 1 个专业补充标准、16 个二级指标和若干各专业补充标准)。从专业定位及培养目标出发,以培养质量为根本,以学生和师资为主体,以专业和课程建设为核心,以办学条件和管理机制为保障,构建工程专业质量保障体系。具体认证标准及其内容如表3-6 所示。

表 3-6　我国高等工程教育专业认证标准(建议稿)

认证标准	具体内容
1. 培养目标	专业设置:适应国家和地区、行业经济建设需要,适应科技进步和社会发展需要,符合学校自身条件和发展规划,有明确的服务面向和人才需求
	培养目标及培养要求:必须具有明确的人才培养目标,本科毕业生知识、能力与素质水平满足现代工程师所需知识、能力与素质要求
2. 课程体系	课程设置:具有体现专业培养目标的科学、合理、完善的课程体系,包括人文社科课程、数学与自然科学课程、工程基础课程、学科专业基础课程、选修课程
	实践环节:具有满足工程需要的完备的实践教学体系,主要包括设计、实验、实习、社会实践等
	毕业设计(论文):以所学知识为基础,结合工程实际,独立或与他人合作完成毕业设计(或独立撰写毕业论文)
3. 学生状况	生源:必须建立适当的招生制度,保证足够质量与数量的生源
	毕业生:具有适当的就业指导措施,毕业生去向分布合理
4. 师资队伍	生师比:满足学校基本办学条件的生师比要求,且满足适应本专业特点的合理的最低标准
	师资结构:整体结构合理,具有一定数量的具备工程实践经验的教师
	教师发展:教师承担的教学工作量合理,具有改善教师队伍水平的保障体系
5. 教学条件	经费投入:教学经费总量能保证教学工作的正常进行
	教学设施:教室、实验室及实验设备、计算机设施、专业期刊和图书资料等能满足教学要求,具有满足实践教学要求的校内外专业实习基地
	学术水平:所在学科具有一定的科学研究基础,并对教学具有促进作用
	业界合作:与校内外有关研究机构、相关行业等具有良好交流、合作关系,对本专业教学具有促进作用

续表

认证标准	具体内容
6.质量保障	教学管理制度:具有必需的教学文件,并能够根据实际情况及教学质量评估及时更新
	实施过程保障:具有比较健全的各主要教学环节的质量标准,具有教学质量评估体系、毕业生跟踪反馈体系
7.教学质量	培养质量评价:学生的基本理论与基本技能的实际水平较高,有较强的创新精神和实践能力
	社会评价:社会对学校的办学水平和人才质量的总体评价较好
8.补充标准	各工程专业详细标准

其中,从现代工程师所需知识、能力与素质要求出发,体现我国高等工程教育对学生思想政治素质的要求,综合考虑美国、德国、日本等相应指标内容,并采纳关于现代工程师知识、能力、素质问卷调查分析结果,尝试提出反映本科毕业生知识、能力与素质水平的考察项目,包括:

1)具有拥护中国共产党、拥护社会主义,服务祖国、服务人民的思想政治素质;

2)遵守工程职业伦理和工程职业道德;

3)具有从事工程工作所需的相关数学、自然科学和工程科学知识;

4)具有综合运用所学科学理论和技术手段分析并解决复杂工程问题的能力;

5)了解并解决工程工作中所涉及的环境、经济和社会问题的能力;

6)具有有效的人际交流能力、合作能力;

7)具有对终身学习的正确认识和学习能力;

8)具有国际视野和跨文化竞争与合作能力。

教育部高等工程教育专业认证专家委员会于 2007 年 3 月正式成立,部分专业的高等工程教育专业认证试点工作也已开始进行,认证标准及认证实施方案的设计与确定已经迫在眉睫。为此,必须分析研究我国经济社会发展对高等工程教育的战略需求,分析研究国际高等工程教育专业认证标准的变化和发展趋势,使我国的专业认证标准与世界发达国家的认证水平相当,为保证和提高我国高等工程教育质量,以及为进一步取得工程专业和工程师的国际互认创造条件。

第三节　我国高等工程教育专业认证实施方案及其可能存在的问题

一、我国高等工程教育专业认证实施方案的探讨

实施方案主要有三个主要部分：自评报告、实地考察和审查报告。实施方案的具体流程见图3-1。

首先是申请专业的自评；然后，认证委员会在接到认证申请后，组成审查专家组到实地考察，除审查小组的组长和审查小组成员以外，还可以有观察员参加（观察员可以接受审查小组组长的邀请提出相关的意见，但其意见仅供参考），时间为2~3天。审查小组通过实地考察，对照自评报告，检查自评报告的根据，审查该专业是否已经满足所有认证标准；根据审查小组的审议结果，再经过相关专业审查委员会的审查、调整，确定审查报告；最后交由认证委员会审议、决定通过。

1. 认证对象

认证对象主要是教育部认可的4年制本科院校的高等工程教育专业。如果一个专业领域涵盖几个专业方向，则不同的方向应该分别加以认证。这里的高等工程教育专业（program）不仅仅是指某学科的课程，而且是指从入学到毕业的整个教育过程以及教育环境等，是学科、课程（course）的总称。

另外，工程硕士学位是我国学位与研究生制度的一个重要创新，已经运行多年，取得了很好的社会效益。在工程教育专业认证中，工程硕士专业也可以纳入认证。随着我国高等工程教育专业认证的发展，以后也可以逐步将其他层次的工程教育专业纳入认证范围，如专科和硕士层次的工程教育。

2. 申请认证

（1）首先，由申请认证的机构在计划进行认证工作的时间前3个月向认证委员会提出书面申请。申请可随时受理。

（2）认证委员会同意认证请求，通知申请认证的机构。申请认证的机构开始准备自评报告，并交纳一定的认证费用。

步骤	月次	学校专业	专家小组	认证机构	专业审查委员会	说明
第0步	-3	⊙ →		○		第一次申请者提前3个月申报
第1步	1	⊙ ←		◎		认证机构通知学校启动认证
	2					学校专业开始自评
	3					
第2步	4	⊙ →		○		提交自评报告
第3步	5			○ →	○	通知相关学会组织专家评审组
第4步	6			○ ←	○	提出认证机构专家人选建议
第5步	7	⊙ ←		○		征求认证专家人选意见
第6步	8	⊙ →		○		反馈认证专家人选意见
第7步	9	⊙ ←	○	○	○	确认并通知认证专家人选
	10					专家小组评阅自评报告
第8步	11	⊙ ←	○	○	○	征求并确定专家小组进校时间
第9步	12		◎			专家小组进校调研
	13					
第10步	14		○ →	○		专家小组提交初步报告
第11步	15	⊙ ←	○	○		征求初步报告意见
第12步	16	⊙ →	○			反馈初步报告意见
第13步	17		○ ←	○	○	专家小组提交正式报告
	18			○		认证机构讨论正式报告
	19					
第14步	20	◎ ←		○		认证机构公布认证结果

图 3-1　实施方案流程

3. 自评报告

　　高等工程教育认证自评报告十分重要,它是专家进行实地考察的重要基础。自评报告是向专家实地考察时说明本专业是否达到了认证标准的重要文件,必须清楚明了地撰写。实地考察主要是对自评报告中无法确认或者确认困难的事项进行调查和取证。无论自评还是专家实地考察,认证、审查的重点包括毕业生的知识和能力是否达到了专业教育目标规定的要求;教学管理、教学大纲、教学手册等文件是否齐全并让全体师生知晓,而且相关要求在实际中得到了落实;所有的毕业生是否达到了社会所期待的水准以上(也就是作为学士学位所要求的水准,以及作为国际互认所要求的程度,当然,不同的专业要求是不尽一致的,不同时代的要求也会有变化,因此,这一点很难具体明确地表述,它需要学校和认证机构相互讨论和充分协商,尽量减少分歧,通过认证和审查,考虑双方对教育水准的意见,达到共同认可的水准以确保教育质量。但如果对教育水准和质量的认识分歧很大,则根据实地考察的情况,交由专业审查委员会以及相关的委员会对其做出相关的调整和判断,最终由认证委员会判定)。

4. 实地考察

(1)认证委员会确认所需认证的专业领域后,委托相关专业委员会组成实地考察小组,并向该审查小组派遣机构委托本专业的认证事项。如果接受认证的专业涉及其他专业,还必须与相关的协会协商并签订相关的认证协议。审查小组的派遣机构必须是认证委员会的正式会员单位,如果一个专业同时有多个专业方向申请认证,所有实地考察小组将会同时进行考察和审查活动。

(2)审查小组派遣机构根据《审查小组组成条例》确定审查小组组长和审查小组成员,并由认证委员会负责任命。

(3)审查小组确立以后,认证委员会负责通报相关学校的专业所要认证的专业名称、审查小组派遣机构以及审查小组成员的构成,并寄送相关的审查文件。学校的相关专业如果对审查小组的某个成员有异议,可以提出申诉;如果调查属实,则对成员进行调整。

(4)由审查小组组长负责和接受认证的专业协商,确定审查日程。

(5)接受认证的专业必须在确定审查的日期前(待定),完成自评报告并分别交送审查小组派遣机构和认证委员会。

(6)审查小组对自评报告进行审查。对自评报告中的疑点,由审查小组组长归纳集中直接向相关专业进行问询;必要的时候,可以要求补充相关资料,但审查小组成员不得与接受认证的单位直接接触。

(7)审查小组根据日程进入接受认证的专业,进行实地考察。

5. 审查报告

(1)审查小组进行实地考察后,通过实地考察形成审查初步报告(含认证结论建议),提交认证委员会;并在规定的时间内,将审查报告书的复印件交给接受审查的机构。如果对方认为专业审查报告书中有关内容与事实不符,可以在2周内向审查小组组长和审查小组派遣机构提出书面补充材料予以说明。

(2)审查小组组长在和审查小组成员协商的基础上,就自评报告的审查结果、实地考察结果以及受评专业的追加说明材料等进行综合审定,形成一个完整的认证报告,在实地考察完成后的4周内,通过审查小组派遣机构提交给受评教育机构、专业审查委员会以及认证委员会。

(3)受评教育机构如果对该认证报告有异议,可以在实地考察完成后的7周内通过审查小组派遣机构向审查小组组长书面提出《异议申诉书》。如果对其中的有关问题立即采取改善措施并得到了改正,也可以向审查小组组长提出《改善报告书》。

(4)审查小组组长和审查小组成员在协商的基础上,对受评教育机构提出的异议或改善报告进行审查,提出二次审查报告书,并在实地考察结束后的10周内,通过派遣机构向专业审查委员会以及认证委员会提交。如果受评教育机构没有异议也没有改善报告,则在派遣机构确认的基础上,按规定的格式形成二次审查报告书。

(5)专业审查委员会对二次报告进行审查并形成专业委员会审查报告书,同时向认证委员会提交最终审查报告书和最终认证通过与否的建议书。

(6)认证委员会就最终审查报告书和最终认证通过与否建议书进行审议,决定是否通过认证。向认证委员会提交的相关资料是:最终认证通过与否建议书、最终审查报告书、自评报告书、审查小组组长及审查小组成员名单(包括单位、职务等)、审查日程记录。

(7)认证委员会就认证通过与否、审查结果等向受评机构、专业审查委员会以及审查小组派遣机构进行通报,并对被认证的专业向社会公布。

(8)如果最终认证没有通过,接受认证的专业可以在3个月以内,向认证委员会提交申辩书,并提出相应的理由。认证委员会的申诉委员会对相关事实和内容进行详细调查,最后提出裁定结果。一旦裁定,不再受理申诉。

6. 认证的有效期及表述

一般有效期为6年(待定)。这6年期间该通过认证的专业名称会一直公布。但如果仍存在一些小问题需要改进,则要缩短有效期,一般为3年,即3年期满之前,申请"复查";如果全部改善并达到要求则继续延长3年。

如果期满需要继续认证,则在6年期满前按规定提出继续认证审查申请。

二、我国高等工程教育认证中可能存在的问题

1. 影响相关学校和专业的个性化发展和改革

通过实施认证,有可能导致高等工程教育的高度趋同性而妨碍相关学校和专业的个性化发展和改革。特别是它强调专业名称等的一致性,从而有可能对新专业和跨学科专业的发展带来不利影响。例如在日本,现在就有学术界的很多人批评 JABEE 的认证标准是在巩固传统专业,而企业界又认为现在的大学毕业生基础能力不够、问题解决能力差,对传统学科的改革也多有不满。因此,专业认证在提出最低要求标准和强调定性评估考察要求的同时,仍然留下专业的"个性化"发展空间是十分必要的,这也是我们认为应该充分重视专业自评报告的重要原因。

2. 著名大学参与认证的积极性不高

在一些发达国家,著名大学参与认证的较少。这些大学不积极参加的原因很多,如这些学校的高等工程教育专业不多,各种教育改革、学校教育研究工作非常繁忙、各种评估太多太杂难以应付等,但根本原因还在于这些学校认为它们的教育质量优异而不屑于参加认证。加上这些学校的高等工程教育可能是偏理论研究的,即工学的,而不是工程的。因此,他们一般认为自己的水准远远高于认证委员会所设定的一般认证标准。但一些国家的认证委员会认为,一些著名大学之所以不参加认证的关键是这些学校的教师缺乏危机意识,因为这些学校即使不参加认证也能招收到优秀的学生,而且毕业生的就业压力也不大。他们批评说,现在的社会飞速发展,著名大学也必须与时俱进,而且这些学校的很多人也在积极参加认证活动,至少如果一所大学没有通过第三者的评价得到质量保证的认可,根本就谈不上什么一流大学。例如在日本,虽然北海道大学、东北大学、东京工业大学、庆应义塾大学、早稻田大学、名古屋大学等著名公、私立大学的部分专业参加了认证,但是东京大学、京都大学、大阪大学以及九州大学等则根本没有参加认证。日本 JABEE 正在努力做这些学校的工作。中国不同院校举办的工程教育专业,情况千差万别,可以采取先易后难、有步骤地由办学基础较好的专业逐步推进的办法。

3. 产业界对认证的意义了解不够,社会对认证的效果尚存疑虑

除了美国、德国等少数发达工业国家外,大多数国家的专业认证的历史还很短暂,而中国才刚刚起步,人才市场方面对是否是认证过的专业的毕业生关不关

心目前仍然不清楚,认证的重要意义是否会被社会广泛认可和接受也不是很明确。但凡是新生事物,总有一个发展的过程,只要开始推进高等工程教育的专业认证本身就是一个重要进步,随着过程的推移,相信产业界会进一步了解到这一认证的意义。另外,以节俭的要求办认证,提倡诚信的原则,是具有针对性和十分必要的。

根据国外的经验,产业界也对通过认证后相关专业的毕业生是否能真正保障其达到教育目标的要求还是存有疑虑的。如根据 ABET 的调查,其认证标准对于课程的重组具有非常好的影响,但它对毕业生质量的影响如何,调查起来就非常困难,这也使得 JABEE 的认证缺乏足够的说服力。

4. 研究生教育专业认证工作还没有展开

目前,大企业每年招聘的新员工中,研究生数量越来越多,而且,对于建筑专业而言,如果没有研究生教育阶段的专业认证,要想取得国际认可的职业资格证书是非常困难的,尤其是一些国家的企业对于硕士毕业生的质量非常担心。因此,这些国家,例如,对日本来说,硕士阶段的高等工程教育认证需求非常强烈。但由于一些专业协会对本科专业的认证已经承担了大量的工作,再进行研究生阶段的认证非常困难。同时,《华盛顿协议》主要是对本科生教育国际等效性的互认,而对研究生教育的国际互认则很少。应该注意到,现在欧洲大陆的学制正在发生重大的转变,如将原来的 5 年制学位改为学士 3 年、硕士 2 年,认证制度不仅仅是限制在本科阶段,研究生教育阶段也要求进行认证。本报告有专门部分介绍在中国筹划展开以工程硕士为对象的研究生工程教育专业认证。

5. 认证的最低水准和评价方法不够明确

正如上文指出的,为了保障各个学校和专业的办学特色,各接受认证的专业其水准是由自己确定的,专业认证审查小组成员只是根据各专业所确定的教育目标判定其教育水准是否达到了该目标、是否满足认证委员会设定的最低标准。这就有可能导致判定标准的随意性。因为,一方面这些教育目标本身不易清晰地界定,同时,从审查小组成员的角度来说,他们是业务专家,不一定是认证专家。因此,评价的误差就不可避免。尽管认证委员会规定了一个最低的统一标准,但是,什么是最低标准? 以谁的标准为最低标准是有争议的。有人提出以美国的 FE (Fundamentals of Engineering)考试作为标准,但是,即使在美国也没有关于 FE 的最低水准规定。可以说认证历史悠久的美国、英国以及其他国家等都没有关于最低水准的明确记载。另外,关于一个人的交往能力、技术伦理等方面的要求,也是很难在短时间内考察清楚的。

也有人抱怨这种认证陷入了一种证据主义的泥坑。为这一认证,相关专业则需要花费大量的时间和精力去准备各种材料,加上现在高校的各种评估繁多,因此,学校难以承受。其实,有些方面在情况很明朗的条件下也完全可以由学校和相关专业的信誉担保而不必寻找那么多的证据。

第四节　当前我国高等工程教育专业认证需要推进的若干行动建议

为了搞好高等工程教育专业认证工作,应尽快建立和健全教育部高等工程教育专家指导委员会,成立全国工程教育专业认证专家委员会,并在教育部和全国工程师制度改革协调小组的领导下开展工作。确定高等工程教育认证的总体思路和框架设计,协调全国高等工程教育认证工作,使我国高等工程教育改革与认证工作适应国家工程师制度改革的要求。

一、实行认证制度的基本任务与可行性措施

1. 梳理国际高等工程教育认证组织的基本情况,获取尽可能详细的信息资料。

这一工作目前进展顺利,教育部、中国工程院、中国科学技术协会、清华大学、北京航空航天大学等机构已经组织相关学者进行了系统的研究,并形成阶段性成果。

2. 加强教育部高等工程教育专家委员会的工作,酝酿成熟时设立中国高等工程教育认证委员会。

其性质为逐步成为政府授权的非政府组织,由教育专家、行业专家、政府部门代表组成。根据工作需要下设若干工作委员会。

3. 及早规划并认真考虑与国际相关认证的等效性。

初期可先与国外、境外相关机构联络,争取他们的支持和帮助,特别是认证体系的设计和认证人员的培训等。这些组织已先后派人到我国进行过访问,已经建立起初步的联系,需要继续深入交流。

4. 确定高等工程教育认证的总体研究思路和框架设计。

构建高等工程教育认证体系,制定并完善认证标准、实施方案以及各种文件。要积极促进产业界的广泛参与,进一步密切高等工程教育与产业界的联系。

5. 加强宣传,明确高等工程教育认证不同于教育水平评估。

认证不是各专业的优劣评比,而是建立在基本标准上的认证准入制度。通过认证,可以知道自己学校各学科、各院系强弱点及自有特色,并能与他国、他校同类专业等效互认。认证观念的建立是核心关键所在。

6. 开展试点,适度推进。

各成员单位加强统筹协调,相互配合,相互支持,形成合力,发挥好协调作用,积极支持各专业试点工作组的工作,稳妥推进高等工程教育认证,并配合做好我国参加有关国际高等工程教育专业认证组织的申报工作。

二、推行认证计划时要紧扣认证标准的 8 个方面

我国工程教育专业认证标准应提供工程教育基本质量规范。拟设 8 个一级指标和若干个二级指标(表 3-7)。从专业定位及培养目标出发,以人才培养质量为根本,以学生和师资为主体,以专业和课程建设为核心,以办学条件和管理机制为保障,构建一个科学合理、适应国情、向社会开放、与国际接轨、可持续发展的工程专业质量保障体系。其中,从现代工程师所需知识、能力与素质要求出发,尝试提出本科毕业生知识、能力与素质水平的如下标准:①有拥护中国共产党、拥护社会主义,服务祖国、服务人民的思想政治素质;②遵守工程职业伦理和工程职业道德;③具有从事工程工作所需的相关数学、自然科学和工程学知识;④具有综合运用所学科学理论和技术手段分析并解决复杂工程问题的能力;⑤具有了解并解决工程所涉及的环境、经济和社会问题的能力;⑥具有有效的交流、合作能力;⑦具有对终身学习的正确认识和学习能力;⑧具有国际视野和跨文化竞争与合作能力。

表 3-7 我国工程教育专业认证标准(建议稿)

认证标准	主要评估内容
准则 1: 培养目标	专业设置:适应国家、地区经济建设和行业发展需要,适应科技进步和社会发展需要,符合学校自身条件和发展规划,有明确的服务面向和人才需求
	培养目标及培养要求:有明确的人才培养目标,本科毕业生的知识、能力与素质水平满足现代工程师所需知识、能力与素质要求
准则 2: 学生状况	生源与就业:建立适当的招生制度,保证质量良好与数量足够的生源;具有适当的就业指导措施
	指导评价:具有对学生进行指导和评价的措施

认证标准	主要评估内容
准则3： 课程体系	课程设置：具有体现专业培养目标的科学、合理、完善的课程体系，包括人文社科课程、数学与自然科学课程、工程基础课程、学科专业基础课程等
	实践环节：具有满足工程训练需要的完备的实践教学体系，主要包括设计、实验、实习、社会实践等
	毕业设计(论文)：以所学知识为基础，结合工程实际，独立或与他人合作完成，独立撰写毕业论文
准则4： 师资队伍	师资结构：整体结构合理，具有一定数量的具备工程实践经验的教师
	教师资格：教师教学水平、科研背景满足本专业人才培养要求
	教师发展：教师承担的教学工作量合理，具有提高教师队伍水平的保障体系
准则5： 教学条件	经费投入：教学经费总量能保证教学工作的正常进行
	教学设施：有适应教学需要的教室、实验室及实验设备、计算机设施、专业期刊和图书资料等，有满足实践教学要求的校内外专业实习基地
	学术水平：所在学科有一定的科学研究基础，并对教学有促进作用
	业界合作：与校内外有关研究机构、相关行业等建立了良好的交流、合作关系，对教学有促进作用
准则6： 管理措施	教学管理制度：教学文件完备并得到严格执行，能根据实际情况及教学质量评估及时更新
	实施过程保障：有比较健全的各主要教学环节的质量标准，有教学质量评估体系和毕业生跟踪反馈体系
准则7： 质量保障	培养质量评价：学生的基本理论与基本技能的实际水平较高，有较强的创新精神和实践能力
	社会评价：社会对学校的办学水平和人才质量的总体评价较好
准则8： 补充标准	各工程专业详细标准；专业特色(课程、师资、条件等)

目前，部分工程教育专业的认证试点工作已开始进行，认证标准及实施方案的设计与确定迫在眉睫。为此，必须分析研究我国经济社会发展对工程教育的战略需求，分析研究国际工程教育专业认证标准的变化和发展趋势，使我国的专业认证标准与世界发达国家的认证水平相当，为保证和提高我国工程教育质量，进一步取得工程专业和工程师的国际互认资格创造条件。

三、在实施过程中需要注意的环节

在认证实施中,实行学校自评、校外专家组现场评审、认证机构认证结论的三段式过程。

1. 高等工程教育认证自评报告十分重要,它是专家实地考察的重要基础。自评报告是向专家实地考察时说明本专业是否达到了认证标准的重要文件,必须清楚明了地撰写。

2. 实地考察主要是对自评报告中无法确认或者确认困难的事项进行调查和取证。

3. 审查小组进行实地考察后,通过实地考察形成审查初步报告(含认证结论建议),提交认证委员会;并在规定的时间内,将审查报告书的复印件交给接受审查的机构。

如果被认证方认为专业审查报告书中有关内容与事实不符,可以在规定时间内提出书面说明或诉讼。

加强倡导认证计划的宣传,并寻求各方支持;建立教师、职员、学生与认证人员间的良性互动。

四、对高等工程教育专业认证的期望

作为一种教育质量保障、实现工程学位与工程师国际互认的重要机制和手段,工程教育专业认证制度的建立和实施必将对高等学校的工程教育产生巨大的潜在影响。其中最重要的有两点:一是实施专业认证将引导高等学校调整工程教育计划的课程设置、教学方法以及改革方向;二是推动大学自身建立起有效的质量保障体系,加强工程教育与产业的结合、与企业的联系与合作,进而实现校外质量保障体系与校内质量保障体系的结合。

1. 对院系的期待

- 明确教育的任务与目标;
- 提升教育质量;
- 所有教师与职员在参与认证计划的设计与实施中提高对教育理念的认识等。

2. 对专业的期待

- 确保毕业生都具有足够的专业知识;

- 教育界(教授)和产业界(工程师)同时获得对专业发展的认可;
- 学科专业反映现代和未来趋势等。

3. 对学生的期待

- 为学生提供经过认证的专业教育;
- 培养学生多样性的素质和能力;
- 提升学生就业之竞争力等。

总之,高等工程教育专业认证是促进教育质量提高的一个重要机制,是确保学生在人才市场的竞争力、促进人才流动的重要手段。认证是一项持续的过程,目的在于了解并改进学生的学习。通过认证,将我们对学生的目标期望清楚地表达出来,并根据此目标去判定学生的表现是否符合期望与标准,认证还能进一步帮助教育机构内的成员,包括教授、行政人员等关注共同的议题,共同为高等工程教育培养合格人才而努力。

高等工程教育是一项系统工程,它涉及教育、企业、人事管理、科学研究等方面。高等工程教育只有顺应经济全球化的要求,在教育方针的正确指引下,才能达到服务社会的目的。高等工程教育界、工业企业界应该充分关注和审慎思考高等工程教育认证制度的建立与实施,为我国的高等工程教育和注册工程师走向世界而及早做好准备,以适应 21 世纪的全球竞争环境。

附件 《华盛顿协议》(摘编)

华盛顿协议

1.1 已认证的工程专业的等效性认定
(2007 年 8 月 15 日)

协定

各签约成员就各自授予工程专业认证的程序、政策和过程等问题上交换了意见,经过详细研究后认为各方的认证基本等价。通过《华盛顿协议》,各签约成员承认这些专业满足工程实践的学术要求,具有实质等效性。《华盛顿协议》包括本协定、章程和程序以及过渡性条款。

1. 在每一个国家或者本协议所覆盖的地区,工程专业认证都是职业工程实践的重要基础。因此,签约成员同意:各签约成员所采用的工程专业认证标准、政策和程序基本等价;签约成员应当承认其他签约成员提供的认证结果,并以适当的方式发表声明承认该结果;按照签约成员的惯例,确定并鼓励以最好的方式完成工程师开展专业实践所需的学术准备;通过最合适的途径保持相互的监督和信息交流,包括:定期沟通和交流认证的标准、体系、程序、指南、出版物和已认证项目的清单等相关信息;受邀进行观摩认证的访问;受邀列席签约成员负责执行认证的关键程序的任何部门及(或)委员会的会议以及签约成员主管团体的会议。

2. 各签约成员要尽一切合理的努力,保证负责注册或批准职业工程师在本国或本地区从业的机构,承认本协议签约成员所认证的工程专业的实质等效性。

3. 本协议只适用于由签约成员在本国或本地区内进行的认证。

4. 接纳新的签约成员需要得到已有签约成员的一致赞成,并且在规定的时间内只享有预备成员身份,在此期间,申请者所制定的认证标准和程序以及执行这些标准和程序的方式,需要接受全面的检查。临时成员的申请者必须由两个现有签约成员提名,并且只有得到三分之二多数的现有签约成员的赞成票才能被接纳。

5. 签约成员要制定适当的章程和程序以保证本协定能够以恰当和迅速的方式执行。本章程和程序的采纳或者修改必须得到三分之二多数的签约成员赞成票方可进行。

6. 每两年召开一次签约成员代表大会,审查章程和程序,按照实际需要对其进行修改,并处理临时成员的申请和批准。

7. 按照本协议所规定的章程和程序建立和运作秘书处,负责本协议的行政管理工作。

本协议在签约成员所能接受和认可的期限内有效。任何希望退出本协议的签约成员,必须提前一年通知秘书处。免除某签约成员需要得到三分之二多数签约成员的赞成票。

1989 年签约成员:
美国工程与技术认证委员会
加拿大工程师学会
英国工程委员会
澳大利亚工程师学会
爱尔兰工程师学会
新西兰职业工程师学会
1995 年签约成员:
香港工程师学会
1999 年签约成员:
南非工程委员会
2005 年签约成员:
日本工程教育认证委员会
2006 年签约成员:
新加坡工程师学会

1.2 章程和程序
(1997 年 10 月 28 日)

1. 定期审查

1.1 每一个签约成员所负责的认证体系需要定期接受其他签约成员的代表的全面审查和汇报,间隔时间不超过六年。秘书处负责制定进行审查和汇报的时间表,签约成员要尽一切合理的努力遵守该时间表。当任何签约成员的认证标准、政策或者程序有实质性的改变时,必须向秘书处报告,并向其他签约成员提供机会将既定的审查和汇报的时间提前。

1.2 收到秘书处的书面要求后,每一个签约成员提名两位分别有学术背景和工业或者企业背景的代表审查和汇报其他签约成员的认证体系,并承担该代表的所有费用。这一条款并不要求任何签约成员在任何年度都提名一个以上这样的代表。

1.3 秘书处从提名名单中选择三位代表组成审查小组。秘书处应当采取所有合理措施,保证通过该程序选出的个人在此之前没有实质性地参与被审查的认证体系或者在其中承担工作。

1.4 负责被审查的认证体系的签约成员,应当得到秘书处关于审查小组组成人员提名的通告;当认为审查小组中任何一个成员不合适时,有权提出异议并说明原因。如果存在异议,秘书处应当采取必要和适当的措施解决该问题;如果不能达成一致意见,在确定审查小组的成员之前应召集所有签约成员的官方代表进行商议。

1.5 认证体系被审查的签约成员应该在至少六个月前得到既定审查的通知,并有权向审查小组提供一个适合的关于审查过程、时间表和行政支持的方案。审查过程应当包括对提供工程专业的教育机构的认证访问以及讨论和决定访问成果的会议。

1.6 按照本章程和程序所进行的审查的所有相关讨论必须在会议上进行。当每次审查结束时,审查小组应尽快向秘书处提交报告和建议,并通过秘书处向每一个签约成员提供一份报告的副本。

1.7 审查小组的建议如下:

(a)其他签约成员接受正在被讨论的认证体系,其成果与其他签约成员的认证体系的成果,在六年内有充分的等价性;或者

（b）其他签约成员接受正在被讨论的认证体系,在最多三年之内,其他签约成员有权责成负责认证体系的签约成员,在六个月内提供报告说明正在采取适当的措施针对审查小组提出的特定问题;或者

（c）正在被讨论的认证体系有明显的不足,签约成员立即恢复临时成员身份;其他签约成员提供紧急和详细的援助以帮助解决认证体系的不足。

1.8 对签约成员身份终止的决议必须得到三分之二多数签约成员的赞成票。这样的终止本身 不影响在终止之前已经完成工程专业的毕业生。

1.9 当审查小组提出反对的建议并得到其他签约成员适当支持时,被反对的签约成员可以要求上诉委员会在六个月内进行一次独立的审查。上诉委员会与审查小组的组建方式相同,但是二者没有共同的成员。

上诉委员会应当决定其运作的程序和标准。上诉的所有费用由提出上诉的签约成员承担,并且只有一次上诉的权力。任何上诉的结果必须通告所有签约成员。

2. 新签约成员的批准

2.1 临时成员组织的申请必须符合签约成员一贯坚持的指导方针,须向秘书处递交书面申请,并得到至少两个签约成员的提名。接受临时成员必须由三分之二多数签约成员的赞成票通过。

2.2 在临时成员期间,申请方所制定的认证标准、政策和程序及其执行效力,必须接受全面审查。审查按照第一部分所规定的用于监督签约成员运作的一般程序进行。

2.3 临时成员组织成为签约成员必须得到所有签约成员的一致同意。当身份转换得到认可时,其他签约成员所认证的工程专业相关专业的实质等同性,从该签约成员成为临时成员组织之日起生效。

2.4 当临时成员组织成为签约成员没有得到批准,但是该成员的努力已经逐步达到要求,经签约成员一致通过,可以让该组织继续保留两年临时成员身份。

2.5 拥有临时成员身份的组织必须和签约成员履行同样的交流和信息交换的义务。成员会收到适当的信件和报告副本,并有权受邀向所有签约成员大会派遣代表。拥有临时成员身份的组织的代表有权列席大会并参与讨论,但是没有投票权。

3. 大会

3.1 签约成员大会每两年召开一次,时间和地点由秘书处和签约成员协商

确定。大会讨论的议题应当在会前至少两个月提交到秘书处,会议议程和文件应当在会前至少一个月发送到各签约成员。

3.2 大会的时间和地点安排应该尽可能减少各签约成员代表的差旅费用总和。如果条件允许,大会可以安排在一次相关的重要国际会议之前或之后。

3.3 每一个签约成员应当安排至少一位代表参加大会。在大会上,每一个签约成员有一票表决权。除非协议和本章程和程序另有规定,签约成员国的简单多数票可以决定任何事情。

4. 主席

在每一次大会闭幕时,由各签约成员指定一个签约成员,由该组织提名主席人选,被该签约成员提名的人将在下一次大会闭幕之前行使职权。提名本届主席的签约成员不能负责提名下一届主席。

5. 秘书处

5.1 每一次大会闭幕时,由各签约成员指定一个签约成员,由该组织提名秘书处,在下一次大会闭幕之前行使职权。任何签约成员不能连续超过四年负责提名秘书处。

5.2 主席和秘书处一般来讲应该来自不同的签约成员。

5.3 秘书处应当记录每一次大会的商议和决定,推动签约成员之间的交流并做好记录,设法建议签约成员和其他各方在将要采取的政策和程序中实施本协议的条款。

1.3 临时签约成员的申请
(2001 年 6 月通过)

临时签约成员身份

临时签约成员表示该方所负责的认证体系在概念上和《华盛顿协议》签约成员的认证体系是相似的。

对被授予临时签约成员身份的组织,签约成员认为其具有潜在实力达到正式签约成员的要求。

授予临时签约成员身份并不表示保证该组织一定能够成为正式签约成员。

相关工程专业的专业等效性通常在新成员成为正式签约成员之日起生效。

概况

认证是认可那些为了使毕业生获得特定能力的专业的质量保证机制。《华盛顿协议》的签约成员认为各自的工程专业认证体系都基本等价,并且从专业水平上看,这些专业在满足工程实践的学术要求上,具有实质等同性。按照预期要求,经过认证的工程专业的毕业生应该具备以下能力:

- 具有能够设计、操作、改进系统、程序和机器的相关应用数学、自然科学和工程科学专业知识;
- 分析并解决复杂的工程问题;
- 了解并解决工程工作中所涉及的环境、经济和社会问题;
- 有效沟通;
- 参与终生学习和职业发展;
- 遵守工程专业的职业道德;
- 与时俱进。

接纳新的签约成员加入《华盛顿协议》的要求:

- 临时成员的申请需要得到两个现有签约成员的提名支持;
- 得到现有签约成员三分之二多数票的通过;
- 在规定的时间内(一般是两年)具有临时成员身份,在此期间,申请者所制定的认证标准和程序以及执行这些标准和程序的方式,需要接受《华盛顿协议》审查小组的全面检查;
- 由临时成员转为正式成员需要得到已有签约成员的一致赞成。

临时成员的申请

申请加入《华盛顿协议》临时成员的机构须证明其认证工程专业的过程、政策和程序在预计效果上与已有签约成员的认证体系具有等同性。认证体系须符合以下特点:

1.《华盛顿协议》的签约成员必须是一个既定管辖区域内(如国家、经济体、地理区域等)工程专业的权力机构、代理机构或者公共机构,并具有对旨在达到职业准入要求的专业进行认证的法定权力或者公认的专业权威。

2. 该权力机构、代理机构或者公共机构必须独立于管辖区内实施经过认证的专业的学术机构。

3. 认证体系必须具有成文的认证程序和执行要求。工程专业的认证应该符

合公认的认证原则,包括:

1. 认证体系必须始终坚持高标准的专业性、道德规范和客观性;

2. 认证过程必须保持公开和一致,涉及单独专业的活动应该保密;

3. 参与认证过程的个人必须具备工程专业认证、教育和实践的相关知识和能力;

4. 认证针对单独的专业;

5. 专业的评估采用同行对等检查,并包括自我评估和现场考察;

6. 认证的标准应该包括以下要求:

1) 开设专业的适当环境;

2) 专业有得力的领导;

3) 专业中应包括适当的具有工程师资格的老师参与教学;

4) 为工程实践奠定坚实基础的工程专业课程;

5) 适当的录取和升级标准;

6) 足够的人力、物力、财力资源支持专业的开设;

7. 认证过程必须包括定期的再评估。

提交申请的要求

所有的文件和信件都必须使用英语。

申请必须证明已认证的工程专业的水平和内容与其他签约成员的专业有实质等价性。因此,该专业必须由综合大学级别的机构实施。该机构的办学时间至少为 16 年。

申请必须在下一次签约成员大会 120 天之前提交到《华盛顿协议》秘书处,并且同时提交打印版和电子版。申请格式如下:

《华盛顿协议》临时成员申请

Ⅰ. 认证机构

机构名称。

机构主要管理人员的姓名及简历。

机构和国内其他工程专业团体、政府机构和工业界的从属关系。

Ⅱ. 简介

国家概况和国内工程科学的基本情况。

Ⅲ. 教育

描述初级教育、中等教育和高等教育概况。

描述工程教育专业的特点,包括录取标准。

提供工程教育机构和专业的数量和类型。

描述机构的性质(公立还是私立)。

Ⅳ. 工程职业的结构

描述工程实践的背景和学位要求(例如,注册和颁发执照的要求)。

描述是否有受保护的头衔和实践范围。

描述与许可或注册机构的关系,以及该机构对许可或注册机构的影响程度,是否能够让它们承认认证结果。

Ⅴ. 认证的地位

描述认证在注册制度中的地位。

如果认证人员通常是志愿者,描述其学位。

Ⅵ. 认证体系

描述认证体系的发展和成熟度。

描述认证委员会的组成和权力。

列举认证的目标。

提供认证的标准(通用标准和具体专业标准;课程内容:技术课程和非技术课程;实践经验的比例;专业的学制;专业的名称;对师资的要求)。

认证的执行和决定的详细资料,包括相关文件(访问的开始;自我评估问卷;评估小组的选择;访问的组织;既定程序)。

当前通过认证的专业名单和将要进行的认证的时间安排。

与国外工程专业机构的联系以及签署的任何协议。

Ⅶ. 提名

两个《华盛顿协议》现有的签约成员的提名。

1.4 监察访问指南
(2005 年 6 月通过)

注解:

1. 所有协议程序要求定期对成员的认证系统进行审查。

2. 所有规则及程序均使用措辞审查,以便包含各种各样的认证程序的审查。建议措辞审查旨在提高临时性的签约成员,以及保证对所有签约成员的认证系统的监督。

指南

根据协议签约成员通过的定期审查和监察的<u>规则及程序</u>的要求,以下为经过考虑及批准的监察访问指南:

1. 每个签约成员应该每六年接受一次监察(过程 A:定期监察)或者接受其他认证小组监察成员的现行评估体系的监察(过程 B:持续监察)。

2. 各个国家或地区使用的程序类型应该由所有签约成员在监察期之前决定并通过。

过程 A:定期监察

3. 每个签约成员将每六年就接受一次监察,除非系统进行了更新从而影响了认证标准、过程和程序。这种情况下,签约成员务必向秘书处及其他签约成员报告这些变更。如果已经被授权,那么应该尽早进行全面监察。

4. 监察访问应该由秘书处准备,并由下届成员小组的所有签约成员在会议上通过。

5. 如规则及程序中条款 1.5 中所述,确定的监察日期提前六个月的时候,每位签约成员将收到来自秘书处的一份监察通知。

6. 为尽到监察职责,每年每个签约成员都要向秘书处提交一份检查小组被任命的候选人名单(每个国家两名)。监察小组包括几位专家,至少一位学术代表和一位工业公司代表。根据监察规则和过程的要求,秘书处要选出至少三位监察者组成监察小组。一般情况下,至少有两位成员要执行监察任务。(条目 1.2 和 1.3,规则及程序)

7. 对于选择监察者,签字人及秘书处要检查所有可能阻碍个人由于利益冲突而不能参与其中的活动。(条目 1.3 和 1.4,规则及程序)

8. 监察小组席位由秘书处发出组成小组的通知后指定。

9. 对至少两个教育机构、至少四个正在接受评估的专业进行监察,此外,至少一个小组成员要参加一个认证委员会或其他负责终极认证工作的机构主持的会议。此外,还应该遵循过程 B 及其他程序的要求。

典型访问计划:

10. 为了最有效地利用时间,以便保证及时完成报告,需采取以下过程:

a. 为监察小组准备一份最新监察报告的备份。

b. 监察小组应该在访问前一天碰面,决定具体的监察细节,写出报告大纲,明确小组成员各自的职责;与主要签约成员见面,获得背景信息,明确认证系统及访问专业的相关资料。

c. 该访问或认证小组的补充访问将依照协议执行。

d. 在访问后的会议上起草报告大纲。

e. 监察小组应该访问国家管理工程学认证程序办公室。

f. 监察小组应该观察认证机构的决策会议,除非小组决定仅仅由小组主席进行该访问活动。

11. 总体来说,监察小组访问期间要观察的协议应该遵循以下要求:

a. 该小组不能参与观察活动。

b. 该小组不能对访问期间的过程或者成果做出评论。被要求评论时,只能在访问结束后,并且相关大学已经知道建议后向认证小组提交评论。

c. 必要时,为了覆盖面广一些,小组应该考虑其成员的不同情况,将其分成小队配合认证分小组进行监察。

d. 该小组可以参与学生讨论,因为他们在这些论坛的问题或许可以帮助该小组理解教育文化及学生的观念。该行为不会不正当地干涉到认证程序。

e. 小组报告草稿必须提交给认证机构,便于该机构确保监察的正确性。

过程 B:持续监察

12. 在此过程中,每六年中前五年进行一次持续监督。

13. 国际小组成员发挥双重作用,首先要作为认证小组成员,其次充当协议监察者。而作为审查者,他们将要给协议秘书处提交关于过程及观察实践的联合协议监察报告。

14. 每五年至少有三次认证访问活动。可能的话,各个教育研究院,监察中的国家将确保建立一个国际代表小组,向华盛顿协议秘书处提交一份报告。报告格式请见条款第 27 条。

15. 对于此过程,被监察的国家将确保认证访问的一部分小组成员,至少每次访问中一位成员要出自其他认证国家,且经过相关认证秘书处的批准方可。协议监察官必须拥有一定的司法权、协议签字权,并且要由当地管区的协议秘书处指定授权。

16. 组成以任何访问为目的的协议监察小组的国际认证小组成员,必须包括一至三名人员,此项视认证小组的规模而定。

17. 至少要有三次对研究院的认证访问,若不少于四个专业,则访问活动务必在五年内完成。

18. 至少一个监察小组必须在过去的两年中与认证机构会面,同该机构一起审查认证过程,并且参加一次认证委员会的决策会议。

19. 第五年末期,距离六年期至少十五个月前,秘书处将向全部签约成员发放过去五年中所有的监察报告。

20. 如果秘书处认为监察报告足够详细地指明了其等量性,并且在监察期前12个月接受了该份报告,那么目标国家的认证过程和实践要遵从该报告的要求,完成该审查活动。该程序将在下一个六年审查期中继续使用,而且要按照过程 B 的要求进行。

21. 如果所有协议签约成员一致认为该监督报告未能达到令人满意的成效,那么可以在审查期到期前九个月时将该情况告知秘书处。然后协议秘书处指派一个全程监察小组准备一份详细报告。这样,秘书处以此确认国际认证小组成员来书写三份不同目标国家或地区的认证报告。协议秘书处将从适当的协议签约成员中寻找监督人员组成全程监察小组。全程监察小组应该来自至少两个协议签约成员的代表。

22. 全程监察小组将携带被审查国家或地区的明文证据资料及一份协议监督报告,并且或许可以跟监察小组的领导人进行讨论活动。如果可以的话,在目标国家或地区允许的情况下观察一次认证访问活动。

23. 全程监察小组将访问正在审查中国家或地区的办公室,在审查开始的第五年与该国或地区认证委员会会见。

24. 全程监察小组将准备一份报告,根据小组成员对协议签约成员体系的理解,陈述目标国家或地区的认证体系是否符合《华盛顿协议》的要求。

应用于两个过程的一般协议

25. 监察小组成员并不熟练使用被审查国家或地区的语言时,应制定非英语国家或地区协议。

a. 英语翻译将作为访问前材料准备的重要环节,材料必须包括观察者所需的足够的信息,以便熟悉要观察的研究院、专业及访问小组的情况。

b. 定期监察中,每个访问专业要配备一个翻译。翻译的选择十分重要。要观察的认证组织应该负责人选事宜,但是除了选择语言功底好、熟悉认证程序的翻译外,还要求翻译人员同意在观察程序中保持中立。

c. 当同一研究院需要观察多个专业时,建议监察小组与翻译人员一起分配好参与多个活动的时间。

d. 对于过程 B:持续监察的话,如果有国际监察员在场,那么必须为每个小组配备翻译人员。

26. 对于指定签约成员的访问总结,监察小组要准备一份给秘书处提建议的报告。该报告会分发给其他签约成员。过程 A 在任何情况下,过程 B 指定全程监察小组时,报告至少要在下一届两年一次的会议前 90 天提交给协议签约成员。

27. 最终报告要包括以下内容:

a. 一份执行摘要,简述主要体系特色及引用推荐的活动,包括适当的活动陈述。(条目 1.7 a-c,规则和过程)

b. 全面介绍审查中的认证体系及其标准。

c. 一份对审查中认证体系及其认证政策/过程标准信息、审查中体系标准的介绍,包括全面分析认证程序怎样处理边缘的、困难的、附带条件的活动。

d. 简单描述教育机构,列出一份专业及成果清单,以便提供审查情况。

e. 关于认证体系是否符合其发布的认证标准和程序的信息。

f. 指出所有陈述的或者观察的审查中体系的认证标准、政策和程序发生重大变化以及发生这种情况的根本理由。

g. 认证专业的毕业生标准是否与其他协议签约成员的要求相一致。

h. 弱点或者缺陷的陈述。

弱点表明,认证体系符合要求但是缺乏活力,不能确保下次全面审查前系统质量得到调和。

缺陷表明,保证工程专业认证程序、政策以及过程已经经过检查,并且与其他评估工程专业质量的签约成员的实践相符合。此活动改变了附加条款第 30 条中的签约成员的地位。

i. 建议协议签约成员的活动遵照规则和过程条款 1.7 的要求。

28. 审查报告或许可以不通过秘书处传达给任何签约成员,除非报告草稿由审查员提交给他们的组织总部,以便于确保质量,同时提建议;按照条款 11e 的要求提交给审查中的机构。

29. 过程 B 中,全程监察报告将附加关注签约成员改善监察小组之前提出的弱点或缺陷的活动,并且将报告提交给秘书处。

30. 签约成员附加资格意味着:

○ 签约成员必须提高政策和过程透明度,以便符合审查期中规定的条款第 31 条的协议要求。

○ 监察报告将具体指明进一步要求报告或访问符合政策和过程的升级要求。

○ 在规定的日期前收到这些报告。

○ 在附加资格期间完成学术学位的毕业生将继续接受认证。

○ 根据条款 13 的要求取消签约成员资格，除非该国或地区符合升级后的要求。

31. 废除签约成员资格：

a. 废除签约成员资格将不会影响到在学期末之前完成学术学位的毕业生的认证。（条款 18,规则及程序）

b. 关于废除一切资格,主要签约成员的"认证的专业清单"要加注释注明要废除资格。

c. 如果主要签约成员不对废除决议进行申诉,可以要求进行监察。

d. 任何签约成员,如果它已经具有附加资格,那么将有两年的时间提供主要改善和正确活动的证据。如果未能成功提供证据,则会废除其附加资格及申诉的权利。

32. 申诉程序：

a. 申诉,重新考虑的请求,以及再访请求将以书面形式在接到废除通知 60 天内提交给秘书处。

b. 重新考虑的请求可以建立在由于错误或信息不充分等原因造成的终极诉讼不合理的基础上。

c. 正如规则及程序条款 1.9 中所说,"主要签约成员可以要求申诉小组在六个月内对其进行一次独立的审查,申诉小组依照同样方式组成,但是其成员不能出自原监察小组。"

d. 申诉小组要决定其活动的过程和标准。

e. 所有申诉活动的一切费用均由主要签约成员支付。

f. 全部签约成员资格将继续保留,直到申诉程序完成为止。

g. 申诉结果将对所有签约成员产生约束力。

h. 申诉权只有一次。

33. 最终诉讼,包括判决终止一国家或地区的签约成员资格,并且诉讼审查的结果将要求三分之二的签约成员投票通过(不包括主要签约成员)。

34. 规则及程序中,条款 1.7 a 按照以下要求修正:删除"那些来自其他签约成员的条款"以及替换"监督小组已知的系统"。

费用

35. 费用由主要国家或地区支付,但是对于协议监察小组成员,要限制其旅游、住宿和事故消费的水平。诸如此类的费用由审查者的组织来补偿,或者在审查组织同意的情况下,直接支付给审查者。主要代理要在个人旅行上适当做出调整。费用补偿条件:

- 乘飞机旅行要选择经济舱,除非飞行时间超过八小时或者在夜间飞行可以订商务舱。
- 住宿选择三星级或者四星级宾馆。

1.5 国际协议顾问指南
(2005 年 6 月批准)

1. 背景

管辖区域数目的日益增加正说明它们对成为一个或多个国际合约的组成部分越来越感兴趣。这些合约的主旨是为工程教育专业和工程实践进行国际标准检查。

在秘书处的要求下,国际协议成员们乐意通过顾问系统向那些打算通过正式申请成为该协议临时或正式成员的管辖区域提供支持、建议和指导。

2. 定义

顾问活动

国际协议顾问活动是一个由专门委派的顾问成员小组向下列成员提供支持和指导的过程。这些成员可以是一个工程职业/执照或资格颁发机构,该机构拥有申请成为一个或多个国际工程协议正式或临时签约成员的管辖区域许可权。顾问活动主要是向这些机构提供关于认证政策、认证程序和教育标准的建议和指导,从而使每个机构都有机会申请获得在相关协议中的临时或终身成员的身份。

顾问

在《国际协议顾问指南》中,"顾问"这个术语指的是由相关协议的秘书处挑选组成的一个专门顾问小组。这个专门顾问小组将由来自协议所有签约成员的两个或三个代表组成。所有被咨询方可以根据协议申请临时或终身签约成员的身份。

被咨询方

在《国际协议顾问指南》中,"被咨询方"这个术语指的是由顾问指导的管辖区域,这些管辖区域被允许获得一个或多个国际协议的临时或终身签约成员的身份。

国际协议

国际协议是指《华盛顿协议》《悉尼协议》或《都柏林协议》《工程师流动论坛》《APEC 工程师协议》或其他采用本指南的协议。

3. 原则

3.1　每个管辖区域都有权决定是否加入国际协议顾问程序。

3.2　管辖区域必须以正式的形式请求协议秘书处委派顾问。

3.3　顾问关系是为一些特定目的和一段特定时间而建立的,这些特定目的和特定时间应当由被咨询方和顾问方进行商榷,并在它们的第一次会议中通过。

3.4　国际协议顾问与协议准入准则、程序是分离的,已经加入顾问关系并不能保证被咨询方成功地加入该项协议,不管是以临时成员的身份还是终身成员的身份加入。

3.5　协议顾问代表协议的利益。他们必须以专业的态度和准时的风范履行其职责;他们必须使秘书处随时获得有关顾问关系所达成的条款和证明性材料,同时还要使秘书处了解相关顾问活动的情况,如活动时间和活动内容。

3.6　顾问小组提供的建议对被咨询方、顾问方和顾问所在的签约成员都是可信的。

3.7　顾问方和被咨询方之间可以自由自在、毫无保留地讨论。

4. 顾问的任命

4.1　收到管辖区域关于顾问协议的正式请求后,协议秘书处将委派两个或三个签约成员各自选出一个合适的人选为代表组成一个顾问小组。每个代表都必须通晓他们各自管辖区域的认证体系和工程教育标准。

4.2　秘书处在分派顾问签约成员时应当考虑申请顾问指导的国家或地区的面积大小。在顾问小组成员中至少有一位代表所在的签约成员的管辖区域的面积和组成部分与申请顾问指导的国家或地区相当。秘书处也应当考虑顾问所在的签约成员与需要顾问指导的国家或地区之间的地理位置关系。

5. 报告

5.1　顾问方向被咨询方报告

顾问方可以以口述或书面的形式向被咨询方提供建议。所提供的建议对顾问方、被咨询方和顾问方自己的组织都是可信的。

顾问成员必须与他们国家或地区内的认证董事会讨论报告,以此来确保目的一致。

报告只能是经过被咨询方同意后,由顾问方向其所在的签约成员、第三方,包括秘书处公开。

一个正在申请协议临时成员身份的专业/认证团体可以把顾问报告作为它所提供的所有书面信息中的一部分,以此来表明他们与其他认证成员具有相同的认证体系和认证标准。

5.2 顾问方向协议秘书处报告

顾问成员将向协议秘书处提供一份年度报告:

○ 陈述有关协议关系中所达成的共识性条款或相关证明性文件。
○ 顾问方访问被咨询方管辖区域的相关事宜,例如,访问日期、访问活动安排。
○ 一份关于申请临时或终身成员身份进展情况的总体概述。

6. 经费

任何关于顾问所需要的直接经费都由被咨询方承担,并且要与签约成员审查的标准一致。

7.《协议》提名方

在顾问小组中拥有一名代表的协议签约成员,可以成为申请临时成员身份的咨询方的提名方。

8.《协议》审查员

为审查临时成员身份或终身成员身份而建立起来的协议审查小组将包括在顾问小组中没有代表的签约成员。

9. 顾问

专业/认证团体有时与某个顾问方签订服务协议,要求顾问方为他们提供认证体系和质量标准发展过程中所需要的支持和帮助。这些顾问方收取服务费,并且他们不由秘书处任命。如果专业/认证团体选择与某个顾问签订服务协议那么他们必须自担风险。如果一个签约成员正在为专业/认证团体提供咨询,他必须通知其他相关协议签约成员以便明晰他们的经济利益关系。

10. 单个签约成员提供的顾问服务

专业/认证团体经常直接向签约成员提出通过顾问的方式请求支持。如果签约成员接受了这项请求,那么他们必须通知其他签约成员以便使其注意到这种单独顾问约定的存在。一般来说,对于没有与相关协议秘书处协商而确立的单独顾问所提供的建议或支持,国际协议对其质量问题不承担责任。

1.6 毕业人员素质及职业能力
2005 国际工程师大会工作论文
(2005 年 5 月 13 日第 1 版)

执行摘要

一些工程资格认证机构已经制定了以结果为导向的专业评估标准。同样,许多工程监管机构已经制定或正在制定以能力为基础的注册标准。相互承认资质和注册的教育和职业协议已形成对毕业生核心素质和职业能力要求。本论文讲述了这些发展的背景、目的、方法论和局限性。在确认能够区分不同种类工程从业人员能力的总的范围陈述后,本论文介绍了针对三种人员,即工程师、工程技术专家和工程技术人员的毕业生核心素质以及职业能力要求。

1. 前言

工程是对经济发展和提供社会服务很重要的一项活动。典型的工程活动需要工程师、工程技术专家以及工程技术人员等几个角色的参与,而这几个角色在许多范围内分属不同的专业认证类别。这些角色是根据他们的能力加以区分的,并存在一定程度上的重叠。

任何类别的工程专业人员的发展都必须经历重要的阶段。第一个阶段要取得经认证的教育资质,即毕业生阶段;经过一段时间的培训和历练,就进入第二个阶段,即职业注册阶段;对工程师和工程技术专家而言,第三个里程碑是达到不同机构的国际注册资格。此外,工程师、工程技术专家和工程技术人员还要通过工作生活来保持和增强个人能力。

一些国际协议规定所有签约成员承认任何一个签约成员所认证的专业的毕业生资格。《华盛顿协议》规定各签约成员相互承认彼此已认证的工程师资格,《悉尼协议》规定各签约成员相互承认彼此已认证的工程技术专家资格,《都柏林

93

协议》规定各签约成员相互承认彼此已认证的工程技术员资格。这些协议都是以"实质等效性"原则为基础,而不是内容和结果的严格对应。本论文记录了每个协议中签约成员对毕业生核心素质所达成的一致意见。

同样,《工程师流动论坛》和《工程技术专家流动论坛》形成支持得到任何签约成员认可的专业人员在其他签约成员也得到承认的机制。签约成员已经对国际注册者的能力要求形成了一致意见,本论文对此也有记录。尽管并没有针对工程技术人员的流动论坛,为了确保完整性,针对他们的能力概述已经形成。

第 2 部分简要介绍了毕业生核心素质和职业能力的起由及发展阶段。第 3 部分介绍了第 7 部分列举的毕业生素质的背景。第 4 部分则介绍了第 8 部分列举的职业能力的背景。第 5 部分则介绍了一些定义。总体范围陈述将在第 6 部分展开。

2. 毕业生核心素质和职业能力的起源

《华盛顿协议》的签约成员意识到有必要描述它所认定专业的毕业生素质。这项工作始于 2001 年 6 月在南非 Thornybush 举行的会议。2003 年 6 月新西兰的罗托鲁阿举行的国际工程师大会上,《悉尼协议》和《都柏林协议》的签约成员意识到同样的必要性。他们承认有必要区分不同专业毕业生的特质以保证他们适合不同的发展目标。

《工程师流动论坛》和《工程技术专家流动论坛》以目前的录取要求已经在每个管辖区域成立了国际注册处,而这些录取要求则以注册、经历和承担的责任为基础。流动论坛意识到将来以能力为评估标准接受国际注册者的可能性。在 2003 年的罗托鲁阿会议上,《流动论坛》承认许多国家在专业人员注册方面正在发展和采用能力标准。《工程师流动论坛》和《工程技术专家流动论坛》因此决定针对工程师和工程技术专家可评估的多种能力加以定义。尽管针对工程技术人员的类似的流动协议还不存在,但是为了能够全面描述这一工程梯队的能力,一系列针对他们的对应标准的发展还是很有必要。

因此各方同意形成 3 套毕业生核心素质和 3 种职业能力标准。2004 年 6 月在伦敦召开的国际工程师大会上,三个教育性的协议和两个流动论坛制定了针对工程师、工程技术专家和工程技术人员三类人员的毕业生核心素质和国际注册职业能力的概述,尔后所形成的概述接受了各签约成员的意见。反馈意见对原有内容进行了很少的修改。毕业生核心素质和职业能力分别见第 7 和第 8 部分。

3. 毕业生核心素质

3.1 毕业生核心素质的目的
毕业生核心素质形成一系列的个人评估标准,这些标准是显示毕业生潜在能力的重要因素。从一个经认证的专业毕业的学生应该具备这些素质。毕业生核心素质对毕业生应有的能力做了简单的概述。

毕业生核心素质可以用来帮助签约方和会员发展以结果为导向的评估标准，并且它也指导各方发展自己的认证系统以寻求签约成员身份。

毕业生核心素质是针对工程师、工程技术专家、工程技术人员的教育资格而定义的。毕业生核心素质用来确定不同类型的专业的预期结果之间的不同特点及相似性。

3.2　毕业生核心素质的局限性

每个签约成员根据所认证的工程教育专业来定义相应人员的标准。每个教育协议都以实质等价性为原则，也就是，不期待专业有相同的内容和结果，但是培养出来的毕业生要能够从业，并通过培训和锻炼注册成为职业人员。毕业生素质为各方描述实质等效性资格结果提供了一个参考，而不是构成了认证资格的"国际标准"。

术语"毕业生"并不意味着一种特别的资质，而是学位或文凭的结束水平。

3.3　毕业生核心素质的范围和结构

毕业生核心素质在第 7 部分以 13 个标题组织起来。每个标题列出了区别工程师、工程技术专家和工程技术人员的三个角色的因素。

对于每种能力，对工程师、工程技术专家和工程技术人员的概述都有相同的部分，还有针对不同人员的不同信息。例如，**了解工程科学**这一项：

相同部分：应用数学、科学、工程基础知识和具体的工程专业的知识。

工程师范围：应用到工程模型的概念化中。

工程技术专家范围：应用在确定的和应用性的工程步骤、过程、系统和方法上。

工程技术人员范围：应用到广泛的具体步骤和实践中。

下表列出了相应的陈述：

对《华盛顿协议》毕业生	对《悉尼协议》毕业生	对《都柏林协议》毕业生
把数学、科学、工程基础知识和具体的工程专业的知识应用到工程模型的概念化中	把数学、科学、工程基础知识和具体的工程专业的知识应用在确定的和应用性的工程步骤、过程、系统和方法上	把数学、科学、工程基础知识和具体的工程专业的知识应用在广泛的具体步骤和实践中

一些能力陈述中的范围修饰语用到了复杂工程问题、广义工程问题和狭义工程问题的概念。第 6 部分给出了这些描述水平的词汇的定义。

第 7 部分给出了所有毕业生核心素质的概念。

3.4 语境诠释

毕业生核心素质的描述很概括并且适用于所有的工程学科。在具体的学科背景下理解这些能力时,可能会夸大或强调个别能力,但是实质内容不能改变,并且个体因素也不能忽略。

4. 职业能力要求

4.1 职业能力要求的目的

一个胜任职业或职业能力的人应具备所从事的职业必需的素质,并且要达到工作或实践所期望的标准。每个职业类别的职业能力概述都全面记录了期望专业人员所具有的胜任工作必需的能力因素。

职业能力可以用一系列在很大程度上和毕业生核心素质相对应的属性加以描述,但是两者强调的重点不同。例如,职业能力方面,在真正的生活情境中承担责任的能力是很重要的。与毕业生核心素质不同,职业能力不是一系列可以单独展现的能力;相反,它需要进行综合评估。

4.2 职业能力要求的范围及结构

工程师、工程技术专家和工程技术人员的职业能力要求是分别提出的。每种要求包括 13 个因素。单独的因素由共同部分和修饰语围绕一区分点形成,与 3.3 部分所描述的毕业生核心素质概述所采用的方法相似。

所有三种类别都有相同的部分,使用一些范围限定语确定不同类别之间的不同点和相同点。如同毕业生核心素质的对应项一样,概述也采用了 6.1 所定义的复杂工程问题、广义工程问题及狭义工程问题。职业能力概述对工程活动进行了划分以定义范围和区分不同类别。工程活动被分为复杂的、广义的和狭义的。第 6 部分给出了这些词汇的定义。

4.3 职业能力要求的局限性

如同毕业生核心素质一样,职业能力要求并不是细节上的描述,而是反映能力标准需要的重要因素。职业能力要求并没有明确表现指标,或明确不同实践领域或不同类型的工作在评估能力时应当如何理解上述各项。第 4.4 部分则要求在具体环境中进行理解。

每个管辖区域都可能定义了表现指标,也就是候选人所表现出来的能力。例如,设计能力可以由下列表现体现出来:

① 确定和分析设计/策划要求并草拟详细的要求细则。

② 综合一系列解决问题的潜在方法或专业的实施方案。

③ 根据要求及要求之外的影响评估可选方案。

④ 全面发展所选择的设计方案。

⑤ 使设计的实施形成文件。

4.4　语境诠释

能力的体现可能发生在不同实践领域以及不同的工作类型中。因此,能力概述独立于学科之外。能力概述适合于不同类型的工作,例如设计、研发、工程管理,并运用工程活动中涉及的各个阶段:分析问题、综合、补充、实施、评估及所需要的管理能力。能力概述包含了与具体的要求无关的个人素质:交流能力、道德行为、判断力、承担责任和维护社会能力。

职业能力要求比较概括并适用于所有工程学科。在不同的监管、学科、职业或环境背景下,能力要求的应用可能会有所侧重。在特定环境下理解这些概述时,可能会夸大或强调个别概述,但内容上不能改变并且个体因素也不能忽略。

5. 定义

一个专业工程师、工程技术专家或工程技术人员的**实践领域**是根据他/她所掌握的工程学知识和他/她所从事的活动的属性加以定义的。

工程问题存在于任何领域,通过应用工程知识、技能和综合能力可以解决。

方案将所有相关的技术、法律、社会、文化、经济和环境问题及可持续发展需求考虑在内的解决问题的一种有效提议。

管理是指在风险、项目、变动、资金、责任、质量、正在进行的监管、控制和评估方面的管理。

6. 共同范围及语境定义

6.1　问题解决范围

	属性	复杂问题	广义问题	狭义问题
1	前言	没有深奥的工程知识不能解决的工程问题,并具备下列一些或全部特点	具备下列一些或全部特点的工程问题	具备下列一些或全部特点的工程问题

	属性	复杂问题	广义问题	狭义问题
2	矛盾要求的范围	涉及广泛的或有争议的技术、工程或其他问题	涉及许多强加的矛盾限制的因素	涉及几个问题,但是没有矛盾限制
3	所需要的分析深度	没有明显的解决方法,为了形成合适的模型,在分析时需要抽象思维及创造性	通过运用证实过的分析方法加以解决	以标准方法即可解决
4	所需要的知识深度	需要深度知识以采用一个以基本知识为基础的原则第一位的分析方法	需要原则知识及应用程序和方法	通过运用有限的理论知识可以解决,但通常需要大量的实践知识
5	问题的熟悉度	涉及不太常见的问题	属于比较常见的问题且用惯常方法便可解决的常见问题	比较常见并且在实践领域中为大多数实践者所熟悉
6	问题的水平	专业工程实践标准和规范所包含的外在问题	可能是实践标准和规范所包含的部分外在问题	实践标准和/或规范所包含的问题
7	参与程度和矛盾要求水平	涉及具有不同需求的各种股东	涉及具有不同的甚至偶尔冲突的需求的多个股东	涉及具有不同需求的有限的股东
8	结果	在一系列环境内具有重大结果	在局部具有重大结果,但可能会扩展	在局部具有重大结果,但不会扩展
9	相互依赖关系	高水平问题可能包含许多部分或多问题	复杂工程问题内的部分或系统	工程系统中的组成部分

6.2 工程活动的范围

	属性	复杂活动	广义活动	狭义活动
1	前言	复杂活动是指具有下列一些或全部特点的(工程)活动或专业	广义活动是指具有下列一些或全部特点的(工程)活动或专业	狭义活动是指具有下列一些或全部特点的(工程)活动或专业

	属性	复杂活动	广义活动	狭义活动
2	资源范围	涉及各种资源的利用(为了达到此目的,资源应包括人力、财力、设备、原材料、信息和技术)	涉及许多不同资源(为了达到此目的,资源应包括人力、财力、设备、原材料、信息和技术)	涉及有限的资源(为了达到此目的,资源应包括人力、财力、设备、原材料、信息和技术)
3	相互作用的水平	需要解决广泛或冲突的技术、工程或其他问题之间的相互作用所产生的重大问题	需要解决广泛或冲突的技术、工程或其他问题之间偶然的相互作用所产生的情况,这些问题几乎不冲突	需要解决有限的技术、工程问题之间的相互作用所产生的情况,对更大范围内的问题产生微小影响或无影响
4	创造性	涉及以新颖的方式创造性地利用工程学原则知识	涉及创造性地运用新材料、技术或过程	涉及以新的方式运用已有的材料、技术或过程
5	对社会和环境的影响	在一系列环境下有重大作用	对局部有重大影响,并且影响有可能扩展	对局部有重大影响,但影响不会扩展
6	熟悉度	通过运用以原则为基础的方法可以超越以前的经历	需要具备实施步骤和过程方面的知识	需要具备实施步骤和惯例方面的知识

7. 毕业生素质要求

下表列出了三种工程专业高等教育毕业生素质要求。复杂工程问题、广义工程问题及狭义工程问题的定义见于第 6 部分。

		不同特点	针对《华盛顿协议》毕业生	针对《悉尼协议》毕业生	针对《都柏林协议》毕业生
1	学术教育	教育广度和深度	完成一个经认证的专业高等教育四年的或更长时间的学习	完成一个经认证的专业高等教育三年的或更长时间的学习	完成一个经认证的专业高等教育两年的或更长时间的学习

续表

		不同特点	针对《华盛顿协议》毕业生	针对《悉尼协议》毕业生	针对《都柏林协议》毕业生
2	工程科学知识	教育广度和深度及知识类型，包括理论和实践知识	把数学、科学、工程基础知识和具体的工程专业的知识应用到工程模型的概念化中	把数学、科学、工程基础知识和具体的工程专业的知识应用在确定的和应用性的工程步骤、过程、系统和方法上	把数学、科学、工程基础知识和具体的工程专业的知识应用在广泛的具体步骤和实践中
3	问题分析	分析的复杂性	确认、形成和研究文献，并解决问题，运用数学和工程科学原则得出实证性的结论	确认、形成和研究文献，并解决广义工程问题，运用与他们学科或专业领域相适合的分析工具得出实证性的结论	确认和解决狭义工程问题并运用此活动领域特有的分析方法得出实证性的结论
4	解决方案的设计及发展	工程问题的广度和独特性，也就是问题的新颖度以及确认和综合解决方案的程度	在适当考虑公共卫生和安全、文化、社会、环境的前提下为工程问题设计解决方案以及满足特定要求的系统、成分及过程	在适当考虑公共卫生和安全、文化、社会、环境的前提下为广义工程技术问题设计解决方案并有助于设计满足特定要求的系统成分及过程	在适当考虑公共卫生和安全、文化、社会、环境的前提下为狭义技术问题设计解决方案并有助于设计满足特定要求的系统成分及过程
5	调查	调查和实验的广度和深度	对复杂问题开展调查，包括实验的设计、数据的分析和解释、信息的综合以得出有效结论	对广义问题开展调查，从数码、数据库及文献中找出并选择相关数据，设计和进行实验，以得出有效结论	对狭义问题开展调查，找出相关数码和目录，进行标准测试和衡量

		不同特点	针对《华盛顿协议》毕业生	针对《悉尼协议》毕业生	针对《都柏林协议》毕业生
6	现代工具的应用	对工具适宜性的理解水平	在复杂工程活动中,创造、选择和运用合适的技术、资源以及现代工程工具,包括预测和模范,并且了解其局限性	在广义工程活动中,选择和运用合适的技术、资源及现代工程工具,包括预测和模范,并且了解其局限性	在狭义工程活动中运用合适的技术、资源及现代工程工具,并且了解其局限性
7	个人和团体工作	扮演的角色及团体的不同	充分有效地发挥个人作用,在各种团体或多学科领域背景下充分有效地发挥成员或领导角色作用	有效地发挥个人作用,在不同的技术团体有效发挥成员或领导角色作用	充分有效地发挥个人作用,在不同团体有效发挥成员或领导角色作用
8	交流能力	所从事的活动的不同类型体现出的交流水平	在复杂工程活动中能够与工程团体及整个社会进行有效的交流,例如能够理解和起草有效的报告和设计文件,展示有效的汇报并且给出和接受清晰的指导	在广义工程活动中能够与工程团体及整个社会进行有效交流,例如能够理解和起草有效的报告和设计文件,展示有效的汇报并且给出和接受清晰的指导	在复杂工程活动中,通过能够理解他人的工作,整理自己的文件,以及给出和接受清晰的指导,与工程团体及整个社会进行有效交流
9	工程师和社团	知识水平和责任	展现对社会、健康、安全、法律和文化问题的理解,以及与工程实践相关的系列责任	展现对社会、健康、安全、法律和文化问题的理解,以及与工程技术实践相关的系列责任	展现对社会、健康、安全、法律和文化问题的理解,以及与工程技术实践相关的系列责任

		不同特点	针对《华盛顿协议》毕业生	针对《悉尼协议》毕业生	针对《都柏林协议》毕业生
10	道德	这一特点并无区别	理解和遵守工程实践中的职业道德及规范,履行责任	理解和遵守工程技术实践中的职业道德及规范,履行责任	理解和遵守工程技术实践中的职业道德及规范,履行责任
11	环境和可持续性	这一特点并无区别	在社会环境下理解工程解决方案的影响,并展现出对可持续发展的了解的需求	在社会环境下理解工程解决方案的影响,并展现出对可持续发展的了解的需求	在社会环境下理解工程解决方案的影响,并展现出对可持续发展的了解的需求
12	工程管理和金融	不同类型的活动所需求的管理水平	展现对管理和商业实践的认识和理解,例如风险及变化管理,并了解它们的局限性	具有管理和商业实践方面的知识,对此有所了解,例如风险及变化管理,并了解它们的局限性	具有管理和商业实践方面的意识,例如风险及变化管理
13	终身学习	这一特点并无区别	认识到独立的终身学习的必要性并有能力进行独立的终身学习	认识到独立的终身学习的必要性并有能力进行独立的终身学习	认识到独立的终身学习的必要性并有能力进行独立的终身学习

8. 国际注册能力要求

为了达到胜任的最低标准,他/她必须在其实践领域能够胜任,达到合格的专业工程师/工程技术专家/工程技术人员的标准。

在检验他/她是否达到总体标准时,必须考虑他/她在其实践领域体现下列每个因素的程度。

		不同特点	工程师	工程技术专家	工程技术人员
1	理解和运用基本知识	教育广度和深度以及知识类型	理解和运用实践中广泛应用的原则体现出来的高级知识	理解和运用广泛接受和应用的步骤、过程、系统以及方法所体现出来的知识	理解和运用标准化做法所体现出来的知识

		不同特点	工程师	工程技术专家	工程技术人员
2	理解和运用区域性	区域性知识的类型	理解和运用他/她所从属的管辖区域的实践中被广泛应用的原则体现出来的高级知识	理解和运用他/她所从属的管辖区域广泛接受和应用的步骤、过程、系统以及方法所体现出来的知识	理解和运用他/她所从属的管辖区域特定的标准化做法所体现出来的知识
3	问题分析	分析的复杂性	定义、调查和分析复杂问题	确认、区分和分析广义问题	确认、陈述和分析狭义问题
4	解决方案的设计及发展	问题的性质及解决方法的独特	设计或发展解决复杂问题的方案	设计或发展解决广义问题的方案	设计或发展解决狭义问题的方案
5	评估	活动类型	评估复杂活动的效果和影响	评估广义活动的效果和影响	评估狭义活动的效果和影响
6	对决定负责任	对其负责任的活动类型	负责对部分或所有复杂活动做出决定	负责对一个或更多广义活动的部分或全部做出决定	负责对一个或更多狭义活动的部分或全部做出决定
7	管理工程活动	活动类型	管理一个或更多广义活动的部分或全部	管理一个或更多广义活动的部分或全部	管理一个或更多狭义活动的部分或全部
8	道德	这一特点并无区别	道德地开展他的/她的活动	道德地开展他的/她的活动	道德地开展他的/她的活动
9	维护社会	活动类型	大体认识到复杂活动的合理的、可预见性的对社会、文化和环境的影响,并考虑到可持续的要求	大体认识到广义活动的合理的、可预见性的对社会、文化和环境的影响,并考虑到可持续的要求	大体认识到狭义活动的合理的、可预见性的对社会、文化和环境的影响,并考虑到可持续的要求
10	交流能力	这一特点并无区别	在他的/她的活动过程中与人清楚地交流	在他的/她的活动过程中与人清楚地交流	在他的/她的活动过程中与人清楚地交流

		不同特点	工程师	工程技术专家	工程技术人员
11	终身学习	这一特点并无区别	从事 CPD 活动以维持或提高他/她的工作能力	从事 CPD 活动以维持或提高他/她的工作能力	从事 CPD 活动以维持或提高他/她的工作能力
12	判断能力	与活动类型相关的活动水平	在他/她所从事的复杂活动中展示很强的判断力	在他/她所从事的广义活动中展示很强的判断力	在他/她所从事的狭义活动中展示很强的判断力
13	法律和监管	这一特点并无区别	符合法律和监管的所有要求,维护公共健康和安全	符合法律和监管的所有要求,维护公共健康和安全	符合法律和监管的所有要求,维护公共健康和安全

参考文献

[1] 吴启迪. 在第三届国际高等工程教育大会上的讲话. 2004 年 10 月. 北京 清华大学-ASEE，会议文集.

[2] 杜祥琬. 建设创新型国家是全社会的共同责任. 求是,2006,6.

[3] 朱高峰. 关于中国工程教育的改革与发展问题. 高等工程教育研究,2005(2).

[4] 朱高峰. 对实践教育问题的分析和认识. 清华大学教育研究,2005/01.

[5] 吴启迪. 专业评估与资质鉴定:中国工程教育的"国际接轨"复旦教育论坛,2003/02.

[6] 顾秉林. 中国高等工程教育的改革与发展. 高等工程教育研究,2004(5).

[7] 中国工程院工程教育研究课题组. 我国工程师培养的重要性与培养途径研究. 高等工程教育研究,2005(01).

[8] 清华大学工程教育认证考察团. 德国工程教育认证及工程教育改革与发展考察报告. 工程教育资格认证参考资料. 北京:清华大学教育研究所编,2005 年 3 月.

[9] 清华大学工程教育专业认证课题组. 建立具有中国特色且具有国际等效性的工程教育专业认证体系. 第七次全国高等工程教育学术研讨会. 昆明,2006 年 8 月.

[10] 余寿文,李曼丽. 培养 21 世纪的优秀工程师. 高等工程教育研究,2005(04).

[11] 顾秉林. 工程教育中亟待解决的三个问题. 中国高等教育,2002(22).

[12] 余寿文. 中国需要研究型大学培养现代工程师. 高等工程教育研究,2005(01).

[13] 张维,王孙禺,江丕权.工程教育与工业竞争力.北京:清华大学出版社,2003 年.

[14] 王孙禺,李钢.新世纪初世界工程教育改革与发展的成果荟萃——第三届国际工程教育大会会议综述.中国高教研究,2004(10).

[15] 张彦通,李茂国,张志英.工程教育专业认证机构:撬动中国高等工程教育的支点.高等工程教育研究,2006(01).

[16] 李茂国,张志英,张彦通.积极推进专业评估与认证,引导工程教育协调发展.高等工程教育研究,2005(05).

[17] 李茂国,张彦通,张志英.工程教育专业认证:注册工程师认证制度的基础.高等工程教育研究,2005(04).

[18] 杜祥琬.工程科技工作者的历史使命和重大责任.光明日报,2006-04-20.

[19] 吴启迪.鼓励企业培养创新人才.中国人事报,2006/06/23.

[20] 顾秉林.高校:造就创新人才的摇篮.中国教育报,2006/07/21.

[21] 王冀生.中国高等教育评估.长春:东北师范大学出版社,1993:40-41.

[22] Engineering Accreditation Commission, ABET. Criteria for Accrediting Engineering Programs (2006—2007 Accreditation Cycle), www. abet. org.

[23] Dr. Iring Wasser. 在中德高等工程教育与认证合作前景研讨会上的报告. 2005 年 12 月 6 日.

[24] Requirements and Procedural Principles for the Accreditation of Bachelor's and Master's Degree Programmes in Engineering, Architecture, Informatics, the Natural Sciences and Mathematics. http://www. asiin. de/english/newdesign/index_ex5. html.

[25] Japan Accreditation Board for Engineering Education. Criteria for Accrediting Japanese Engineering Education Programs Applicable in the year 2004—2006.

[26] 高延伟.我国建设类专业教育评估的回顾与思考.高等建筑教育,2003/12.

[27] 全国高等学校建筑学专业教育评估委员会.全国高等学校建筑学专业本科(五年制)教育评估标准.全国高等学校建筑学专业教育评估文件,2003 年 12 月.

[28] 毕家驹.中国工程专业评估的过去、现状和使命.高教发展与评估,2005(01).

[29] JABEE.《会長からのメッセージ》.

[30] 《日本技術者教育認定基準》.2004—2006 年度版 www. jabee. org/.

[31] JABEE 《日本技術者教育認定制度:認定審査の手順と方法》.

[32] 大中逸雄.《日本技術者教育認定機構の現状と展望》,http://www. jabee. org/ OpenHomePage/jabee3. htm.

[33] 大中逸雄.日本技術者教育認定基準の要点と教育の改善,工学教育,2000(21).

[34] 大中逸雄.工学・技術者教育のパラダイム・シフト.学術の動向,2001.

［35］ JABEE.《JABEEの理解を深めるために》, http://www.jabee.org/.

［36］ Mitsunori Makino. Japan Accreditation Board for Engineering Education. 2005 年 3 月清华演讲稿.

［37］ Engineering Accreditation Commission, ABET. Criteria for Accrediting Engineering Programs（2006—2007 Accreditation Cycle）.

［38］ Lisa R Lattuca, Patrick T Terenzini and J. Fredricks Volkwein. Engineering Change：A Study of the Impact of EC2000.

［39］ The Engineer of 2020：Vision of Engineering in the New Century, Washington DC：The National Academies Press 2004.

［40］ 毕家驹. 建立工程专业评估制度 尽快提升工程教育质量. 中国高等教育,2006（01）.

［41］ 孔寒冰,叶民,王沛民. 国外工程教育发展的几个典型特征. 高等工程教育研究,2004（04）.

［42］ 余寿文,王孙禺. 中国高等工程教育与工程师的培养. 清华大学教育研究,2004（03）.

［43］ 张彦通. 美、德两国工程教育专业认证制度的特色与借鉴. 中国高等教育,2006（02）.

［44］ 袁本涛,王孙禺. 日本高等工程教育认证概况及其对我国的启示. 高等工程教育研究,2006（03）.

［45］ 张彦通. 我国高等工程教育专业认证组织的构建方向——香港工程师学会的经验. 高等工程教育研 2006（02）.

［46］ 张彦通. 试论我国高等工程教育专业认证制度的构建. 高等工程教育研究,2005（01）.

［47］ 吴启迪,章仁彪,谭震威. 专业评估与资质鉴定:中国工程教育的"国际接轨". 复旦教育论坛,2003（02）.

［48］ 王孙禺,袁本涛. 关于我国研究生教育发展战略的几点思考. 现代教育科学,2005（05）.

［49］ 王孙禺. 继续推进高等工程教育改革与发展对策研究. 高等工程教育研究,2005（06）.

［50］ 杨西强,王国祥,田冰雪. 美国高等工程教育专业的鉴认制度及其启示. 高等工程教育研究,2005（01）.

［51］ 张彦通,李茂国,张志英. 关于我国高等教育专业评估工作的若干思考. 高等工程教育研究,2005（03）.

［52］ 张文雪. 探索研究型本科教学体系 提升教育质量. 中国大学教学,2005（11）.

［53］ 汪明霞,马涛,朱军文.美国工程认证委员会《工程类本科专业2005—2006年度认证标准》解读.化工高等教育,2006(01).

［54］ 李曼丽.当前美国企业培训的现状、特点及其对我国的启示.清华大学教育研究,2002(02).

［55］ 朱高峰.谈工程教育.高等工程教育研究,2004(03).

［56］ 朱高峰.论高等工程教育发展的方向.高等工程教育研究,2003(03).

［57］ 顾秉林.秉承实践教育传统 加强创新能力培养 提高学生全面素质.清华大学教育研究,2006(01).

［58］ 张文雪.新生研讨课的教学理念与实践.高等工程教育研究,2005(06).

［59］ 张建党,马立武.美国高等教育评估体制探析.云南教育,2003(30).

［60］ 严玲,刘元芳,尹贻林.从国际化视角比较研究工程造价高等教育.福建工程学院学报,2006(02).

［61］ 工程教育专业认证研究与实践编委会.国内外工程教育专业认证资料汇编.内部资料,2008年3月.

第二部分 主要研究成果

我国工程师培养的重要性与
培养途径研究*

中国工程院工程教育研究课题组

随着科学技术的迅速发展,现代工业对工程技术人员的知识、能力和素质都提出了更高的要求。工业界对高等教育的期盼也愈加殷切,要求工程技术人员在经济全球化的背景下能运用科学的理论和技术的手段在"大工程"的环境中从事具体的实践活动。这些工程实践活动不仅满足特定功能的工程需求,而且还体现政治、经济、社会以及环境、人文、艺术等方面的需求。我国加入世界贸易组织(WTO)之后,正逐步融入世界经济发展的总体循环之中,我国的产业结构势必随着世界产业的结构和分布的调整发生变化。我国在世界工业布局中的作用将逐步显现,大量的制造业正在向我国转移,推动我国工业化发展的步伐。而在实现工业化的进程中,创新型的新型工业化进一步给工程教育提出了培养专业人才和骨干人才的新需求。因此,培养和造就大量高素质的工程技术人员是一项重要的战略任务。

一、高等工程教育在现代工程师培养中的作用和地位

1. 高等工程教育对现代工程师的培养至关重要

高等院校工程教育的基本任务是使学生接受系统的理工学科的理论知识、基

* 本文为中国工程院咨询项目"21世纪初我国工程师培养的重要性及其培养途径研究"的汇报稿,曾在2004年8月举行的中国工程院教育委员会年会上汇报,此后又做了部分修改。项目负责人为朱高峰、余寿文。全文在课题组研究基础上,由王孙禺、张彦通、谢冰玉、汪欣等执笔汇总。正式发表前,朱高峰院士和余寿文教授对文章作了进一步修订。

本技能的学习和训练,使其在完成学业时,初步具备成为工程师的基本素质和条件。院校工程教育是我国高等工程教育的基础部分,是培养和造就合格工程师至关重要的环节,在工程教育中具有举足轻重的地位。

我国的高等工程教育受欧美的影响较大。1949年以前,大约建立了20余所工科大学或者工学院,主要采用美国与欧洲的学制与教学内容。20世纪五六十年代我国主要学习苏联的高等工程教育模式,建立了大批专科性学院。50余年来,我国的院校工程教育在不断探索中初步形成了具有我国特色的高等工程教育体系,培养了数以千万计的工程技术人才,其中一部分人成为各行各业的技术骨干和中坚力量,为经济建设和工业发展作出了重要贡献。

据统计,2003年我国普通高校共有1552所,其中设有工科专业的院校1303所,占84%(在这1552所普通高校中,普通本科院校共有644所,其中设有工科专业的院校537所,本专科在校生约1108万人,占83%;高职高专共有908所,其中设有工科专业的766所,占84%);我国普通高校本科中工科在校生约369万人(在1108万普通高校本专科在校生中,普通本科在校生629万人,其中工科专业在校生215.7万人,占34%;高职高专在校生479万人,其中工科专业在校生153.7万人,占32%)。由此可见,我国高等教育体系中工程教育的培养规模目前大致占到1/3。

我国现有的比较完整的院校工程教育体系,在规模上能够基本适应我国当前在经济发展、社会进步及科学技术方面的需求。对照目前国际通行的工程技术专业分类,我国都有相应的院校、系科与之对应。随着科学技术的飞速发展及其在科技转化中的重要性日益为人们所认识,院校工程教育在21世纪培养现代工程师的过程中的重要地位和作用将会更加明显。

2. 高等工程教育在国家科技发展过程中的基础地位将日益突出

高等工程教育的发展与国家经济的发展是相互促进又相互制约的,因此,高等工程教育的体系和结构的确定必须与国家经济的发展阶段和承受能力相适应,以使国家用最优的教育投资,获得最大的社会效益和经济效益。我国目前处于工业化的过程中,工业化对于国民经济的发展起着至关重要的作用。国民经济腾飞的关键是科学技术,而发展科学技术的基础是高等理工科教育,其中高等工程教育的作用更为直接。经济发展,不仅需要高等工程教育培养大批合格的工程技术人员,而且在把科学技术成果通过中间试验转化为生产力的过程中,也有赖于高等工程教育培养出来的具备综合素质的工程科学、技术、管理方面的人才。这些各级各类的工程技术人员既是现有经济活动的生产者、组织者,也是实现新技术应用,开发新工艺、新材料、新产品,设计新型生产设备,改进生产工具的研制者、开拓者,是发展经济的中坚力量。要促进国民经济的发展,并在国际竞争中取得主动,很大程度上要依靠高等工程教育所培养的各级各类的工程技术人才。

当前,人类社会正面对着前所未有的巨变。信息技术、生物技术、新能源技术、空间科学、纳米技术、环境科学的不断出现和快速发展,使得在科学领域里产生了许多新兴学科和边缘学科以及相关的核心技术。这些科学技术对于工业各行业产生了巨大的推动作用,使许多领域已经或正在产生革命性的变化。这些发展都离不开高等学校的工程教育为未来工程师提供的系统和严格的训练,离不开高等学校雄厚的科研实力所提供的技术基础和将研究成果转化为现实生产力的技术平台,以及以高等院校工程教育为基础向社会和企业提供的继续工程教育。

3. 高等院校要把全面推进继续工程教育作为责无旁贷的任务

继续工程教育是建立在大学教育基础上的对大学毕业后的在职工程技术人员所进行的一种专门训练。就其职能来说,继续工程教育是"工程师的教育",主要是培训,而不是学历、学位教育。大学教育有较固定的教学计划,学生毕业时获得国家承认的学历和学位,继续教育的制度和内容则相对灵活。由于其学员均已受过各种不同层次的正规学校教育,参加培训的目的主要是在某些技能或知识方面更新已陈旧过时的内容,或在培训中学习那些以前未学过的知识和技术。继续工程教育的效益很高,因为参加继续工程教育的工程技术人员的学习动力来自于技术的发展和提高自身能力的要求,目的在于推动企业创新和科技成果产业化。尽管继续工程教育的目标不是授予学位和颁发文凭,但为了鼓励在岗人员积极参加继续教育培训,可在结业时进行一定方式的考核并向合格的学员颁发结业证书。为了使技术人员的考核升级、提高待遇与参加继续工程教育相挂钩,在企业中应该建立起一定的制度。

我国开展继续工程教育已有20多年,起步比工业发达国家要晚几十年,因此我们要从国情出发并认真研究国外的发展状况。目前,国际上十分重视发展继续工程教育,把它作为人力资源开发和企业可持续发展的基础工作之一。许多国家已经把继续工程教育作为终身学习战略的一部分,确立了"以能力为本位"的教育体系。例如,摩托罗拉公司、英特尔公司、IBM 公司等大公司投入大量资源,系统地建立了多种形式的"知识大学""社会大学""企业大学"等。再者,网络技术的发展又进一步推动了远程教育和在线教育,开放式的"e-继续工程教育"正在许多国家兴起,通过"e"化(电子学习 e-leaning 和电子培训 e-training),树立现代企业开放式培训资源管理的观念,广泛吸收、利用和开发企业内外一切可利用的教育资源。

其实,外国企业办继续教育也并不是办实体,而是做组织工作,还是与院校紧密结合;而我们说要办就要办实体,实际上就更办不成了。

高等院校具有人才、科研、设施的优势,理应对开展继续工程教育、建立继续工程教育体系作出贡献,把加强继续工程教育作为提升工业竞争力、完成我国工业化进程的一项重要措施来抓。与欧美发达国家不同,我国多数企业当前不具备开展继续教育的能力和资源,因此,我国的高等院校责无旁贷地肩负着相当部分的继续教育的任务。通过大学与企业的结合,改变院校工程教育与工业企业需求存在某种程度脱节的现象。在此方面,我国的工科院校可以为协助继续工程教育的推进做很多的工作。比如:①呼吁国家立法,以法律形式规范继续教育,使之与义务教育法、高等教育法、职业教育法一起完善教育法规;②强调专业培训;③呼吁加大经费投入;④呼吁社会共同参与;⑤提供继续教育的资源及大力开展相关的培训与继续教育的机会,等等。高等院校应该把全面推进继续工程教育作为自己责无旁贷的任务。

二、我国工业发展的要求与高等院校工程技术人才培养之间的差距

许多工业国家的经验都证明,培养出一名合格的工程师,必须使其经历工程科学知识的学习、工程实践的训练和工作实际的体验三个环节。这三个环节的实现大体需要 8~10 年的时间,事实上是由院校工程教育和企业或者工作单位共同来承担这一培养任务,其中工程实践训练是促进学生理论联系实际、学以致用,以便走上工作岗位后能够尽快适应工作的极重要一环。如果院校工程教育中只有理论知识的传授而缺乏实际动手能力的培养训练,则学生基本的工程综合与设计能力是难以培养出来的,尤其是创新能力的培养将可能落空,毕业后将很难适应当今迅速变化的科技与生产发展形势。我国的工程教育正在迅速地发展以适应经济发展的要求,但与社会的需求和企业的期盼相比,还存在着相当的距离。

1. 工程教育面向工程实际不到位

工程教育的人才培养必须面向工程实际,这是我国未来经济发展的迫切需要,也是包括工业发达国家在内的高等工程教育和工业发展的经验。缺乏面向实

际的工程技术教育是我国工程教育在这一段时间以来的主要问题。

它突出反映在学科专业划分过细,知识面较窄,缺乏足够的工程实践训练,学生缺乏对工程设计在工程及工程教育中的重要地位和作用的认识,缺乏解决工程问题的能力,缺乏对现代工程所必须具备的有关经济、社会方面的知识的了解,缺乏参与管理现代工程的领导、决策、协调、控制的初步能力和管理素质。我们认为,问题出现的原因来自多方面,包括教育经费、基础素质、就业走向等诸多因素,但主要是以往我国高度集中的计划经济模式和粗放型工业生产条件下形成的传统工程教育思想和培养理念不能适应目前我国市场经济和经济增长方式向集约型转变的需要。加之近些年来,我国工程教育中存在重"学"轻"术"的倾向,许多工程院校,无论是直接为工业企业培养人才的数量,还是毕业生进入到国民经济第一线企业的数量都偏低。直接为工业企业服务的工程性论文和设计的数量、质量也有不小的差距,这与我国工程教育在国民经济中应有的地位和应起的作用是不相适应的。

2. 工程教育的培养层次、结构体系和人才类型与企业需求不适应

经济建设发展对人才的需求是多样性的。按照目前我国高等教育体系的结构进行划分,工程教育有专科、本科和研究生三个层次,每一个层次都需要进行有关工程科学、工程技术、工程管理等内容的教育。以专科教育为例,在一个较长的时期内,我国工程教育曾把主要精力放在培养本科生和研究生方面,专科教育大起大落,地位长期不稳定,使得专科教育在培养目标、规格、内容等方面存在着向本科看齐的倾向。专科、本科各个层次界限不够明确,专科教育成为本科教育的"浓缩",专科的教学计划、课程设置、教材内容和教学方法未能充分突出实际应用以适应业务和生产第一线工作的需要。

一般而言,本科生应强调与工程实际的紧密结合(因为多数工程师来自本科),博士生可以偏重工程科学研究,硕士生层次处于两者之间。从我国的现状来看,硕士的培养还是应该更倾向于工程技术,掌握解决工程实际问题和从事工程管理的能力。因此,"工程硕士"的专业学位会逐步成为研究生教育结构的一个重要组成部分,以广泛适应工业化阶段研究生层次人才的需要。也就是说,根据我国目前的实际情况,专科主要培养技术工程师和高级技师;本科生将来主要从事工程实践活动,其中一部分人进一步深造读研,可进入研发领域,其知识结构可根据学生的兴趣以及社会发展所引起的就业变化进行调整与转换;研究生主要培养研究开发型的高层次工程技术人才。即使在高层次人才的培养上也可以分为基

础理论类型、开发应用类型和生产实施类型以适应我国经济结构变化所引起的不同职业结构的变化对人才需求的变化。

院校工程教育应根据社会需求,通过调整专业结构,发展社会今后急需和具有前瞻性的专业,以满足人才市场的需求。对社会需要量不大的专业,根据人才市场的需求进行调节,采取压缩与限制招生的办法,从根本上改变人才类型结构与人才市场需求脱节的局面。

3. 工程教育与产业结合、与企业的联系合作不紧密

工程教育是由教育机构从事的培养技术人才、进行科学研究、开发科学技术成果的教育活动;工业企业是使用人才、发展生产力,使产品和服务在国际国内市场上具有竞争能力的主要机构。为此,工程院校必须面向工业企业,工业企业必须依靠工程教育,两方面密切合作,共同培养应用型人才。目前我国工程教育的培养模式既不具备美国工业界对进入工业企业的毕业生进行必要训练的工程师岗位培训系统,又不像德国工科大学那样能向在校生提供参与工程实践和实习的足够的训练。此外,我国工业企业的研发机构还在逐步建立过程中,研发工作做得较少。同时,对于引进设备与技术的消化、吸收、提高和创新还未得到应有的重视。因此,工业企业与工程院校在培养高层次工程人才和将科研成果转化为生产力等方面还应该进一步紧密结合,增进合作。

4. 工程教育培养的学生素质不全面

工程教育是高等教育的一部分,同样包括德、智、体三个方面,有的加上美育等等。仅从德、智两方面来看,有需要研究的问题。

从德育来看,首先是缺乏明确标准。作为一个公民、一个学生,其道德规范应该是什么并不清楚。过去把对先进分子的要求作为对全体公民的要求,在被实践证明不可行以后,相当长时间内没有制订明确的标准。近年虽然在形式上制定了公民道德规范,但实际上影响和作用都不大。在学校教育中尽管理论上不断强调德育的重要性,但在实际中却往往将其简单化地等同于政治理论,甚至包括时事知识等,而并未形成一个德育的体系(包括课程体系),缺少真正的德育。在德育方法上,身教重于言教十分重要,至少学校的氛围、教师的以身作则都是必不可少的。由于有些教师本身也缺乏职业道德规范,再加上教师对社会现实中的不少现象也很难解释清楚,因此课堂教学往往变成枯燥的说教,显得苍白无力。最近中央关于加强大学生思想政治教育的决定为加强学生的全面素质教育提供了强大

的思想武器和实施方略,应当借此机遇改进高等工程教育的道德教育。不久前胡锦涛同志在全国加强和改进大学生思想政治教育工作会议上发表了重要讲话,指出,"学校教育、育人为本,德智体美、德育为先"。这也是高等工程教育必须特别关注的重大课题。

智育方面首先遇到的问题是,它仅仅是知识传授,还是也包括能力培养?现在比较一致的看法是,两个方面都应该包括。那么,什么是能力,是思维能力还是操作能力,两者各有什么标准;更大的问题是如果教师本身就缺乏能力,尤其是实践能力,又如何能培养出学生的能力?知识方面也存在许多问题。目前在高等教育中争论最大的是基础知识和专业知识的比例,是基础理论体系多学一些还是专业知识多学一些,这个问题直接与需求有关。在国际上,美国的工程教育体系和德国的工程教育体系之间也是不同的。前者强调职业多变,学校只是要打好基础即可,与专业有关的知识由用人企业通过培训去解决;而后者则强调专业对口,毕业后能直接上岗。目前,我国的基本做法是强调打好基础,这是针对"文革"前专业划分过细的情况而调整的,有其合理性,但完全走美国式道路并不符合中国实际,从全社会来讲是否达到了资源优化,值得各界斟酌。对于不同的需求以及不同的院校人才培养的走向,实现基础理论与专业实践之间的合理平衡是一个亟待研究与解决的课题。在近年高等院校扩招之后,这一问题的研究与解决具有更重要的现实意义。

三、高等工程院校教育应为明天的现代工程师做准备

新中国成立 50 多年来,我国的工业生产得到相当迅速的发展,初步形成了具有我国特色的工业体系和规模。特别是改革开放以来,工业化进程得到快速的发展。今天,继续完成工业化是我国实现小康社会战略目标,实现国富民强、民族复兴进程中的一项重要而艰巨的历史性任务。当前,我们面临的具实质性与挑战性的问题是:谁能成为明天的工程师?高等工程院校为明天的工程师做了哪些准备?

除了传统的工程教育内容外,以下几个方面的教育应引起工程教育界的特别关注。

1. 基础科学与工程技术的综合教育

工程是综合应用科学理论和技术手段改造客观世界的实践活动。随着科学技术的迅速发展,现代工程所具有的科学性、社会性、实践性、创新性、复杂性等特

征日益突出,工作内容不断扩展,已经形成了以研究、开发、设计、制造、运行、营销、管理、咨询等为主要过程的工程链。这一工程链中的每一个环节都存在着大量的技术问题需要工程师予以妥善解决。这就使得现代工程需要一大批能综合应用现代科学理论和技术手段,具备求真务实的科学精神的高素质的工程技术人才。因此,作为一名 21 世纪的工程师,不应满足于掌握按自然科学体系和技术领域划分的各单门学科的知识,而应能综合运用科学的知识、方法和技术手段来分析与解决各种工程问题。在知识方面,应掌握坚实的基础知识;在能力方面,应具有获取新知识的能力,分析和解决问题的能力,收集、处理信息的能力,不断创新的能力和实践能力。

2. 人文与社会科学的教育

近年来,国内有关工科院校不可忽视人文社会科学教育的呼声很高。绝大多数工科院校已在教育计划中加入相当份额的人文与社会科学的教学内容。大学的人文环境有了很大改善。在西方中世纪,"文科"(liberal arts)一词是指通过获得知识和学问,进而获得个人发展的自由。自由在这里主要是指思维的自由,而不仅仅是用双手工作的自由、体力劳动的自由。思维的自由意味着创造、创新,意味着新思想的诞生。文科教育通过对文字、语言的组织来推进思维的过程,进而引导学生对真实、科学和美进行哲学追求,将人文、艺术与科学结合在一起,并且在宽广的范围内传授,能使学生用分析与综合的方法,培养思维的技能、沟通与交流的技能。在今天的工程教育全球化的背景下,人文社会科学教育与工程教育的交缘与综合确实是一个值得重视的教育理念,它对培养 21 世纪的现代工程帅将起到重要的影响。

3. 管理科学的教育

管理是一门科学,也是一门艺术。管理能力的培养应该成为工科学生的必修课。一个良好的工程师需要有管理能力。一方面,自己要能依章依法,遵守工程师的道德规范,有科学精神和责任心;另一方面,在竞争日趋激烈的今天,优秀工程师必须有能力组织群体,制定战略,带好团队。因此,工程教育中的提倡管理科学方面的教育是对传统工程教育的完善和提升。

管理能力能促进和支持个人在未来的发展中确立团队精神和整体性的实践活动,并且有利于在工业企业或公共部门中理解和利用组织文化和价值观念。在强调工程特点与团队协作的同时,管理能力为解决问题提供技巧和方法,并在工程实践中探究组织文化的重要性,纠正个人的局限性。管理能力的教育将促进合作,在有效沟通、有效反馈、冲突管理、团队发展、伦理形成等方面得到训练。总之,管理科学的教育将影响工程师未来的发展,为工科学生在工业企业中和未来更大范围的发展提供一个坚实的起点。特别是在工业企业要对日益增强的全球化趋势做出反应的今天,工业企业需要通过高素质的工程师编织广大而坚实的,甚至是跨越国界与洲界的企业网络。工科学生在其职业生涯中要面对未来不同文化和环境的同事和客户。明日的工程师们需要这种在新环境下获得领导成功的技巧。因此,管理科学的教育及其相应的实践和相应的大学后继续教育是培养现代工程师的必需,也是高等工程院校必须认真思考、在实践中加以解决的课题。

4. "企业家科学"的教育

1945年美国麻省理工学院(MIT)教授凡尼亚·布什(Vannevar Bush)发表了一篇重要的报告《科学:永无止境的前沿》,讲述科学的探索没有尽头,科学家应永远站在科学的前沿。后来,工程界所讲的"工程:永无止境的转变",则提出了工程师永远处于技术转移的前沿。它表明工程教育界一个日趋重要的任务就是要教会学生如何将发明和创新从研究领域或设计实验室转移到市场中去。

从"永无止境的前沿"(the Endless Frontier)时代到"永无止境的转变"(the Endless Transition)时代的第一个转变发生在基础研究、应用研究和产品开发的相互联系中。这三个先前相对联系较为疏远的领域正在逐步缩小距离。不同类型的研究之间将不再有严格的界限,取而代之的是互相融合并且相互转移。

第二个"永无止境"的转变发生在不同的技术领域之间。它们曾经被认为是与不同的学科以及不同的产业相联系的,但现在彼此之间正在交叉融合。以前在单个学科之间有严格的界限,而近来跨学科的合作日益增加,新的学科也在旧学科的交叉点上产生,早期的例证是生物与化学的结合形成生物化学。现在,新兴的多科性综合学科在不断诞生,例如生物信息学、行为经济学、金融工程学,等等。随着21世纪的信息与生物科技的发展,这种交流正方兴未艾,高等工程教育对此的准备应及早进行。

第三个转变是关于大学的角色。在创新体系的框架中,大学、产业、政府之间的角色互动越来越重要。日新月异的科技变化和初步形成的世界市场,使得科技企业家的机会和需求不断增加。在传统的专业与专业之间的隔墙被部分推倒的今天,工程师所扮演的角色已经不完全是技术专家,而是要把创造、设计和创新尽快地转换为有用和有益的形式,并提供给市场。市场呼唤工程师型的企业家、企业家型的工程师。明天的工程师要在新环境下体现自己的价值,就必须懂得如何认识和评估市场机会、设计和执行成功的商业计划。这样说,并不是要大学去办企业,而是要求大学积极面对科技发展的前沿和世界市场正在形成的现实,通过与产业、政府的互动,在培养适应国内外市场需求的高水平的现代工程师的过程中发挥中坚作用。

最近,美国出版了《MIT 与企业家科学的崛起》(*MIT and the Rise of Entrepreneurial Science*)一书,主要讨论了大学功能的演变,指出大学要为明天工程师的创业和创新做准备。对这一重要的论题的讨论与实践方兴未艾,它将会影响到高等工程教育的目标和未来。

四、培养优秀青年成为适应 21 世纪要求的现代工程师

不久前召开的中、日、韩三国工程院圆桌会议的主题是"Better Engineers and Better Professionals"。会议讨论的是社会需要一大批优秀的工程师以及培养优秀的工程师和专业人才的问题,这是工程教育界共同面临的课题。较之于 20 世纪下半叶,我国当前出现了工程师职业受到冷落的现象,一些优秀的青年不愿选择工程与技术专业,不愿以工程师作为自己的职业选择。许多人首选的是金融、贸易、管理、外语、法律等热门专业。尽管这种变化主要源于人们价值取向的变动,但其深层次的原因则是我国加工工业"两头在外"的产业结构链的需求所致。中国成为一个制造业大国,其引进、加工、销售,对上述热门专业的需求强劲;但今后 20 年,中国将逐渐走向创新型的新型工业化社会,对工程技术的创新需求必将改变今后对人才需求的专业构成比例,我们的高等工程教育应该为明天的中国工程界准备新的现代工程师。上述变化给工程教育提出了一个严峻的问题:我们的工程教育是否适应客观情况的变化?

现代工程师的内涵已经超出 20 世纪五六十年代设计工程师、工艺工程师的狭窄内容,已经向着"大工程""系统工程"方向发展。今天的工程不仅包含设计、制造,同时还有关于网络、环境、法律、经济、销售、进出口、质量控制、市场、安全等方面的内容。这就使得工程师与企业家之间的严格界限开始模糊。新科技的发明、创造与推广和新企业的创业、壮大、消亡、重组之间有着千丝万缕的联系,也使得工程师与企业家相互依存,并不需要给出严格的分界。

我们还可以列举许多现代工程师在 21 世纪必须面对的显著变化。这些变化在 20 世纪规划的工程教育框架中是不曾充分考虑的。尽管这些新的工程师所应具备的素质、知识与能力,不可能在高等工程教育中得到完全的培养,但工程教育

界应该积极采取对策,并在实践中去解决问题,为有志成为现代工程师的优秀学子们提供适宜的环境,培养他们应具有的必要素质,吸引有志的优秀青年加入到现代工程师队伍中来。

实际上,国内外工程教育界近年来已经为此做出了许多努力。中国高等工程院校在教学改革与实践中进行了艰苦的努力,以求适应这些新的变化与要求。列举其大者,诸如:

第一,在高等工程院校设置了适应时代要求的工程专业(或专业门类)。例如我国国内的工业工程专业,其教学内容由加工制造、管理与经济、人因工程等课程组成;有些国家正在试点培养金融工程(Financial Engineering)的人才,其他如系统工程、物流工程与技术、社会工程学等大学科交叉的专业也应运而生。

第二,我国从1984年开始推行工程类型工学硕士培养计划,到20世纪90年代中期,发展成为工程硕士专业学位,至今已形成了大约10万人在读的培养规模,涵盖10多个工程领域,其生源是获得工科学士学位、具有3年以上工程实践经验的人员,经过课程学习和完成学位论文(设计)过程,通过学位论文答辩,可获得工程硕士学位。这是培养合格的现代工程师的可行途径之一。其培养过程使得高等学校与企业密切结合,论文是联系企业迫切需要的设计、工艺、实验与新技术开发等方面的课题,采用学校与企业派员的双导师制度,答辩委员会亦由教师与企业的高级工程师组成。这一专业学位的推行受到工程企业界的欢迎,是培养现代工程师的一种可行的模式。

第三,我国一些大学的工学院已实行本-硕连读的制度,例如清华大学的工科院系,约有一半以上的学生选择本-硕连读,每年就读的学生近千人。我国的工科院校取得工程学士学位的时间一般平均为4年。由于时间有限,学生最多只能被培养成"工程师的毛坯"。但如果合理设计工学学士与工学硕士的教学过程,一般可以在6年左右的时间内,使学生获得坚实的基础理论和较深入的专门知识,并在毕业设计与研究生论文(设计)阶段,有一年至一年半的工程实践环节。这样就可能通过更系统的教学过程培养新型的工程师,使他们成长为具有工程专业技术的高级专门人才和拔尖创新人才。

第四,大学本科阶段就开展"大学生研究计划"和"大学生实践-创业计划"。据调查,在美国MIT开展的"UROP"(大学生研究计划)和"UPOP"(大学生实践计划)吸引了近80%的工科学生。我国清华大学的"SRT"(大学生研究培养计划)和有全国大学生与研究生参与的"挑战杯"科技大赛,也吸引了大量的学生参与,在课余从事科技创造和创业的实践活动,其中成绩突出者可以承认学分和代替毕业设计环节。这些创新活动,有助于吸引优秀的学生更多地投入课内外时间进行工程实践,有助于他们成长为未来的优秀工程师。

第五,工程技术界应重视开展远程工程教育,对象是已经在企业工作的工程技术人员。这些工程技术人员在工程第一线工作,利用业余时间学习工程技术与管理课程。这种远程教育方式既加强了在职工程技术人员的基础理论,又在有条件的企业第一线完成其专业训练,我们认为有可能是今后工程技术人员继续教育的一种重要形式,也是培养现代工程师的一条有效途径。

总之,随着经济全球化趋势的发展,我国的工业竞争力问题以及创新人才培养问题越来越受到人们的重视。工程教育的目的是为我国实现工业现代化培养大批接受良好工程训练的有适应能力的人才。当然,按照我国的现有条件,大学的工程教育培养的还仅仅是"工程师的毛坯",因此,要培养 21 世纪的工程师,需要不断改进我国的工程教育培养体系,根据国家未来远景规划和发展目标,按照市场需要加快调整,使我们培养出来的"工程师的毛坯"能够尽快适应企业与社会未来的需求和发展,成为"兴国之才、创业之才、治学之才",为我国工业化的发展和国家工业竞争力的提升做出应有的努力。只有工程教育适应了世界的变化,适应中国新型现代化道路的需要,工程师就必然会受到社会的尊重,工程教育才能说,我们为新世纪的中国现代化作出了我们应做的贡献。

(原载《高等工程教育研究》,2005 年第 1 期)

德国工程教育认证及工程教育改革与发展考察报告

清华大学工程教育认证考察团

根据教育部和清华大学领导的指示,2005 年 3 月 17—22 日,清华大学组成以原副校长余寿文教授为团长的考察团一行 6 人对德国工程教育认证及工程教育改革与发展情况进行了考察,先后访问了德国工程师协会(Association of Engineers,VDI)、德国工程教育认证协会(The Accreditation of Bachelor's and Master's Study Programs in Engineering, Informatics, Natural Sciences and Mathematics)、德国达姆施达特技术大学(Technical University of Damstadt,ASIIN)、达姆施达特应用科学大学(University of Applied Sciences, Damstadt)以及默克制药公司(Merck)。现将考察内容简要汇报如下:

一、关于本次赴德考察工程教育认证及工程教育改革与发展的基本情况

1. 此次考察比较具体地了解了德国最大的工程技术权威机构——VDI

VDI 三个字母是"德国工程师协会"德文名称的缩写。VDI 成立于 1856 年,已有 150 年的悠久历史,是德国最大的工程师协会和工程技术的权威机构,也是欧洲最重要的工程与工程师组织之一。VDI 总部设在德国杜塞尔多夫。

VDI 汇集了众多的工程专业机构和部门,各专业分支的技术中心、知识论坛等皆汇聚于此。VDI 是工程师的协会,目前拥有 12.6 万会员,其中 1/4 以上的会员是在校大学生和 33 岁以下的年轻工程师。

它的主要职能:第一,它通过 1.2 万多名义务服务人员以各种专业委员会、专

家小组或者协作人员的形式向工程师们(无论是从业工程师还是在校学生)传递工程技术知识。它通过培训课程、国际会议、专业论坛等形式向工程师介绍广泛的专业知识,并提供专业发展等信息咨询。第二,VDI 在工程技术领域促成了无数重大研究开发项目,包括技术监督、制定各项规则和标准、工作调查报告、产权保护以及专利法等领域,例如:VDI 把 2003—2004 年定为"技术年",并应德国政府之需提供有关德国自然科学与技术发展方向的咨询。

VDI 不仅在德国,而且在世界上许多国家,是工程技术和工程师的代言人,与德国国内以及国外的工程师保持密切的联络。我们也注意到,VDI 是非营利的公益性组织,在政治和经济上保持相对独立。

2. 此次考察对德国工科专业认证机构——ASIIN 有了一定的认识和了解

ASIIN 是 德 文 名 称 Akkreditierungsagentur fur Studiengange der Ingenieur-wissenschaften, der Informatik, der Naturwissenschaften und der Mathematik e. V 的缩写。ASSIIN 是德国唯一对工科、信息科学与计算机科学、自然科学和数学学科本科教育项目、硕士教育项目的认证机构。ASIIN 是在 VDI 的倡导下,由各大学、应用科学大学、权威的科技协会、专业教育和进修联合会以及重要的工商业组织共同参与建立的非营利机构。

在德国,ASIIN 认证体系具有以下 3 个目标:

第一,认证体系使得相关专业得以建立;有效保障已有专业的教学质量;使相应专业在国际范围内具有可比性。

第二,认证体系旨在确保专业内容的起点标准,建立各类高校毕业证书在国内以及国际上的职业对应关系。

第三,认证体系旨在促进工程科学、信息科学与计算机科学、自然科学和数学学科的教育不断得到发展和完善,为提高学科教学质量做出贡献。

该认证体系的特点是:国际化——引入国际化的评估标准;客观化——始终如一坚持相同的认证标准;平衡性——既认证有明确学科界限的专业,也认证跨学科专业;透明性——有着包括各专业委员会、董事会在内的较完备的监督体系。

ASIIN 认为,它的优势在于以下几个方面:首先,非常重视学术界和工业界的联系,希望把教育服务的供给方与需求方集中在同一个屋檐下讨论问题;其次,在专业评估过程中,非常重视同行评估,ASIIN 拥有一个由 700 多名专家组成的同行评估专家库;另外,ASIIN 与国际上的认证组织、认证机构有广泛联系。这些都保证了它能够在比较快的时间内完成对客户的服务,并具有较强的国际影响力。

此次考察中我们还用了大约一整天的时间直接在现场旁听了 ASIIN 对德国工科专业的认证活动。

3. 此次考察使我们对目前德国高等工程教育的改革现况有了一定了解

我们访问了达姆施达特科技大学和达姆施达特应用科学大学两所学校,两所学校的校长各自对所在大学的发展历史、现状以及目前的改革趋势给我们做了介绍。从他们讲述的情况看,我们至少了解到以下信息:

第一,在欧洲一体化的宏观社会、政治背景的促动下,德国高等教育也正在朝着国际化的目标发展。所谓"国际化",在这里是指包括德国在内的欧洲各国高等教育在"波洛纳进程"(Bologna Process,1999 年 6 月 19 日)框架文件的指导下进行改革和协调。为此,欧洲 29 国(现在多达 49 国)教育部长每隔两年召开一次会议,回顾各国高等教育朝着"欧洲高等教育一体化"(European Higher Education Area)的进展情况,并确定下一步努力的方向。目前已经举行了四次会议。我们考察的这两所学校正在按照德国科技—教育部的要求,把原有的"Diploma"学位体系,转变为"Bachelor"和"Master"的学位体系,努力与国际接轨,一方面希望吸引更多的留学生,增强德国高等教育体系的吸引力;另一方面也希望更多的毕业生能够前往世界其他国家就业,以增强教育体系的竞争力。

第二,这两所高校在转变的过程中,都体现出希望保留德国高等教育体系长处的强烈意愿。例如,德国高等工程教育一贯比较"Buildung",意即宽厚的基础和文化教养等,重视学生的实践学习等。这些都是国际工程教育界(包括美国在内)都比较欣赏的传统和特点。但是改革以后,他们担心由于学制缩短、学时减少,会使培养目标转变,质量有可能削弱。目前,教授中间仍有争论,同时存在拥护和反对意见,但是改革看来势在必行,两所大学都在努力调整。在达姆施达特应用科学大学,我们重点参观了塑料工程系的实验室,了解了学生实践教学的组织和安排。该校与工业企业界有密切的联系,把企业需求信息以及与教授有科研项目的企业情况都以张贴在教学楼的广告板上等各种形式供学生查询。如果学生对某个项目感兴趣,就可以直接与相关企业联系。该校鼓励学生在具备一定的知识基础之后再去实习,例如最好在第五个学期以后再开始实习环节。

4. 我们对德国学生在企业的实践学习情况有了一定了解

我们访问参观了德国默克制药公司,这是一家大型制药企业,在世界医药、化工行业享有盛誉,近年来,在治疗癌症的新产品开发上处在世界前列。该公司定期接受前来实习的大学生完成实践学习,我们看到不少学生在工厂里记录数据,操作仪器等。

默克制药公司有自己的企业大学。在考察中,默克公司还特别邀请了人力资源部门的主管给我们介绍了该公司针对各类人员开展的培训和进修项目。这表明,德国企业不仅在学生实践学习方面与大学进行了较好的合作,而且非常重视大学生进入工作岗位以后的专业知识更新和职业发展。

二、关于在高等工程教育体系中引入"认证"体系的几点思考

1. 我国高等工程教育体系中引入"认证"体系的必要性问题

从德国 ASIIN 对工程及自然科学专业认证的背景来看,其一在于保障教育质量,这一点无须赘言,是他们长期以来关注质量这一传统的延续;其二是为了增加高等教育体制的竞争性和吸引力,在全球化的背景下,相对于美国高等教育存在大量的私立大学和学院的体制而言,德国技术大学与应用科学技术大学多数为联邦各州公办。但在近年吸引外国留学生人数一直徘徊在 10% 左右,甚至有所下降,德国为了增加其高等教育在国际范围内的可比性,引入并发展自己的认证体系来促进学位体系的改革。中国的情况与美国有较大不同,与法国的教育体制存在某些相似之处但也有相当的差别。传统上,中国的研究生教育有学科评估,本科教育除少数有专业评估外,大部分置于学校评估之中。但是总体而言,这个质量保障体系与评估体系对工程教育的质量保障来说,不能满足当今的需要。尤其是自 1999 年实施扩招政策以来,使得理科、工程学科的在校生数急剧膨胀,不少学校的理工科专业都是由于扩招催生出来的,这些专业的师资队伍、学科基础和学生培养质量究竟如何,目前很难判断。即使重点大学,多数的工科专业并未实施相应于专业的质量评估。因此,我们认为德国的认证体系在质量保障方面起到了积极的作用,当然也有助于促进高等教育国际化,从这两方面看,我们引入德国的工程教育认证体系是有必要的。

2. 中国有自己的实际情况,如何借鉴德国和美国的认证体系,还需要进一步实践和研究

中国的工程教育虽有一百多年的历史,但是从 20 世纪 20 年代开始学习美国工程教育的模式,1950 年后又学习苏联的模式调整了工程教育模式,总的来说,中国的工程教育对"Science"的关注比较多,对"Engineering"关注不够。然而,美国

的工业/企业具有很强的研发背景和强大的高质量的企业继续教育培训体系,从某种程度上弥补了其工程教育对"Engineering"关注不足,可是中国的工业界没有很强的研发背景和实力,也多数不具备良好的企业培训条件。因此,对"工程"关注不够,一直是存在于中国工程教育中的重要问题。当然,从我们考察中初步了解到,德国的 ASIIN 和美国的 ABET,这两种认证体系有各自的优势和不足,进一步的学习和借鉴还有待于深入分析中国的国情和需求,开展进一步研究。

3. 我国工程教育的评估是按照学校评估,还是按照专业评估

无论是美国的 ABET,还是德国的 ASIIN,评估的对象的都是"专业",而不是"学校"。我国的高等教育评估工作多数是以"学校"为单位的,现在看来,以学校为评估单位提出的评估意见,对于学校管理层次和总体上具有积极的意义,但是对于专业的教学、人才培养过程和模式的改进来说,反馈意见可能需要进一步的具体化。专业评估可能是我们在今后的评估工作中应该予以关注的,当然这是一个初步的判断,无论从德国 ASIIN 实施评估与认证的经验上看,还是从中国工程教育的认证和质量保证的需求看,按工程专业实施评估与认证是符合教育规律和教育实践的。

4. 在认证实施过程上,德国专业认证委员会的组成具有一定的特色

首先,在认证委员会的组成上,大学成员(一般为教授)占 1/3,高专成员(一般为教授)占 1/3,工业企业界人士(一般为高级工程技术人员)占 1/3。这样就比较有效地把教育服务的提供者和消费者组织到一起,共同讨论教育教学问题和学生培养问题,切实地体现了大学和社会的联系,使得教育更好地满足社会发展的要求。其次,在认证过程中,专家会非常具体地讨论某个专业的学科基础如何、师资力量如何、实践环节的要求如何,会讨论某个教育项目中基础知识的学时分配是否足够,实践学习的安排是否合理,具体讨论后得出意见,然后要求该教育项目在某个限定的时间满足委员会提出的要求,否则不予认证。这种认证是依据一定的准入标准进行的。我们认为,这对于教育项目质量的基本保障具有重要意义,我们也将对德国有些教育项目的准入标准做一些案例研究,以准确理解他们的评估框架和过程。

5. 德国的评估既包括本科专业也包括硕士项目评估,我们的评估应该在哪个层次上?要不要先做几个案例?

我们认为,从质量保障的角度看,应该在本科和硕士两个层次都要引入评估

认证体系。从研究的角度看,在没有充分准备之前,大面积的引入显然是不可取的作法。先选若干专业作为案例进行操作研究是必要的、可行的,也将对今后的工程教育质量评估与认证是有意义的。

总之,根据教育部和清华大学领导的指示,我们这次对德国工程教育认证及工程教育改革与发展情况的考察,时间虽短,但邀请方全程陪同,日程安排细微紧张,考察效率比较高,已有不少收获。有关德国工程教育认证制度的详细情况以及对我国工程教育改革的深入思考,待资料整理和开展研究后再做进一步汇报。

附:

清华大学工程教育认证考察团人员名单

余寿文　清华大学原副校长、教授

陈皓明　清华大学研究生院常务副院长、教授

汪　蕙　清华大学教务处副处长、教授

王孙禹　清华大学人文社会科学学院党委书记、教授

李家强　清华大学出版社社长、教授

李曼丽　清华大学教育研究所副教授

德方接待单位及人员名单

VDI

Dr. -Ing. Willi Fuchs, Executive Vice President VDI

Dipl. -Ing. Voker Wanduch, Head of VDI Science & Technology

Achim P. Eggert, Head of VDI International

Georg Maier, Consultant VDI International

Other 4 high-ranking representatives of VDI Headquarters

ASIIN

Dr. Iring Wasser, CEO ASIIN

Dr. Kornelia Reischl

Technical University of Darmstadt

Prof. Dr. -Ing. Johann-Dietrich Worner, President of TUD

Elisabeth J. Sundermann, Director of Office for Study Program, Quality Management & Continuing Education

University of Applied Sciences in Darmstadt（FHD）

Prof. Dr. Berhard May，Vice president of FHD

Prof. Dr. -rer. nat. Ralph Stengler，Director ZFE，FHD

Merck Pharmacy

Dr. Michael Romer，General Partner，Vice Chairman of the Executive Board，Merck

Diplom-Chemistry. Wolfgang Rolts，Corporate Communications，Merck

（原载《清华大学工程教育中心资料选编》,2005 年 3 月）

培养中国新型工程师,路在何方

余寿文

清华大学目前培养的人才,其主要部分是与理工科和经济管理的专业范围相联系的。纵观当今国际工程教育界的研究动向,都十分关注 21 世纪的工程教育发展。国内外许多学者提出:工程教育要"回归工程";与科技发展综合化相适应;科技教育的人文化和理性化;教育随着信息社会的到来所具有的信息化和某种程度的国际化特征。已有不少研究论文述及这些"化"的背景和特点。在教育观念上,提出了一系列值得重视和应深入研究的问题。诸如:素质教育、创新精神的教育;终身教育;教育的功能,等等。

所有上述问题的讨论,都期望聚焦于以下问题:其一,对全国来说,研究中国工程教育所提出的实际问题,研究如何建立有中国特色的社会主义工程教育体系;对清华大学来说,明确认识清华大学在我国社会发展与经济建设中的地位与作用,即学校的定位及与之相关的人才培养目标。只有对上述问题有一个合乎客观实际的清醒的认识,才能在整个教育战线的战略定位与战术实施中,将改革立于坚实的基础之上。

中国,处在社会主义初级阶段的长期发展过程之中。社会主义现代化建设需要培养一大批新型的工程师与经济管理者。国际上培养工程师大体上有两种模式:一种是以美国为代表的在本科阶段以通才教育为主的模式;另一种是以德国为代表的欧陆工程师培养模式。美、欧由于大学的结构功能的不同,对工程师培养所采取的顺序有别,但其最终用 6~7 年左右的时间培养工程师的格局大致相同,可谓殊途同归。那么,中国今后工程教育与工程技术教育的大致框架应该是什么样的呢? 由于中国是发展中国家,尚处于社会主义初级阶段,它既未形成美国企业界那么强大的大学后工程培训的体系,也不具有欧陆特别是德国那样的大学与企业界的交往关系,以及工业大学本身已有一大批有实际工程与研究经验的教授和教师队伍。有人说,中国有"教授级高级工程师"工作于工业界,但大学中却甚缺"高级工程师级教授"。因此,中国的高等工程教育难以采用美欧两种模式中的任何一种。它只能根据自己的国情,走有中国自己特点的培养工程师的道路。

要描述我们自己培养工程师的框架,先要分析跨世纪至下世纪初,我国工程界与工程教育界面临的实际情况,不妨罗列一些大的趋势:

中国,作为发展中国家,正处于社会主义初级阶段,处于渐进式的由计划经济体制向市场经济体制过渡的阶段。学校由原来从属于国家或地区政府,逐步地过渡到使大学与社会的联系进一步增强,即在国家、社会、学校这个三角形三个顶点之间的联系中,学校与社会的联系增强了,国家与政府将逐步调整为主要掌握宏观控制的功能,或者说,将主要是从立法与政策上对大学作宏观的管理。

国家的几个大的经济区的发展,要求高等学校更好地为地区经济服务。一种典型是以珠江三角洲对华南高校的要求与支持,而以浦东开发为契机的长江三角洲对沪、苏高校,今后必将要求有大的重组与整合;另一种是中西部地区在下个世纪初叶,将有相当的经济发展需要资金注入,沿海的高校负有支援中西部地区工业高校的任务。经济建设与社会发展是工程教育的最为重要的驱动力,特别在迅速而且动态地变化着的中国,更显现出它的力度。

中国是一个农业大国,在农业、人口、能源、环境、管理、信息等方面,都具有中国的特色,如人口控制、农业与生物工程、能源与煤的高效清洁燃烧,等等;而管理更是我国工业发展的一个重点,这些都将规定今后工程学科设置面向中国经济建设的大格局。

知识产权的挑战,明显地摆在工程界的面前。改革开放以来,劳动密集型的产业,给劳动力开发带来新的机遇;但今后,中国应该在国际工业产品的进出口中,创造更多具有中国自己知识产权的产品,这样才能得到更多的经济回报。在重要的工、农、医药等类产品中,我国自己的名牌和握有自己的专利与知识产权的产品太少了!要达到强国富民的目标,理工科大学肩负培养具有创新精神、能创造出更多具有中国自己知识产权的产品的新型工程师的历史重任。

国有企业的产权重组、股份制与股份合作制的发展,要求工程师要懂经济,要有外向型交流的能力,应对中国和东方五千年的优秀文化有较充分的了解,而这个经济体制的变化,已经并将会更迅速地提到日程上来。为中国经济建设服务的工程师,都必然直接面对这些新的要求,不断完善自己的知识结构,高等学校必须主动使人才培养适应这些要求。

在中国的企业界,大学后培养制度不发达,但中国教育的发展已经有了自己的一些特色。诸如已经建立了遍及全国各个专区(地区)的广播电视教育网,广播电视大学、国家自学考试体系和社会办学近年来得到蓬勃发展。最近,卫星传播和多媒体应用进入中国教育和科研计算机网(CERNET),为远程教育提供了新的教育手段。这或许是为解决地域广大、人口众多、发展不平衡的中国工程教育包括工程职业教育的有力手段。

大的变化还可列举若干个,但这些变化已经为构建我国工程教育的边界约束条件画出一个轮廓。在此,试为中国工程师今后的培养之路作一素描式的勾画:

提高重点理工科大学的培养质量和办学效益,深入研究本科与硕士(工程硕士与工学硕士)的培养过程,从系统工程的高度,协调发展,造就高质量、高层次的工程技术人才;

大力发展高等职业学校和高等工程职业教育(在德国有 Technische Hochschule),理顺其学制,建立中等、高等职业教育与工程硕士等学位多通道互相沟通的学位制度;

发展企业与地区的远程教育和继续教育,以此作为产学协作的一条重要渠道,并使其和广大地区的工程人才培养需求紧密联系起来;

对多数普通高校的本科人才培养,应当在实施宽口径专业人才培养过程中,增强通识教育,实施综合素质教育,培养适应社会主义市场经济需要的工程技术人才;

大力发展工程师的职前教育,目前工程院校的培养目标只能是"工程师的毛坯",所以,培养工程师的任务只能由高校与企业接力式完成,工程师职前教育主要应由企业来完成;

大力发展大学后的在企业的继续教育,实为非常必要,当然,成为工程师后的继续教育,将延续至工程师退休,甚至人的终生。

构筑适合中国实际的工程教育框架的研究,仍在继续探寻之中。寻找适合中国国情的工程师培养之路,仍然是我们教育工作者的重大课题。

"文革"以前,清华大学用 6 年较长的学制,培养又红又专的"红色工程师",其实质不在于长学制,而在于培养高质量、高水平的工程人才。因为在当时的中国,没有企业的后培训制度,又要尊重人才培养的客观规律。今天,清华承担培养人才的任务比以往更重,范围也更宽广,我们应该培养适应 21 世纪中国经济与社会发展的高质量高层次的人才。清华应成为高级人才培养的基地,科学文化发展的基地,开拓高新技术的基地和社会主义精神文明建设的基地。我们培养的人才,应该是科学技术、生产经营、治国安邦各个领域中的骨干和中坚。

只有当学校在国家发展的作用与定位上有比较清醒明确的认识,才能设定正确的培养目标。这样,才能进而推进到人才培养模式、学科专业设置、教学计划制订、课程体系与教学内容改革等方面由巨至细的改革,各项改革才能有序地进行。

(原载《高等工程教育研究》,1997 年第 4 期)

日本高等工程教育认证概况及其对我国的启示

当前国际上有两大高等工程教育认证系统,一个是美国 ABET,一个是德国 ASIIN。日本作为制造业强国,高等工程与技术教育在国家发展中具有独特的地位和作用,但长期以来,日本并没有形成像美国、德国一样完整的高等工程教育认证体系。直到 1999 年日本才正式成立了日本技术者教育认定机构(Japan Accreditation Board for Engineering Education,JABEE),也就是我们所说的高等工程教育认证机构。目前,该机构已经成为《华盛顿协议》(*Washington Accord*)的正式会员。到 2004 年底,日本接受并通过该机构认证的专业涉及 97 所学校的 186 个专业及其毕业生 18 000 人。

一、日本高等工程教育认证机构成立的经纬

1995 年日本工学会向文部省建议把国际高等工程教育认证系统引入日本工程教育领域,1996 年日本工学教育协会正式组成一个认证系统设计委员会。1997 年由学术界、企业界和政府部门共同组成了一个国际通用工程教育检讨委员会。1999 年 11 月,日本工程教育认证机构正式成立。2001 年 6 月,《华盛顿协议》总会于南非召开,日本在此次大会正式提出了作为准会员的申请,并就 JABEE 的组织结构、认证体系等作了 30 分钟的说明报告,该报告得到大会的全员认可,日本被全票通过接纳为准会员国。2003 年 6 月,《华盛顿协议》总会在新西兰召开,在这次会议上,日本提出了作为正式会员的申请,在大会上日本就作为准会员 2 年来的改进作了报告。同年,作为《华盛顿协议》会员国的加拿大、美国、新西兰三国组成

《华盛顿协议》审查小组到日本进行考察,并于同年 11 月在三所日本大学进行了实地考察。2004 年 4 月,审查小组就日本认定委员会的认证过程进行了详细调查。审查结论认为,在 JABEE 提交的报告书中,对作为工程师教育的重要部分——工程设计陈述得不够充分。为此,JABEE 通过对国际工程教育现状的研究与比较,对设计教育做了重新修订。2004 年 12 月,日本主持召开了"工程师教育与工程设计"国际大会,会议取得了共识并被采纳为日本今后工程教育改进的方向。这一结果获得审查小组的积极评价,并就日本的最终申请报告书的修正提出了善意的建议,最后审查结果是无条件推荐 JABEE 作为《华盛顿协议》的正式会员。2005 年 6 月,《华盛顿协议》总会在中国香港召开,JABEE 在此次大会上就其最新成绩进行了 10 分钟的报告。报告不是简单地将其认证系统作为最低水准的保障,而是把重点放在促进工程教育水准的持续提高上。会议以审查小组的报告和本次会议报告为基础,对日本加入《华盛顿协议》进行了闭门审查,审查获得一致通过。2005 年 6 月 15 日,JABEE 成为《华盛顿协议》的正式会员。作为国际高等工程教育同质互认组织的《华盛顿协议》目前已经有 9 个正式会员(美国、加拿大、英国、爱尔兰、新西兰、澳大利亚、南非、中国香港、日本),同时,作为准会员还有 5 个国家或地区(德国、马来西亚、新加坡、韩国以及中国台湾),另外,中国、俄罗斯、印度、泰国等都在积极准备申请加入。

二、JABEE 设立的主要目的与认证系统的设计思想

JABEE 开展的是工程教育专业认证而不是院校评估,其主要活动在于履行两项基本的职责:一是确认工程专业的教育计划能否确保教育质量的实现,也就是监督质量保障系统能否严格执行。这里的教育计划不仅指课程设置,也包括教育方法、教育设备与学术环境、教师质量以及教育评价体系是否完善等。二是审查学校所规定的教育水准是否达到了认定机构所规定的基本水准,也就是说,所培养的人才是否达到工程师所必需具备的最低限度的知识和能力(Minimum Requirement)。

为此,根据 JABEE 组织章程第三条的规定,其基本目的就是"以统一的标准为基础,对高等教育机构中工程教育专业进行认证,确保其具有国际的同等水准,并促进工程教育质量的提高,使其能够培养出国际通用型的工程技术人员,以满足社会和产业发展的需求。"具体来说,主要包括:①实施认证与审查工作,并将已通过认证的专业向世界公布;②促进先进教育方法的引进和导入;③通过认证工作,促进工程教育评价方法的发展,培养本领域的评估专家;④明确教育活动中组织

的责任与个人的作用,对教师的贡献予以评价等;⑤通过本认证的专业,其毕业生在申请国家工程师资格时可免予初次考试。

为了达到以上的目标,设计 JABEE 认证体系基于以下思想:①不得妨碍大学的独立性、多样性和革新;②本认证是非强制性的,因此,只对那些希望实施认证的学科、专业或者方向进行认证;③为确保认证的透明性,认证的标准和过程对外公开;④本认证由具有权威性的、中立的第三方进行评价;⑤通过认证的专业将予以公布;⑥本认证确保具有公正的一贯性;⑦本认证是仅适应日本的认证体系;⑧尽可能节省费用,不做无意义的工作;⑨本认证系统并非一次性评价,而是周期性地进行评价、修正。

三、JABEE 的认证标准、审查方针要点

1. JABEE 的认证标准

JABEE 的认证标准主要包括 4 个方面(即 Plan、Do、Check 和 Act)6 条标准(见表 1)①。

表 1　JABEE 的认证标准

类别	标准
Plan	标准 1:学习与教育目标 标准 2:学习与教育的量
Do	标准 3:教育手段(入学选拔方法、教育方法、教育组织) 标准 4:教育环境(设施/设备、财源、对学生的支援体制)
Check	标准 5:学习/教育目标的达成
Act	标准 6:教育改善(教育检查体系与持续的改善)

JABEE 的认证审查包括自评和审查小组的实地考察,无论是自评还是实地考察都必须遵循这 6 条标准,其内涵主要包括②:

(1) 学习/教育目标。主要内容包括:a. 从全球的观点全面思考事物的能力与素养;b. 作为技术者,必须明白技术对社会、自然的影响及其效果,能够自觉地负起对社会的责任(遵循技术伦理);c. 掌握数学、自然科学以及信息技术的相关知

---

① 大中逸雄,《日本技术者教育认定の现状と展望》,http://jabee. org/OpenPage/jabee3. htm.

② 参见:《日本技术者教育认定制度とは》,http://jabee. org/OpenHomePage/q&0204-0509htm.

识并具有对这些知识的应用能力;d.掌握本学科领域专门技术的相关知识并具有对这些知识的应用能力;e.具有综合利用各种科学、技术和信息知识,根据社会需要进行设计的能力;f.能够熟练使用日语,具有书面、口头表达能力以及参与会议讨论的交流能力,还要具有基本的国际交流能力;g.具有自主、持续学习的能力等;h.能根据限定条件,有计划地推进事业进步的能力等。

（2）学习与教育的量的要求。4年期间,必须修得124个以上的学分并获得学士学位,同时总学时(包括教师指导的时间)必须保障在1800学时以上,其中人文、社科(包括语言)的学习不得少于250学时,数学、自然科学以及信息技术也不得少于250学时,专业课程不得少于900学时。

（3）教育手段。包括:a.入学选拔方法(为了达到基本学习目标,有考查学生必备的基本资质的方法;对已经修完通识教育、申请进入本专业学习的学生,有具体的选拔程序并通盘考虑他们接受通识教育的成绩;对转学插班生所修学分有互换以及评价方法);b.教育方法(为了达到本专业的学习/教育目标,做好相应的课程设计并使所有相关师生知晓,同时,明确各门课程与相关专业目标的关系;以课程设计为基础,各门课程应有具体的教学大纲并使相关师生知晓;教学工作要严格依照教学大纲进行,在教学大纲中应包括教学内容、方法、目标以及成绩评价方法和标准等;各专业必须建立起一套能够帮助学生理解、增进学生学习动力的制度,并根据学生的需要实施相关活动;学生自身也可以对照专业的学习和教育目标对自己所达到的程度进行自我测试);c.教育组织(为实现教育目标,配备足够数量的具有相当能力的教师,还必须建立一套教师培养制度以促进教员质量的提高并开展相应的活动;应有相关的教师评价方法并能够依此进行评价;各教学科目之间应该密切配合,为了提高教学效果,应建立教师协作网并积极开展相关活动)。

（4）教育环境。主要包括教育设施/设备,如必要的教室、实验室、讨论室、图书室、信息网络设备、自习/休息设施以及食堂等;财源主要是确保基本设备设施的完善以及维护、运行所需的经费;学生学习支援体制,主要是为增进学生的学习动力,完善教育环境,尽量满足学生的学习需求。

（5）学习/教育目标完成度的评价。根据教学大纲规定的评价方法和标准,对各教学科目应该有相应的目标达成评估;学生在其他高校获得的学分应有一套评估方法以便学分互换;对于转学来本专业以前所获学分必须有相关的评估方法并能据以互换学分;各专业还必须根据本专业的教育目标建立一套综合评价体系和标准并以此对学生进行全面评价;所有毕业生都必须全部达到本专业的各项学习和教育目标。

（6）教育改善。该专业必须建立一套教学反馈系统,根据以上5项标准,构建一套反映学生和社会要求的自评体系;必须完善可供教师阅览的相应的档案,如会议记录等;同时,开展教育手段、方法以及教育环境的改善活动等①。

除了以上所有专业认证都必须具备的通用标准以外,各专业根据自身的要求还有不同的专业认证标准。现在日本已经实施的专业认证领域包括:化学、机械、材料、地球-资源、信息、电气-电子-通信、土木、农业工程、建筑学、物理-应用物理、管理工程、农学、森林、环境工程、生物工程以及跨学科工程学科等。对于专业方面的特殊评价指标很简单,主要是两项:一是学生对本专业基本知识和能力的掌握程度;二是教师队伍的结构与水平,特别是教师队伍中有多少人同时拥有工程师资格,以及讲授实际工程问题的能力。

2. JABEE 的认证与一般院校评估的区别

值得指出的是,JABEE 的认证标准和现有的大学评价标准是非常不同的,现在日本的大学教育评价主要有大学设置-学校法人审议会的设置审查、督导委员的不定期检查、大学标准协会的"加入审查"等,这些审查的标准与 JABEE 的审查标准的基本理念是大异其趣的(表2)②。

表2　院校评估与 JABEE 认证标准比较

教育机构的活动	院校评估	JABEE 的认证标准(教育专业认证)
主要活动	检查	质量改善
评价的视角	做了什么	现在的活动能否达成教育目的
教育活动的立场	教育活动是评价的对象	教育活动是达成教育目标的手段
评价对象	课程设置、教师、设备等	教育成果
教育成果的作用	没有定义	作为改善教育活动的信息

一般而言,院校评估是对教育活动的资源如课程、教师、设备等的评价,也是对各专业教育活动的评价。这种评价并不针对教育成果,而是假定:如果教育的投入好,那么产出也会好。因此,在评估过程中主要是对教育投入数量与质量的评估。这种评价遵循的是外部评价机构规定的标准,评价结果主要根据被评价机

① 参见:《日本技术者教育认定基》,2004—2006 年度版,http://jabee.org。
② 参见:《日本技术者教育认定制度とは》,http://jabee.org/OpenHomePage/q&0204-0509htm。

构满足评价标准的程度来决定。与此相反,JABEE 实施的是对教育专业的评价,评价的对象是 4 年间教育计划完成的状况,是对教育成果的评价,它根据大学自身所提出的教育目标以及 JABEE 所要求的教育成果,来检查某个专业是否达到了国际同类专业的最低水准要求。其方式主要是通过学校自评报告以及审查小组的实地访问调查来检讨教育成果是否达到了教育计划所规定教育目标应该达到的必要水准。

JABEE 认证审查的另一个重点是评价大学内部结构是否具有足够的机能来促进达到教育目标、改善教育手段、不断完善教育活动,因此,学校的自我评估和评价活动必须经常性地实施,其目的主要是促进教育过程的改善,并使教育计划的缺点以及需要改善的地方不断得到修正。而院校评估的结果主要是决定下一个教育周期应该改善之处。因此,JABEE 认证业务的焦点在于:a. 教育活动的成果(educational outcomes),包括教育机构自身所规定的教育目标达成情况以及标准 1 和其他各项标准所要求的教育目标完成情况;b. 教育活动的有效性(educational effectiveness),包括教育过程的有效性和教育手段的有效性;c. 教育活动的质量(educational quality),包括:严格的成绩评价,对不同学生个体的关注,教育效果的评估-评价以及改善系统,有效的教师发展系统(faculty development system)等。

3. JABEE 审查的基本方针要点

正如上文所指出的,认证主要是审查教育计划的内容与质量保障的实施状况以及确认所认证的专业是否达到了认证机构规定的基本要求。为此,其基本方针为:

(1)对某一专业的认证,所有审查均由同一审查小组实施(其中必须包含约 3 名左右的产业界人士)。

(2)接受认证的专业其所有毕业生必须至少达到标准 1 所包括的内容以及各专业自身确定的教育-教学目标。

(3)审查的关键点在于标准 1、2 以及各专业的认证标准和标准 5、6 所要达到的学习目标的评价、证明以及继续改善的相关专业方面的证明。也就是说,要考虑社会的要求,具体设定学习-教育目标(包括标准 1 和专业标准要求),具有相应的评价方法,学生质量达到国际水准以上,评价能够得以真正实施,教育组织在实施和改善措施方面是否得力、功能是否完备等。

（4）标准1以及各专业所必须达到的最低要求由各专业根据社会（产业界、毕业生以及其他人员）的需求并考虑学生的资质等予以确定和公布。同时，接受认证的专业必须证明其毕业生的水准达到或超过了这些要求。审查人员要根据国际标准，判明这一专业所规定的最低要求以及所提供的相关证明是否符合国际基准。另外，接受认证的专业还必须就设定最低水准的依据向审查人员做出说明，各位教师对这些最低要求也非常清楚，并明白如果达不到就无法保证基本的教育质量；而且，即使本专业公布的最低要求高于国际最低水准的标准，如果本专业的学生达不到，也不得准予毕业。

（5）出示相关证明时，不仅要明确告示教育内容（课程），还必须有达到基本要求的证据。如通过考试来提供证明时，除了出示试卷以及最低要求的答案以外，还要出示报告等证据。

（6）在有转学生或者插班生的情况下，相关专业必须出具具体的证明表明该生具有与其他学生实质同等的程度，而不是只有接受转学生和插班生的制度，还必须有国际通用的具体证明。

（7）在修习其他大学课程或者远程教育课程并获得通过的情况下，其合格水准与本专业的最低要求相比，是在后者以上、以下还是与后者持平，也必须由各专业自己判断并就其适当性向认证审查人员予以说明。

（8）虽然希望培养的学生能成为标准1的（a）和（b）等类专家，但对此并不强求。培养目标并非人文社会科学或伦理专家，因而只就常识和基本能力提出要求。课程讲授并不局限于知识的传授，培养学生独立思考的能力、提供理论知识应用于实践的机会也非常重要。同时，标准1的（a）也可以作为教养教育的一部分。

（9）本认证标准所要求掌握的不仅仅是知识，更重要的是能力。

传统的以课堂讲授为主的传授知识的方法已经越来越具有局限性，必须营造出一种促使学生能动学习的环境。我们知道，真理的获得需要经过"具体的体验、深刻的观察、长期的思考、抽象的概括再到积极的体验"等反复的认识过程，因此，仅有课堂讲授是远远不够的，还必须增加课堂讲授以外的讨论、实验等。由此，有必要减少传统的课堂讲授时间，增加教师作为学生教练的功能，帮助学生能力的成长①。

---

① 大中逸雄，《日本技术者教育认定の现状と展望》，http：//jabee. org/OpenPage/jabee3. htm.

四、JABEE 认证的审查程序与方法

如前所述,JABEE 的审查包括两个部分,首先是申请专业的自评;JABEE 在接到认证申请后,组成审查专家组实地考察,除审查小组的审查长和审查员以外,还可以邀请观察员参加(观察员可以提出相关意见,但仅供参考),时间为两天。审查小组会通过实地考察,对照自评报告,检查自评报告的根据,审查该专业是否已经满足所有认证标准,审议结果要经过相关专业审查委员会以及 JABEE 认证-审查调整委员会的审查、调整和确定;以此为基础,JABEE 认证-审查委员会提出可否通过专业认证的报告,交由 JABEE 认证委员会审议、决定,再交由 JABEE 理事会通过。理事会对认证和审议负法律责任。

1. 认证对象

主要是文部科学省认可的 4 年制本科院校的学部(也包含工业-技术高等专门学校、短期大学 2 年制专攻科)的工程教育专业,只要设置从事工程师工作的基础教育专业即可,不管是否设置工学部。同时,如果一个工程教育专业领域涵盖几个专业方向,则不同的方向应分别加以认证。这里的工程教育专业(program)不是单指某学科的课程,而是指从入学到毕业的整个教育过程以及教育环境等,是学科、课程(course)的总称。

2. 认证的有效期

一般有效期为 5 年(从当年的毕业生毕业算起,会一直公布这 5 年期间通过认证的专业名称)。但如果仍存在一些小问题需要改进,则要缩短有效期,一般为 2 年;2 年之后,申请“中期检查”,如果全部改善并达到要求则继续延长 3 年,但这一认证结果仅仅通知受认证单位本身,而不向社会公布。如果期满需要继续认证,则在 5 年期满的第二年内提出认证的继续审查申请。

3. 关于自评报告书

由于工程教育认证分为自评审查和实地考察两个部分,因此,自评报告十分重要,它是向专家说明本专业是否达到 JABEE 认证标准的重要文献,是专家实地考察的重要基础,必须清楚明了地书写。实地考察主要是对自评报告中无法确认或者确认困难的事项进行调查和取证。无论自评还是专家实地考察,认证、审查的重点均包括毕业生的知识和能力是否达到教育目标规定的要求;认证专业的自

评报告以及相关的规则是否在教学大纲、教学手册等文件中有明确的记载并得到落实;所有的毕业生是否达到社会所期待的水准以上(也就是作为学士学位所要求的水准以及作为国际互认所要求的程度。当然,不同的专业要求不尽一致,不同时代的要求也会有变化。因此,这一点很难具体明确地表述;需要学校和认证机构相互讨论和充分协商,尽量减少分歧。通过认证和审查,考虑双方对教育水准的意见,确认学生是否达到共同认可的水准,以确保教育质量。但如果对教育水准和质量的认识分歧很大,则根据实地考察的情况,交由专业审查委员会以及JABEE 认证-审查调整委员会对其做出相关的调整和判断,最终结论由 JABEE 认证委员会判定)。

4. 认证和审查程序

(1) 首先由希望得到认证的机构向 JABEE 提出书面申请并交纳一定的认证费用。

(2) JABEE 确认所需认证的专业领域后确定实地考察小组的派遣机构,并向该派遣机构委托本专业的认证事项。如果接受认证的专业涉及其他专业,还必须与相关协会协商并签订相关的认证协议。派遣机构必须是 JABEE 的正式会员单位,如果一个专业同时有多个专业方向申请认证,所有实地考察小组将同时进行考察和审查活动。

(3) 审查小组派遣机构根据《审查小组组成标准》确定审查长和审查员并由JABEE 负责任命。在必要的情况下,审查长和审查员也可以由 JABEE 的认定-审查调整委员会直接选任。

(4) 审查小组确立以后,JABEE 负责通报相关学校的专业所要认证的专业名称、审查小组派遣机构以及审查小组成员的构成,并寄送相关的审查文件。学校的相关专业如果对审查小组的某个成员有异议,可以提出申诉;如果调查属实,则对成员进行调整。

(5) 由审查长负责与接受认证的专业协商,确定审查日程。

(6) 接受认证的专业必须在审查日期确定前完成自评报告并分别交送审查小组派遣机构和 JABEE。

(7) 审查小组对自评报告进行审查。对自评报告中的疑点,由审查长归纳集中直接向相关专业询问。必要时可以要求补充相关资料,但审查员不得与接受认证的单位直接接触。

(8) 审查小组实地考察,形成审查报告,完成综合认证意见书。在实地考察的最终面谈阶段,将审查报告书的复印件交给接受审查的机构,同时,宣读综合认证意见书。如果对方认为专业审查报告书中有关陈述与事实不符,可以在两周内向审查长和审查小组派遣机构提供书面补充材料予以说明。

(9)审查长在和审查员协商的基础上,就自评报告的审查结果、实地考察结果以及受评专业的追加说明材料等进行综合审定,形成一个完整的认证报告,在实地考察完成后的4周内,由审查小组派遣机构提交给受评教育机构、专业审查委员会以及JABEE。

(10)受评教育机构如果对该认证报告有异议,可以在实地考察完成后的7周内通过审查小组派遣机构向审查长书面提出《异议申辩书》,如果对其中的有关问题立即采取改善措施并得到改正,也可以向审查长提出《改善报告书》。

(11)审查长和审查员在协商的基础上,对受评机构提出的异议或改善报告进行审查,提出二次审查报告书,并在实地考察结束后的10周内,由派遣机构向专业审查委员会以及JABEE提交。如果教育机构没有异议也没有改善报告,则在派遣机构确认的基础上,按规定格式形成二次审查报告书。

(12)专业审查委员会对二次报告进行审查并形成专业委员会审查报告书,同时向JABEE提交。

(13)JABEE认证-审查调整委员会就专业审查委员会的审查报告书进行审议,形成并向JABEE认证委员会提交最终审查报告书和最终认证通过与否建议书。

(14)JABEE认证委员会就最终审查报告书和最终认证通过与否建议书进行审议,决定是否通过认证,并获得JABEE理事会的承认。认证-审查调整委员会必须向JABEE认证委员会提交以下相关资料:最终认证通过与否建议书、最终审查报告书、自评报告书、审查长及审查员名单(包括单位、职务等)、审查日程记录。

(15)JABEE就认证通过与否、审查结果等向受评机构、专业审查委员会以及审查小组派遣机构进行通报,并将被认证的专业向社会公布。

(16)如果最终认证没有通过,接受认证的专业可以在3个月以内向JABEE提出不服申辩书,并提出不服的理由。JABEE申诉委员会对相关事实和内容进行详细调查,最后提出裁定结果。一旦裁定,就不再受理申诉。

5. 审查结果的表述

对于审查结果,根据所认证专业满足认证标准的程度,分为A、C、W、D 4等,其中A为适合,即完全满足认证标准的要求。C为悬念,即虽然现在满足认证标准,但仍有希望进一步改善的地方,也就是说要达到完全满足认证标准的要求,还需要作一定的努力。W 为弱点,也就是现在刚刚达到认证标准的要求,但水准并不高,还需要做较大的努力,如还没有完全达到教育目标的要求或者资金不够充足或者经营管理不够完善等,因此,可以给予 2 年的改善期;2 年后必须再次申请"中期审查",如果不申请,则 2 年到期后不再予以承认。D 为欠缺,即目前还没有达到认证的标准要求①。

五、JABEE 与专业协会、工业界以及大学的关系

日本现在从事工程教育的各类高等教育机构多达 770 所,其中国立大学 87所,私立大学 543 所,还有其他机构如城市或地方院校 140 所,这么庞大的高等工程教育规模急切需要一个资质认证机构通过认证的手段促进其质量的提高并保证其质量具有国际可比性、资格具有国际互换性。JABEE 就是从事这一认证的正式机构,但 JABEE 的认证并非仅仅依靠自身,还必须依靠相关的专业协会,JABEE的正式会员单位包括 89 个工程领域的专业协会,理事会成员包括正式会员单位之外的 17 个学术组织,另有 59 个工业界的赞助会员单位。JABEE 对申请认证机构的审查正是委托这些正式会员单位来进行的。实地考察小组由相关的专业协会负责组织。同时,工业界对学校而言是学校人才的消费者,对 JABEE 而言是赞助者和支持者;工业界与专业协会的关系则是协助专业协会进行认证,主要是派遣审查员,企业界一般会占到全部审查员的 1/4 以上。

2001 年仅有 3 个专业申请 JABEE 的认证,2002 年和 2003 年则分别达到 32 个专业和 67 个专业,2004 年则达到 80 个专业,现在日本已经有约 1000 人具有审查员的资格。可见,日本的高等工程教育认证工作发展是非常迅速的。但与此同时,也存在一些问题和隐忧。

1. 趋同化

实施认证有可能导致高等工程教育的高度趋同化而妨碍相关学校和专业的个性化发展,特别是 JABEE 强调专业名称等的一致性,有可能对新专业和跨学科专业的发展带来不利影响。现在学术界就有很多人批判 JABEE 的认证标准是在巩固传统专业,而企业界则认为现在的大学毕业生基础学力不够、问题解决能力差,对传统学科的改革也多有不满。

① 参见:《日本技术者教育认定制度:〈の手と方法〉》,http://jabee. org/OpenHomePage/evaluation2006_051216. pdf.

2. 著名大学参与少

到现在为止,虽然北海道大学、东北大学、东京工业大学、庆应义塾大学、早稻田大学、名古屋大学等著名公、私立大学的部分专业参加了认证,但是东京大学、京都大学、大阪大学以及九州大学等还根本没有参加认证。虽然这些大学不积极参加的原因很多,如工程教育专业不多、大学法人化、推进各种教育改革、学校教育研究工作繁忙、各种评估太多太杂难以应付等,但根本原因还在于这些学校认为它们的教育质量优异而不屑于参加认证,而且这些学校的工程教育是偏理论研究的,即工学的,而不是工程的,基于工学高于工程的偏见,他们一般认为自己的水准远远高于 JABEE 所设定的认证标准。但 JABEE 认为,这些大学之所以不参加认证的关键是它们的教师缺乏危机意识,因为,目前这些学校即使不参加认证也能招收到优秀的学生,而且毕业生的就业压力不大。但是 JABEE 批评说,现在的社会飞速发展,这些学校也必须与时俱进,实际上,这些学校的很多人也在积极参加 JABEE 的活动,况且,如果一所大学没有通过第三方的评价得到质量保证的认可,根本就谈不上什么世界一流大学。

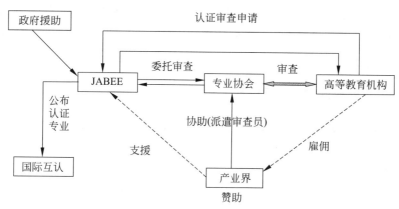

图 1　JABEE、产业界、专业协会、高等教育机构的关系

3. 产业界对 JABEE 了解不够,社会对认证效果尚存疑虑

由于 JABEE 的历史还很短暂,著名大学参与认证的少、研究生教育的认证工作还没有展开(而企业又多招聘研究生)、人才市场方面对毕业生是否来自认证过的专业关心不多等原因,使得 JABEE 目前还不被社会广泛接受。实际上,虽然审查报告书已写明通过认证,教师加强了对教育的认识,学生的学习动力和学习欲

望也明显提高,但要向学生证明认证与这些良好效果之间存在必然联系是很困难的;同时,产业界也对通过认证后相关专业的毕业生能否真正达到教育目标的要求心存疑虑。根据 ABET 的调查,专业认证标准对于课程重组的确具有非常好的影响,但它对毕业生质量的影响如何,调查起来就非常困难,而日本对此基本就没有调查,这也使得 JABEE 的认证缺乏说服力。

4. 研究生教育专业认证工作还没有展开

目前,日本大企业每年招聘的新员工中 80% 以上是研究生毕业,尤其是对于建筑专业而言,没有研究生教育阶段的专业认证,要想取得国际认可的职业资格证书非常困难。在日本,对硕士毕业生的质量负面评价较多,因此,硕士阶段的工程教育认证需求非常强烈。但一些专业协会已经承担了大量的本科专业认证工作;同时,《华盛顿协议》主要是对本科生教育国际同质性的互认,而对研究生教育的国际互认则很少关注,因此研究生阶段的认证非常困难。但日本也注意到,欧洲大陆的学制正在发生重大转变,如将原来的 5 年制文凭改为学士 3 年、硕士 2 年,认证制度(质量保障制度)已不仅限于本科阶段,研究生教育阶段也要求进行认证。因此,JABEE 至少应开展建筑专业研究生教育阶段的认证工作,其他专业的认证视情况也应尽快开始。目前日本已准备从 2007 年开始进行硕士阶段的认证工作。

5. 认证的最低水准和评价方法不够明确

由于各接受认证专业的水准由其自定,审查员(他们并非评估专家)仅根据各专业自定的教育目标判定其是否妥当,这就有可能导致判定标准的随意性,进而使评价误差不可避免。尽管 JABEE 规定了一个最低的统一标准,但是,什么是最低标准? 以谁的标准为最低标准是有争议的。有人提出以美国的 FE(Fundamentals of Engineering)考试作为标准,但是,即使在美国也没有关于 FE 的最低水准规定。进一步说,即使在认证历史悠久的美国、英国以及其他国家或地区等也都没有关于最低水准的明确记载。另外,从评价的角度看,关于一个人的交往能力、技术伦理等方面的要求,要做到标准化是很困难的。另外,人们还抱怨认证陷入了证据主义的泥坑,相关专业需要花费大量时间和精力去准备各种材料,加上现在高校各种评估名目繁多,因此,学校难以承受。其实,有些方面在情况若很明朗完全可以由学校和相关专业以信誉担保而不必寻找那么烦琐的证据。

6. 相关学科的名称与国际接轨不够

加入《华盛顿协议》的大部分国家或地区,如果一个专业的名称中没有出现"工程"字样,就不会被列入认证的范畴,但在日本很多工程专业的后面都冠有什么什么"科学"字样,这与国际惯例不尽一致,因此,也会给认证带来不便。

六、日本高等工程教育认证对我国的启示

日本虽然加入《华盛顿协议》不久,而且本身还存在着诸多问题,但笔者认为,日本已经在高等工程教育认证方面先于我国迈出了一步,积累了不少经验,而且形成了较为完善的认证体系,其诸多做法对我们有重要的借鉴意义:

其一,从认证指标体系来看,日本的认证指标总的来说简单明了,偏重质的判断而不拘泥于量化,更没有在指标的权重上投入过多的关注;在一级指标中,涉及定量的指标只有一项,就是对课时量以及相关课程比例的规定。这也是目前美国ABET和德国ASIIN共同具有的特点。因此,我们在设计认证指标时,应以简明扼要为原则,不要把指标设计得太烦琐。

其二,从认证过程来看,日本非常注重学校自评,实际上,整个认证过程都是以学校自评为基准的,特别是在设立目标时,也充分尊重学校自己提出的教育目标,审查小组的任务主要是审查该专业设置的教育目标是否符合JABEE提出的最低要求、办学条件是否足以保证其教育目标的完成及其毕业生的质量是否达到了该专业自身提出的教育目标。因此,在我国进行工程教育认证时,建议不要对所有的学校采用一套统一的标准,而应依据我国高校的不同层次分类认证,以免导致过分的整齐划一而抹煞了学校的办学特色。

其三,JABEE是一个第三方认证机构,或者说是一个非政府组织,具有独立的法人资格。但它和政府又有着密切的协作关系,政府提供一定的政策支持和资金援助,但不干预具体事务。因此,JABEE对高等教育机构相关学科的认证并没有强制性的约束力,无论认证与否都取决于学校的自愿。我国今后的高等工程教育认证也要避免变成政府行为,应该从民间认证机构的角度来给认证定位。但这并不排除政府的支持和关注,如政府适当提供经费支持,政府规定工程师资格时应与高等工程教育认证挂钩,等等。

其四,在认证方式上,JABEE与学术界和企业界充分合作,JABEE的作用主要是管理、组织以及最后的把关,但具体的认证事务则委托给相关的专业协会,由专业协会负责组成专家审查小组,而审查小组又实行组长负责制,责任非常明确。

建议我国的高等工程教育认证也建立一个认证组织、专业学会、企业、学校良性互动的机制,而不是教育界孤芳自赏、闭门造车。

其五,申诉机制的建立有利于保证认证结果的公平性。JABEE 在认证结果的定性上,不仅充分听取专家的意见,也允许学校提出申诉,从而尽量避免了评价结果的片面性和不公平性。建议我国今后的高等工程教育认证也应设立同样的程序和机制,以保证学校免于受到不公正对待。

其六,从 JABEE 的研究、设计、参与者来看,基本上是正在从事工程教育或者工程实际工作的人员,并没有普通教育学或普通高等教育学的学者参加,整个设计过程也不是由某大学来组织人员进行,而是由日本工程教育学会最先发起和组织。这与我们目前的操作方式有很大的不同。笔者建议,工程教育认证的设计,应注意吸收更多从事工程教育的实际工作者及从事工程实际的科技和管理人员参与。

参考文献

[1] JABEE. 会认からのメッセージ[EB/OL].[2006-01-07]. http://jabee.org/.

[2] 《日本技术者教育认定基》,2004—2006 年度版. http://jabee.org.

[3] JABEE,《日本技术者教育认定制度:〈定の手と方法〉》,http://jabee.org/.

[4] 大中逸雄,《日本技术者教育认定状と展望》,http://jabee.org/OpenHomePage/jabee3.htm.

[5] 大中逸雄,《日本技术者教育认定基の要点と教育の改善》,载《工学教育》2000 年第 21 期.

[6] 大中逸雄,《工学技术者教育のパラダイム? シフト》,载《学认の向》2001 年第 7 期.

[7] JABEE,《JABEE の理解を深めるために》,http://jabee.org/.

[8] Mitsunori Makino, Japan Accreditation Board for Engineering Education,2005 年 3 月清华演讲稿.

(原载《高等工程教育研究》,2006 年第 3 期)

高等工程教育专业认证标准的研究与建议

张文雪　王孙禺　李　蔚

高等教育认证(accreditation)是一种资格认定,是保障和提高高等教育质量的一种方法和途径;通过认证,对达到或超过既定教育质量标准的高校或专业给予认可,并协助院校和专业进一步提高教育质量。其中的专门职业性专业认证(professional programmatic accreditation,简称专业认证)是由专业性(professional)认证机构针对高等教育机构开设的职业性专业教育(programmatic)实施的专门性(specialized)认证。这些职业性专业往往涉及医药、工程、法律等与公众生活、安全相关的领域,因而必须遵循更为严格的质量标准。由专业性认证机构对高等教育机构开设的工程教育专业实施认证,除具有上述功能外,还可以向公众提供专业教育质量的权威判断。

一、建立工程教育专业认证制度的目的与认证标准

我国高等工程教育已有百余年历史,新中国成立以来更是得到快速发展,已经建立起多种层次、多种形式、学科门类基本齐全的工程教育体系。走新型工业化发展道路、全面建设小康社会,为我国工程教育又一次带来难得的发展机遇,也对工程教育提出了新的要求,其中最重要的是如何进一步提高工程教育质量。发达国家高等工程教育发展的经验表明,完善的工程教育专业认证制度是保障并促使其不断改进和提高工程专业教育质量的重要方法和途径。[1]但迄今为止,专业认证在我国高等工程教育评估体系中还是一个薄弱环节,除国家建设部在建筑工程领域进行了一些探索外,我国尚未开展过大规模的专业认证工作。建立工程教

育专业认证制度,是实现我国工程教育全面、协调、可持续发展的迫切需要。

近年来,工程师和工程专业的国际互认趋势也成为我国建立工程教育专业认证制度的重要动因。按照国际惯例,工程教育专业认证是实施注册工程师认证制度的前提和基础。随着经济全球化、教育国际化趋势的发展,加入工程专业国际互认协议,不仅有利于我国工程教育质量的提高,也有利于我国注册工程师制度的实施以及工程师在国际市场的流动。教育部副部长吴启迪2004年在第三届国际工程教育大会的讲话中指出,中国高等工程教育必须加快改革,调整工程教育的学科专业结构、层次结构和人才培养模式。特别应当强调的是工程教育的国际评估和工程师资格认证问题。我们将与世界上的评估认证机构合作,进一步推进工程教育的评估和工程师资格认证,以适应国际工程技术人才市场的需要。[2]

综上所述,我国建立工程教育专业认证制度的主要出发点,首先,是加强对高等工程教育的宏观管理,保证和提高我国工程教育质量;其次,是顺应国际工程教育领域的发展趋势,为我国实施注册工程师制度、实现工程专业和工程师的国际互认打下基础。因此,建立中国工程教育特色且具有国际等效性的工程教育专业认证制度具有十分重大的现实意义。

建立工程教育专业认证制度的核心是建立认证标准。认证标准是工程教育的基本质量规范,是学校进行专业建设、自我评价以及专家审阅自评报告和实地考察的重要依据。开展工程教育专业认证,首要的问题就是设计一个科学、严格、客观的认证标准。

二、发达国家工程教育专业认证标准的研究

美国、德国等一些发达国家的高等工程教育专业认证制度已经发展得较为完善;还有一些国家如日本,虽然加入《华盛顿协议》不久,但也已经先于我国迈出一步,积累了不少经验。其做法可为我国制定既有中国特色、又达到国际水平的认证制度和认证标准提供有益的参考和借鉴。

1. 美国高等工程教育专业认证标准

美国工程教育专业认证的历史最为悠久,其制度发展得最为完备和成熟。目前,美国工程教育专业认证由权威的全国性非官方组织——工程技术认证委员会(ABET)总体负责,ABET下设4个认证委员会,其中工程认证委员会(Engineering Accreditation Commission, EAC)负责各工程专业的认证,包括制定认证标准、组织认证实施和认证管理。

美国工程教育专业认证现行认证标准(见表1)是 2001 年开始全面推行的新的认证标准 EC2000[3]。EC2000 体现的最重大变革即从注重投入转向注重产出,第三项准则——专业的产出和评价提出,申请认证的工程专业必须证实其毕业生具有以下 11 种能力:①数学、自然科学和工程学知识的应用能力;②设计和实验以及分析和解释数据的能力;③根据需要设计系统、部件或过程的能力;④在多学科团队中发挥作用的能力;⑤识别、系统阐述以及解决工程问题的能力;⑥对职业道德和伦理责任的认知;⑦有效的交流能力;⑧宽厚的教育基础,能够认识到工程对于经济、环境、社会乃至世界的影响;⑨对终身学习的正确认识和学习能力;⑩有关当代问题的知识;⑪在工程实践中运用各种技术、技能和现代工程工具的能力。2006 年 ABET 公布的一份评估 EC2000 实施效果的研究报告表明,EC2000 认证标准对工程教育培养计划、教师教学方法和学生学习产生了积极的甚至是巨大的影响。[4]对比 1994 级与 2004 级毕业生对 9 个方面能力的自我评估,2004 级毕业生为进入工程职业生涯做了更好的准备,两届毕业生最大的差异表现在对社会问题和全球问题的理解、运用工程技能的能力、团队合作能力、对有关伦理和职业道德的理解等方面。

表 1　美国 EC2000 工程教育基本水平专业的通用标准

认证标准	主要评估内容
准则 1:学生	必须对学生进行评估、指导和监控
准则 2:专业教育目标	学生从本专业毕业后的前几年内能达到的水平
准则 3:专业的产出和评价	学生从本专业毕业时应掌握的知识或具备的能力及评价程序
准则 4:专业教育内容	确定适合工程需要的专门学科领域,不规定具体的课程设置
准则 5:师资	师资数量可以承担教学计划中规定的全部教学任务,保持适当水平的师生接触;学术资格等足以完成专业的不断改进并实现其教育目标和产出
准则 6:设施	合适的教室、实验室和相应的仪器设备,并形成一种有利于学习的氛围
准则 7:学校的支持和财政资源	适当的学校支持、财政资源和建设性的领导,以保证工程专业的教学质量和教学连续性
准则 8:专业准则	阐明基本水平准则应用于该专业时的特殊性(分为航天工程、农业工程、建筑工程等 24 种专业)

2. 德国高等工程教育专业认证标准

德国的工程专业认证制度是近几年在经济全球化和欧洲一体化的背景下建立起来的。德国工程专业认证机构(ASIIN),是 2002 年在德国工程师协会(VDI)倡导下,由各大学、应用科学大学、权威的科技协会、专业教育和进修联合会以及重要的工商业组织共同参与建立的非营利机构。ASIIN 开展的工程教育专业认证更多是为了满足工程教育和注册工程师国际互认的需要,增加德国高等教育在国际范围内的可比性,使其更有竞争力和吸引力。2003 年 6 月,ASIIN 成为《华盛顿协议》准签约成员,从而使通过其认证的专业项目得到广泛的国际认可。

ASIIN 工程专业的一般认证标准(表2)由其下设的两个认证委员会之一的工程及信息学认证委员会(Accreditation Commission 1 Engineering & Informatics)负责制定[5]。另外,由认证委员会授权的 13 个技术委员会分别制定各相关工程领域的专业标准,根据专业性质,对课程设置比例、学分等作进一步具体的规定和说明。

表 2　德国 ASIIN 工程教育专业认证标准

认证标准	主要评估内容
需求、目标与成果	对各利益相关方(例如学生、工业企业界、工程协会等)的需求有明确清晰的认识;教育目标与高校、学生及工业界的要求一致;教学成果达到评估要求和本专业的教学目标
教育过程	课程设置能确保教学成果;教学过程按照教学计划实施,学生得到充分的指导和支持等
资源与合作关系	学术及支撑队伍结构合理,教师达到学术水准并给予学生充分指导等;教室、实验室、图书馆及相关设备和服务等教学设施充足;教育经费充足;国际国内的合作项目等有利于促进教学成果的取得和学生的流动
教育过程评估	学生在规定时间内能获取足够的专业知识和技能;毕业学生找到与专业匹配的工作,有利益各方认可的教学成果等
管理体系	组织与决策过程有利于教育成果的实现;建立了有效的内部质量保障体系

ASIIN 关于教育目标的阐述是,不仅要满足知识转移的需要,还要使学生能够获得在其所选工作中获得成功的必要能力和终身学习能力。申请认证的培养计划必须通过教授学生基础理论、专业和跨学科的知识和技能来达到传递方法和技

能的目的;必须让学生深刻了解社会责任和伦理道德,有机会获得必要的核心资质;还必须鼓励学生获得外语资质,从而在毕业后可以在国际环境中表现活跃,具有竞争力。[6]

3. 日本高等工程教育专业认证标准

日本 2005 年成为《华盛顿协议》正式会员。日本工程教育专业认证机构(Japan Accreditation Board for Engineering Education, JABEE)制定的认证标准(见表3)主要包括 4 个方面,即 Plan、Do、Check 和 Act(简称 PDCA)[7]。

表 3　日本 ABEE 工程教育专业认证标准

	认证标准	主要评估内容
Plan	准则 1:教育目标	制定并公布教育目标(目标内容有 8 个方面,见上文)
Do	准则 2:课程要求	4 年期间必须修得的学分数、总学时数,包括人文社科、数学、自然科学、信息技术及专业课程
	准则 3:教育方法	入学选拔方法; 教育方法:课程设置,课程教学大纲,建立有助于学生理解、增进学生学习动力的制度; 教育组织:配备足够数量并具有相当能力的教师,建立教师培养制度和评价方法
	准则 4:教育环境	设施设备:必要的教室、实验室、实习场所、图书室、信息网络设备等; 财力资源:确保基本设备设施的完善以及维护、运行; 学生支撑体系:尽量满足学生学习的需求
Check	准则 5:学生学习效果评价	对各教学科目的学生学习效果进行评估;建立一套综合评价体系和标准并以此对学生进行全面评价;所有毕业生都必须达到本专业的各项教育目标
Act	准则 6:教育改善	建立教育反馈系统;建立基于教育反馈、能持续改善专业教育的系统

学习与教育目标的主要内容包括:①具有从全球观点全面思考事物的能力与

素养;②理解工程对社会与自然的影响以及工程师的社会责任;③掌握数学、自然科学以及信息技术的相关知识并具有相应的应用能力;④掌握本学科领域的工程学知识并具有应用知识解决实际问题的能力;⑤具有应用各种科学、工程和信息知识全面满足社会需求的设计能力;⑥能够熟练使用日语,具有书面、口头表达能力以及会议讨论的日语交流能力,同时,还要具有基本的国际交流能力;⑦具有自主的、持续学习的能力;⑧具有能根据限定条件,有计划地实施、推进工作的能力。

　　除了以上所有专业认证都必须具备的通用标准以外,各专业还有各自的专业认证指标。

三、我国工程教育专业认证标准的建议

　　在国家建设部主持开展的我国高校建筑工程专业评估中,全国高等学校建筑学专业本科(五年制)教育评估标准(表4)包括三方面的内容:一是教育质量,二是教育过程,三是教学条件。[8]重点是教育质量的智育标准,涵盖了未来注册工程师所应达到的基本专业教育要求。

表4　我国高等学校建筑学专业本科(五年制)教育评估标准

一级指标	二级(三级)指标
教育质量	德育标准:政治思想、职业道德与修养; 智育标准:建筑设计、相关知识、建筑技术、建筑师执业知识、公共课程; 体育标准
教育过程	思想政治工作; 教学管理与实施:教学计划与教学文件、教学管理、课程教学实施、实习、毕业设计
教学条件	师资队伍、场地条件、图书资料、实验室条件、经费条件

　　建筑工程专业评估有力地促进了学校办学条件的改善,促进了专业办学水平和教学体系的提高和完善,促进了社会对专业教育的参与程度,促进了国际对专业办学水平的了解和互认,促进了学校专业教学与职业性之间的联系。[9]

　　在改革工程师制度这一重大课题提出之前,我国的工程专业评估还只限于建筑工程专业领域。究其原因,一是观念分歧,有人甚至认为,对于工程师注册制度来说,工程专业评估并非必要;二是信息闭塞,中国工程界和教育界对国际上通行多年的工程专业评估制度和工程师注册制度,以及相关的国际互认问题,长期信息隔膜,缺乏关注,只是近年来才逐步引起重视。[10]

为构建我国工程教育专业认证标准,参照国外工程专业认证和我国建筑工程专业认证的经验,首先应确立以下基本原则:

一是科学性原则。认证标准应当反映高等工程教育规律,符合高等工程教育发展方向。研究各国工程专业认证标准,不难发现,尽管各国认证标准不尽相同,但还是具有相当程度的一致性:第一,都注重工程教育标准的国际等效性,力求达到国际互认水准。在经济全球化、教育国际化背景下,我国建立工程教育专业认证制度,一开始就要使认证标准和认证程序符合国际惯例,为进一步取得工程专业和工程师的国际互认创造条件。第二,都包含一般标准和专业标准两大部分,认证机构主体只是给出总体的认证方针和一般性的基本要求,各专业领域的有关组织再进一步补充更有专业针对性的具体标准。第三,一般标准大体都包含培养目标、教学内容、师资队伍、学生管理、质量保障、条件设施等内容,且重视产出标准,这些方面及其内在联系均为影响工程教育质量的关键因素,也是认证标准应有的基本内容。

二是适应性原则。不同国家的不同社会和教育背景反映在专业认证标准中,因而各自的认证标准各有侧重。我国工程教育专业认证制度同样要立足于我国国情和教育现状。建立工程教育专业认证制度,最根本的目的是保障和提高我国工程教育质量,为全面建设小康社会、实现中华民族伟大复兴培养合格的工程科技人才。我国已经建立起多种层次、多种形式、学科门类基本齐全的工程教育体系,规模居世界首位。2004 年,理工院校达到 617 所,全国工科本科专业共有 185 种,13 433 个专业点,工科在校本专科生 437.62 万人,工科在校研究生 31.8 万人。[11] 但同时,高校之间教育质量不平衡,既有一批办学质量达到较高水平的国际知名大学,也有相当一批办学条件和办学水平存在较大差距的学校。因此,我们不可能照搬其他国家的现成标准,要在与国际接轨的前提下,探索建立中国特色的认证标准。

三是开放性原则。工程教育质量是政府、企业、大学及社会共同作用的结果,专业认证制度本身反映了来自政府调控和社会力量参与的外部质量监督作用。但我国工程教育在与产业结合、与企业紧密联系方面还存在很多问题,企业与高校在培养高层次工程人才和科研成果转化为生产力等方面尚未建立起共同合作的基础。这对我国工业和工程教育的发展都产生了严重影响。因此,要通过建立工程专业认证制度,加强工程界对工程教育的合作与指导,推动产学研的紧密结合。认证标准要充分吸取高校、工业企业界、专业协会等各方的意见和建议,力求得到社会各界的广泛参与和认可。

四是发展性原则。认证标准要推动大学自身建立和完善有效的质量保障体系,使专业具有自我改进和完善的能力。因此,一方面,认证标准应具有相对稳定性,有利于促进高校的可持续发展。另一方面,认证标准本身也是随着时代发展和工程技术进步而不断发展变化、能引导大学对社会发展新要求做出积极回应的。EC2000 的制定和实施,就反映了美国工程专业认证指导思想和认证标准的演变和重点的转移,"11 种能力"即可视为是美国工程界和工程教育界对新世纪工程人才素质的基本要求。为此,我国构建专业认证标准,要分析和研究高等工程教育发展的方向,以及各国专业认证标准的变化和发展,使我国专业认证标准达到并始终保持国际水准。

基于上述原则,我国工程教育专业认证标准应提供工程教育基本质量规范。我们建议,设 8 个一级指标和若干个二级指标(表 5)。从专业定位及培养目标出发,以人才培养质量为根本,以学生和师资为主体,以专业和课程建设为核心,以办学条件和管理机制为保障,构建一个科学合理、适应国情、向社会开放、与国际接轨、可持续发展的工程专业质量保障体系。其中,从现代工程师所需知识、能力与素质要求出发,尝试提出本科毕业生知识、能力与素质水平的如下标准:①有拥护中国共产党、拥护社会主义,服务祖国、服务人民的思想政治素质;②遵守工程职业伦理和工程职业道德;③具有从事工程工作所需的相关数学、自然科学和工程学知识;④具有综合运用所学科学理论和技术手段分析并解决复杂工程问题的能力;⑤具有了解并解决工程所涉及的环境、经济和社会问题的能力;⑥具有有效的交流、合作能力;⑦具有对终身学习的正确认识和学习能力;⑧具有国际视野和跨义化竞争与合作能力。

表 5　我国工程教育专业认证标准(建议)

认证标准	主要评估内容
准则 1: 培养目标	专业设置:适应国家、地区经济建设和行业发展需要,适应科技进步和社会发展需要,符合学校自身条件和发展规划,有明确的服务面向和人才需求
	培养目标及培养要求:有明确的人才培养目标,本科毕业生的知识、能力与素质水平满足现代工程师所需知识、能力与素质要求
准则 2: 学生状况	生源与就业:建立适当的招生制度,保证质量良好与数量足够的生源,具有适当的就业指导措施
	指导评价:具有对学生进行指导和评价的措施

认证标准	主要评估内容
准则3: 课程体系	课程设置:具有体现专业培养目标的科学、合理、完善的课程体系,包括人文社科课程、数学与自然科学课程、工程基础课程、学科专业基础课程等
	实践环节:具有满足工程训练需要的完备的实践教学体系,主要包括设计、实验、实习、社会实践等
	毕业设计(论文):以所学知识为基础,结合工程实际,独立或与他人合作完成,独立撰写毕业论文
准则4: 师资队伍	师资结构:整体结构合理,具有一定数量的具备工程实践经验的教师
	教师资格:教师教学水平、科研背景满足本专业人才培养要求
	教师发展:教师承担的教学工作量合理,具有提高教师队伍水平的保障体系
准则5: 教学条件	经费投入:教学经费总量能保证教学工作的正常进行
	教学设施:有适应教学需要的教室、实验室及实验设备、计算机设施、专业期刊和图书资料等,有满足实践教学要求的校内外专业实习基地
	学术水平:所在学科有一定的科学研究基础,并对教学有促进作用
	业界合作:与校内外有关研究机构、相关行业等建立了良好的交流、合作关系,对教学有促进作用
准则6: 质量保障	教学管理制度:教学文件完备并得到严格执行,能根据实际情况及教学质量评估及时更新
	实施过程保障:有比较健全的各主要教学环节的质量标准,有教学质量评估体系和毕业生跟踪反馈体系
准则7: 教学质量	培养质量评价:学生的基本理论与基本技能的实际水平较高,有较强的创新精神和实践能力
	社会评价:社会对学校的办学水平和人才质量的总体评价较好
准则8: 补充标准	各工程专业详细标准

教育部于今年3月正式成立工程教育专业认证专家委员会,部分工程教育专业的认证试点工作也已开始进行,认证标准及实施方案的设计与确定已迫在眉睫。为此,必须分析研究我国经济社会发展对工程教育的战略需求,分析研究国际工程教育专业认证标准的变化和发展趋势,使我国的专业认证标准与世界发达

国家的认证水平相当,为保证和提高我国工程教育质量,进一步取得工程专业和工程师的国际互认资格创造条件。

注释

[1] 李茂国、张志英、张彦通.积极推进专业评估与认证,引导工程教育协调发展.高等工程教育研究,2005(5).

[2] 吴启迪.在第三届国际工程教育大会上的讲话.2004-10.北京.

[3] Engineering Accreditation Commission, ABET, Criteria for Accrediting Engineering Programs (2006—2007 Accreditation Cycle), http://www.abet.org.

[4] Lisa R. Lattuca, Patrick T. Terenzini and J. Fredricks Volkwein, Engineering Change: A Study of the Impact of EC2000,http://www.abet.org.

[5] Dr. Iring Wasser:在中德工程教育与认证合作前景研讨会上的报告,2005-12.北京.

[6] Requirements and Procedural Principles for the Accreditation of Bachelor's and Master's Degree Programmes in Engineering, Architecture, Informatics, the Natural Sciences and Mathematics,http://www.asiin.de/english/newdesign/index-ex5.html.

[7] Japan Accreditation Board for Engineering Education, Criteria for Accrediting Japanese Engineering Education Programs Applicable in the year 2004—2006,http://www.jabee.org/english.

[8] 全国高等学校建筑学专业教育评估委员会.全国高等学校建筑学专业本科(五年制)教育评估标准.全国高等学校建筑学专业教育评估文件.2003年12月.

[9] 高延伟.我国建设类专业教育评估的回顾与思考.高等建筑教育,2003(3).

[10] 毕家驹.中国工程专业评估的过去、现状和使命.高教发展与评估,2005(1).

[11] 中华人民共和国教育部发展规划司.中国教育统计年鉴2004.北京:人民教育出版社,2005.

(原载《高等工程教育研究》,2006年第5期)

工程教育专业认证制度的构建及其对高等工程教育的潜在影响

张文雪　刘俊霞　彭　晶

近年来,关于高等工程教育专业认证的研究工作得到了中国相关政府部门和非政府组织的高度重视,尽早建立具有国际实质等效性的工程教育专业认证制度成为共识。2007 年初,教育部、财政部在《关于实施高等学校本科教学质量与教学改革工程的意见》(教高〔2007〕1 号)中提出,积极探索专业评估制度改革,重点推进工程技术、医学等领域的专业认证试点工作,逐步建立适应职业制度需要的专业认证体系。① 教育部随后在《关于进一步深化本科教学改革全面提高教学质量的若干意见》(教高〔2007〕2 号)中提出,积极开展专业评估和工程教育认证、医学教育认证等试点工作,逐步建立高等学校、政府和社会共同参与的中国高等教育质量保障体系。② 政府机构的参与在很大程度上推动了工程教育专业认证工作的研究和实践。

作为一种教育质量保障、工程学位与工程师国际互认的重要机制和手段,工程教育专业认证制度的建立和实施必将对我国高等工程教育产生巨大的潜在影响。探讨工程教育认证制度对高等工程教育的影响,将为高等学校的工程教育改革与质量保障体系建设提供参考。

---

① 教育部财政部关于实施高等学校本科教学质量与教学改革工程的意见(教高〔2007〕1 号) [EB/OL]. 2007-01-22/2007-02-28. http://www.moe.edu.cn/edoas/website18/info24731.htm.

② 教育部关于进一步深化本科教学改革全面提高教学质量的若干意见(教高〔2007〕2 号) [EB/OL]. 2007-02-17/2007-02-28. http://www.moe.edu.cn/edoas/website18/info25428.htm.

一、国际视野下的高等工程教育改革

人类社会正处于历史上科学技术发展最为激动人心的时代。科技进步日新月异,前所未有地改变着人类的生活。同时,世界各国也都面临着人口增长、老龄化、资源能源紧张等共同的挑战。跨入 21 世纪,世界多极化和经济全球化的趋势深入发展,国际产业和技术转移加速进行。随着经济、社会和科技的发展,工程已从传统意义上的工业、建筑业、交通、运输、邮电、通信业,不断向微观和宏观领域延伸,既涉及生物技术、信息技术、纳米技术等微观领域,也包括环境、能源、制造、物流等宏观领域;工程教育的内涵从工程科学、工程技术、工程管理等方面,拓展至与自然科学日渐深入的融合,以及与社会科学日益密切的联系。无论在后工业化国家或是仍处于工业化进程中的国家,担负培养工程师使命的高等工程教育都处于不断的改革发展过程中。

2001 年,美国工程院与美国自然科学基金委员会共同组织发起"2020 工程师"计划。2004 年底,该计划发表了第一个正式报告《2020 年的工程师:新世纪工程学发展的远景》;2005 年夏发表第二个正式报告《培养 2020 年的工程师:适应新世纪的工程教育》。这两份报告在详细分析 2020 年工程实践的技术、社会、国际与专业等大背景的基础上,描述了对未来工程师的期望与特质。报告认为,2020 年工程师的很多特质与现在是很相似的,但是由于高新技术的影响而变得更加复杂。2020 年的工程师应当具备的特质包括分析能力、实践经验、创造力、交流能力、商务与管理能力、领导力、伦理道德、终身学习能力。报告为工程师、教师、雇主与学生建立了未来工程与工程师的共同愿景,进而为工程教育的改革发展做出了战略设计,提供了顺应未来需求的变革途径和具体措施。①

按照本世纪前 20 年全面建设小康社会的发展目标,到 2020 年,我国的人均GDP 将从现在的 1000 多美元提高到 3000 美元。据预测,到 2020 年我国经济结构将发生很大变化,一、二、三产业在 GDP 中所占的比例将分别转变为 6.8%、48.4% 和44.8%。三大产业从业人员的结构比例也将分别转变为 25.0%、31.0% 和 44.0%。我国政府提出的走新型工业化发展道路,是依靠自主创新,以信息化带动科技含量高、经济效益好、资源消耗低、环境污染少、人力资源优势得到充分发挥的发展

---

① *The Engineer of* 2020: *Vision of Engineering in the New Century* (Washington DC: The National Academies Press, 2004). *Educating the Engineer of* 2020: *Adapting Engineering Education to the New Century* (Washington DC: The National Academies Press, 2005)

道路,本质上是科技进步主导的工业化,其基础是高度发达的工程科学技术,其人力支撑是具有创新能力的工程人才,其实现的根本保障是更高水平的工程教育。加快培养适应我国新型工业化需求和经济全球化发展趋势的工程技术人才,是我国高等工程教育面临的一个迫切问题。

通过评估与认证促进教育质量的提高,是世界各国高等教育发展和质量建设的共同经验。高等工程教育专业认证已成为各国保障高等工程教育质量的重要手段,也是各国实施工程师认证制度的前提和基础。国家或地区之间工程学位和工程师的国际互认,以各国或地区自身的工程教育专业认证为基础,通过国家或地区工程组织之间签订互认协议来实现。奥伯斯特等考察了中国香港、澳大利亚、加拿大、美国、墨西哥、丹麦、德国、英国、约旦、印度等国家和地区应对当今时代工程教育变化趋势的策略,发现各个国家或地区有四大共同选择,即工程教育者寻求认证作为质量保障手段,认为产出评价和准入机制为保证质量的解决方案,接受职业工程师为工程教育的合作伙伴,更加强调认证作为毕业生国际互认的基础。① 以《华盛顿协议》为纽带、EC2000 为标志的工程教育专业认证体系,不仅在美国而且在国际工程教育界均产生了广泛影响。2003 年 6 月,德国成为《华盛顿协议》准签约成员,使通过其认证的工程科学和信息学的专业项目得到广泛的国际认可。日本 2001 年被接纳为《华盛顿协议》准签约成员,2005 年成为正式成员。有研究表明,缺乏具有国际等效性的工程教育专业认证制度,是影响我国工程教育质量与发展的重要因素之一。②

二、我国工程教育专业认证制度建设的研究与探索

建立具有国际实质等效性的中国工程教育专业认证制度的主要目的,一是构建工程教育质量监控体系,推进工程教育教学改革,进一步提高工程教育质量;二是与注册工程师制度相衔接,构建工程教育与企业界的联系机制;三是促进中国工程教育的国际互认,提升国际竞争力。为此,工程教育专业认证制度的构建,既要注意分析研究我国经济社会发展对工程教育的战略需求,充分吸取高校、工业企业界、专业协会等各方的意见和建议,又要注意分析研究国际工程教育专业认证标准的变化和发展趋势,反映高等工程教育规律,使专业认证标准与程序既立

---

① B. S. Oberst, R. C. Jones, "Internationaltrendsinengineeringaccreditationandqualityassurance," in *The Many Facets of International Education of Engineers edited by J. Michel* (Balkema, Rotterdam, 2000), 1678.

② 陈劲,胡建雄. 面向创新型国家的高等工程教育. 北京:中国人民大学出版社,2006.

足于保证和提高我国工程教育质量,又与世界发达国家的认证制度相兼容,为进一步取得工程专业和工程师的国际互认创造条件。在有关政府部门与非政府组织的大力推动下,我国已在工程教育专业认证组织机构的建设、认证标准与实施办法的研究制定、认证试点工作等方面开展了积极的研究和探索。

根据《全国工程教育专业认证试点办法》,专业认证的组织机构包括全国工程教育专业认证委员会、全国工程教育专业认证专家委员会、全国工程教育专业认证委员会秘书处、专业认证分委员会、监督与仲裁委员会。① 2007 年 6 月,成立了由教育界专家和企业界专家组成的全国工程教育专业认证专家委员会,全国工程教育专业认证委员会秘书处,以及机械、化工、建筑学与土木工程专业认证分委员会,同时明确了各组织机构的职能职责与工作制度。

认证标准是认证制度的核心内容之一。适用于普通高等学校工程教育本科专业认证的《全国工程教育专业认证标准(试行)》包括通用标准与专业补充标准两个部分。② 通用标准是各工程教育专业应该达到的基本要求,专业补充标准是在通用标准基础之上根据本专业特点提出的特有的具体要求。认证标准的具体内容如表 1 所示。

在专业目标部分,规定专业必须具有明确的培养目标,符合学校办学理念。培养的学生必须达到如下的知识、能力与素质基本要求:

1. 具有较好的人文社会科学素养、较强的社会责任感和工程职业道德。

2. 具有从事工程工作所需的相关数学、自然科学知识以及一定的经济管理知识。

3. 具有综合运用所学科学理论和技术手段分析并解决工程问题的基本能力。掌握必要的工程基础知识以及本专业的基本理论、基本知识;受到本专业实验技能、工程实践、计算机应用、科学研究与工程设计方法的基本训练,具有创新意识和对新产品、新工艺、新技术和新设备进行研究、开发和设计的初步能力。

4. 掌握文献检索、资料查询及运用现代信息技术获取相关信息的基本方法。

5. 了解国家对于与本专业相关职业和行业的生产、设计、研究与开发,熟悉环境保护和可持续发展等方面的方针、政策和法规,能正确认识工程对于客观世界和社会的影响。

---

① 全国工程教育专业认证试点办法. 教育部办公厅关于印发《全国工程教育专业认证试点办法》和《全国工程教育专业认证专家委员会章程(暂行)》的通知(教高厅〔2007〕5 号),2007.

② 全国工程教育专业认证委员会秘书处. 全国工程教育专业认证标准(试行). 工程教育专业认证工作手册,2007.

表1　全国工程教育专业认证标准的具体内容

类型	指标	内容
通用标准	专业目标	专业设置
		培养目标及要求
	质量评价	内部评价
		社会评价
	课程体系	课程设置
		实践环节
		毕业设计或毕业论文
	师资队伍	师资数量与结构
		教师发展
	支持条件	教学经费
		教学设施
		图书资料
		产、学、研结合
	学生发展	招生
		就业
		学生指导
	管理制度	教学管理
		质量控制
专业补充标准	各工程专业根据本专业特点提出的特有的具体要求	

6. 具有一定的组织管理能力、较强的表达能力和较强的人际交往能力以及在团队中发挥作用的能力。

7. 具有对终身学习的正确认识和学习能力,具有适应发展的能力。

8. 具有国际视野和跨文化的交流、竞争与合作能力。

《全国工程教育专业认证试点办法》规定六阶段模型的专业认证基本程序:申请认证、学校自评、审阅《自评报告》、现场考察、审议和做出认证结论、认证状态保持。专业认证工作在学校自愿申请的基础上开展。经相关认证分委员会审核,具备申请认证基本条件的学校进入自评阶段,依照《全国工程教育专业认证标准》对申请认证专业的办学情况和办学质量进行自我检查,撰写并提交自评报告。认证分委员对申请学校的自评报告进行审阅,重点审查申请认证的专业是否达到《全国工程教育专业认证标准》的要求,通过者进入现场考察阶段。认证分委员会委派专业认证考察专家组到学校对申请认证的专业进行的实地考察,主要目的是核实学校自评报告的真实性和准确性,并了解自评报告未能反映的有关情况,给出现场考察报告。在审议和做出认证结论阶段,由认证委员会批准与发布认证结论。对通过认证的,认证结论分为 3 年、6 年两种有效期。通过认证的专业如要保持认证有效期的连续性,须在认证有效期届满前一年的上半年重新申请认证。

2006 年我国工程教育专业认证陆续在机械、电子、化工、计算机等专业开始试点,每个专业中各两个专业点参加认证,涉及北京航空航天大学、浙江大学、东南大学、上海交通大学、天津大学、清华大学、山东大学等高等学校。认证试点过程中还邀请香港工程师学会、英国爱丁堡大学的专家全程参加部分专业的认证考查。2007 年继续扩大试点范围,为全面开展工程专业认证积累经验。

三、建立与实施工程教育专业认证对高等工程教育的潜在影响

毋庸置疑,作为一种教育质量保障、实现工程学位与工程师国际互认的重要机制和手段,工程教育专业认证制度的建立和实施必将对高等学校的工程教育产生巨大的潜在影响。笔者认为,其潜在影响中最重要的有两点,一是实施专业认证将引导高等学校调整工程教育计划的课程设置、教学方法以及改革方向;二是推动大学自身建立起有效的质量保障体系,加强工程教育与产业的结合、与企业的联系与合作,进而实现校外质量保障体系与校内质量保障体系的结合。

由教育界专家和企业界专家共同研究制定的专业认证标准,提供工程教育木科培养层次的基本质量要求,是学校和专业申请专业认证、撰写自评报告的主要依据,也是认证机构组织现场考察、做出认证结论的主要依据。对照认证标准,高等学校可以清楚地认识到自身的特色和优势,又可以看到问题与劣势,有针对性地开展专业建设,为改进教学、提高质量奠定基础。我国建设部实施 10 余年的专业评估,对我国相关专业的建设和发展已经产生了深刻影响。EC2000 的制定和实施反映了美国工程专业认证指导思想的演变和标准重点的转移,"十一种能力"可以看作是美国工程界和工程教育界对 21 世纪工程人才素质的基本要求。2006 年 ABET 公布的一份评估 EC2000 实施效果的研究报告表明,EC2000 认证标准对工程教育培养计划、教师教学方法和学生学习产生了积极的甚至是巨大的影响。[①]

---

① Lisa R Lattuca, Patrick T Terenzini and J. Fredricks Volkwein, "Engineering Change: A Study of the Impact of EC2000"[EB/OL]. http://www.abet.org.

工程教育质量是政府、企业、大学及社会共同作用的结果。专业认证不仅要求工程专业具有完善的内部质量保障体系,具有自我改进和完善的能力,而且专业认证制度本身反映了来自政府调控和社会力量参与的外部质量监督作用。专业认证标准反映了社会需要尤其是工程界的需要,认证结果也代表了社会对学校专业教学质量的认可,而不是教育系统的自我评价。我国工程教育在与产业结合、与企业紧密联系合作方面存在的问题,对我国工业和工程教育的发展都造成了不利影响。专业认证将加强工程教育与产业结合、与企业的联系与合作,加强工程界对工程教育的指导,有利于高等学校主动适应社会需要,也有利于社会对高等教育的监督。

清华大学工程教育以厚基础、强实践、重创新为特色,造就了一大批基础扎实、实践能力强、作风严谨的工程技术人才,受到社会的广泛欢迎。在综合性学科布局下,在研究型大学的结构下,为继续保持高质量的工程教育水平,学校着力构建具有研究型大学先进水平和特色的工程教育体系,进一步拓展基础理论和基本技能训练,大力提升创新性教育,建立健全校内教学质量管理体系,实现教学质量的全过程监控。同时,学校主动接受政府、社会对学校办学水平和教学质量的评估,积极参加国际国内专业评估与认证,以此作为自身保持高质量、健康发展的内在要求和有效机制之一。其中,工程专业评估与认证不仅使清华大学的工程教育质量得到了企业界和高校同行的高度评价,而且密切了学校与企业界的联系与合作,成为学校和专业增强办学活力的重要源泉。

自20世纪90年代建设部开展专业评估以来,清华大学建筑学、土木工程、建筑环境与设备工程、给排水科学与工程等专业均首批参加了评估。例如,建筑学专业1992年以优秀级首批通过建设部专业评估,1998年、2004年又分别以优秀级通过复评。建筑学本科教育在优势学科的引领下,坚持教学与工程设计相结合,基础训练扎实,实习和毕业设计环节充实,学生培养质量始终保持高水平。再如,化学工程与工艺专业于2006年11月参加首批工程教育专业认证试点,获得认证专家组的好评和宝贵建议。工业工程等专业近年开始参加国际评估。2001年学校聘请美国工程院院士、普渡大学教授萨文迪担任新成立的工业工程系主任。他带来了全新的教学理念和课程设计,使该系建立伊始就立足于国际前沿。2006年10月,由6名美国工程院院士、国际工业工程领域的权威学者组成的评估专家组对清华大学工业工程系进行了学科评估。评估专家评价该系的本科生十分优秀,他们认为,以美国近150所高校工业工程领域的教育研究水平为参照,清华大学工业工程系的本科教育达到了全美前20名的水平。

　　工程教育专业认证制度的建立,将是我国高等教育改革和制度创新的一项重要举措。适应 21 世纪的全球竞争环境,高等工程教育界、工业企业界应该充分关注和审慎思考高等工程教育认证制度的建立与实施,为我国的高等工程教育和注册工程师走向世界而及早做好准备。

(原载《清华大学教育研究》,2007 年第 6 期)

《华盛顿协议》的影响及其
对我国工程教育的借鉴意义

王孙禺　孔钢城　雷　环

近年来,我国高等工程教育发展迅速,社会也对高等工程教育提出了更高的要求;另外,随着经济全球化的发展,高等工程教育的国际化趋势也越来越清晰。在这个过程中,建立具有国际实质等效性的中国高等工程教育专业认证制度已成为教育界、工程界的广泛共识。目前,我们有必要认真研究国际认证组织及其认证制度,并在适当的时候建立与国际认证制度具有实质等效性的我国高等工程教育认证体系,这是提高我国工程人才培养质量的重要保证,也是我国高等工程教育参与国际竞争的重要基础。

目前,世界上有六项关于工程教育学历或从业资格互认的国际性协议,其中三项是关于高等工程教育学位(学历)互认的协议,即《华盛顿协议》《悉尼协议》和《都柏林协议》;另外三项是工程师专业资格互认的协议,即《工程师流动论坛协议》《亚太工程师计划》《工程技术员流动论坛协议》。签署时间最早、缔约方最多的是《华盛顿协议》,也是世界范围知名度最高的工程教育国际认证协议。继香港工程师学会和台湾高等工程教育学会分别代表中国香港和中国台湾地区加入《华盛顿协议》之后,我国内地也在积极研究《华盛顿协议》,筹建能够代表中国高等工程教育专业认证的机构,以便在适当的时候加入《华盛顿协议》。本文希望通过对《华盛顿协议》的背景、章程和程序,以及临时缔约方的申请条件的介绍,对我国高等工程教育认证制度的制订提供有益的借鉴。

一、《华盛顿协议》概况

《华盛顿协议》(Washington Accord)是 1989 年由美国、加拿大、英国、爱尔兰、澳大利亚和新西兰 6 个国家的民间工程专业团体代表 6 国签订的国际性协议。该协议承认签约国所认证的工程专业(主要针对四年制本科的高等工程教育)培养方案具有实质等效性,认为经任何缔约方认证的专业的毕业生达到了从事工程师职业的学术要求和基本标准。

1989 年以来,《华盛顿协议》的影响不断扩大,逐渐成为国际工程互认体系的 6 个协议中体系最完整、权威性最高、国际化程度最广泛的协议。继最初的 6 个缔约方之后,中国香港、南非、日本分别于 1995 年、1999 年、2005 年成为正式缔约方(或称正式成员)。2003 年德国、马来西亚和新加坡被接纳为临时缔约方(或称临时成员),2005 年韩国和中国台北也被接纳为临时成员。截至 2006 年,签约的正式缔约方(正式成员)和临时缔约方(临时成员)增加到 14 个。(见附录)

《华盛顿协议》最初的 6 个缔约方都是英语国家。2005 年,日本高等工程教育认证委员会代表日本加入《华盛顿协议》,成为正式成员,它是所有成员中第一个非英语的国家或地区①,为非英语国家做出了很好的表率,也使《华盛顿协议》的国际性达到一个新的高度。之后,德国、马来西亚、韩国、中国台北等非英语国家和地区也相继加入,使《华盛顿协议》的缔约方更加多样化。目前,中国、俄罗斯、印度、泰国等都在积极准备申请加入该组织。

二、《华盛顿协议》的主要内容

1.《华盛顿协议》(1997 年)的背景

1997 年各缔约方召开大会,重新讨论了 1989 年的协议内容,并重新修改通过了《已认证的工程专业学位培养计划的等同性认定》(Recognition of Equivalency of Accredited Engineering Education Programs Leading to the Engineering Degree),这是《华盛顿协议》(1997 年)的主体部分。该协定共 7 条,规定了各缔约方的责任和义务,对实质等同性以及新缔约方的接纳做了详细说明。另外,《华盛顿协议》还包括《章程与程序》以及《过渡性条款》。其中《章程与程序》制定了定期审查、新

---

① 1995 年,香港正式加入《华盛顿协议》,但当时香港尚未回归,官方语言为英语。

缔约方的批准、大会、主席、秘书处等 5 个方面的细则和程序;《过渡性条款》是指《华盛顿协议临时缔约方的申请》(Application for Provisional Status in the Washington Accord,以下简称《临时缔约方的申请》)。现行的《临时缔约方的申请》是 2001 年通过的,介绍了临时缔约方的含义、申请程序和要求。2005 年 6 月,在中国香港举行的第二届国际工程会议上又通过了《国际协议顾问指南》,建立了为希望加入《华盛顿协议》的组织提供支持、咨询和指导的顾问机制。

《华盛顿协议》的核心内容是经过各成员组织认证的工程专业培养方案具有实质等效性(substantial equivalence)。等效性是指任何成员在认证工程专业培养方案时所采用的标准、政策、过程以及结果都得到其他所有成员的认可。这不仅需要每个成员认真履行自己的职责,严格认证本国或本地区的工程专业培养方案,而且要承认其他成员的认证结果。由于有严格的定期审查和相互监督机制,各成员组织都为保证本国或本地区的高等工程教育做出了不懈的努力,而且通过这项协约使这些努力的认可度更高、范围更广。

这种实质等效性是通过系统化的制度来规范各国或地区对高等工程教育的认证过程的。从根本上来讲,《华盛顿协议》所承认的是经过工程专业训练的学生具备基本的科学素养和从业能力。从各国或地区进行认证的经验来看,近年来认证的重点出现了从考核"教育输入"(教师教什么)转向考核"教育产出"(学生学到什么)的趋势,也就是更加关注教育的结果和产出,采用了"能力导向"的认证标准。《华盛顿协议》要求毕业学生具备沟通能力、合作能力、专业知识技能、终生学习的能力及健全的世界观和责任感等等。学生的能力是对教育质量最直接的说明,因此这些能力指标,为教师、为教育机构在设计课程上提出了明确方向与要求。在有限时间的课堂上,教师要指导学生在本学科领域内应学到的基础知识,同时要指导学生发展解决实际问题并具有在跨领域开展研究的能力。这将深刻地影响培养计划的制定,符合要求的培养方案将特别注重审查学生学习专业知识和技能的学习目标,促进课程整合,引导学生在跨领域或跨组织团队中与他人相处合作。

另外,《华盛顿协议》针对的是各国或地区的缔约组织所执行的一整套认证体系,而不是单独的培养方案。也就是说,申请加入《华盛顿协议》的组织必须有一套完整的认证体系,有书面的认证程序和要求,具有专业性、客观性、公正性并符合科学道德规范。由该组织根据这一体系认证各自高等院校工程专业的培养方案,通过自我评估、现场调查和审查评议等方式进行评估和认证。由于接受认证的是四年制本科的培养方案,不同于《悉尼协议》和《都柏林协议》所针对的三年制和两年制的高等工程技术教育。因此,这些培养方案一般都是由大学级别的机构实施,要求这些大学机构成立的年限必须在 16 年以上,这样才能保证方案的稳定性和高质量。

2.《华盛顿协议》缔约方的责任和权利

各缔约组织应当按照《华盛顿协议》的要求,制订符合本国或本地区现实特点的认证标准和程序,在通过审查之后,对本国或本地区的本科工程专业培养方案进行认证,并鼓励各培养机构以最好的方式为毕业生的从业奠定学术基础。

正式成员必须派代表参加两年一次的大会。在大会上,每一个成员有一票表决权。临时成员可以派代表参加大会并参与讨论,但没有投票权。

闭会期间,各方通过各种渠道相互交流各自的认证标准、体系、程序等信息,并及时公布通过认证的培养方案,要经常相互观摩认证的过程,参与其他成员管理机构的会议甚至执行认证的部门的会议。这些措施都是在保证各方的认证程序公开透明,也能及时借鉴其他成员的经验和教训,使各方的认证工作具备更高的等效性,提高认证的水平。

此外,正式成员还负责推广《华盛顿协议》,使本国或本地区执业工程师认证或授权的相关机构也承认各方的工程专业培养计划,这是《华盛顿协议》加强工程教育和专业认证的重要举措。工程学科的应用性都非常强,从工程专业毕业的学生一般都面临就业的挑战,特别是《华盛顿协议》所针对的本科工程教育的毕业生,更有较高的比例将会直接就业。无论从教育界还是工业界的角度来讲,都希望能在教育与就业之间搭起沟通的桥梁,这不仅能使教育更好地行使服务社会的职能,从工业界汲取有益的资源,也能使工业界拥有更多基础扎实、潜力更大的从业者。由 6 项国际协议组织联合召开的国际工程会议上,每次都会共同探讨如何促进工程教育和工程师资格互认。从其他 5 项协议签订的背景和基础以及国际工程大会的内容上看,《华盛顿协议》无疑都处在基础和核心的地位。而且,《华盛顿协议》的缔约方一般都是其他 5 项协议的缔约方,这能保证各国或地区在学历和工作资格认证上的一致性和融合性。因此,《华盛顿协议》不仅在高等工程教育认证上意义重大,也为执业资格的认证奠定了良好的基础,促进了全球工程师的流动。

3.《华盛顿协议》的执行

● 大会

《华盛顿协议》的所有缔约方每两年召开一次大会,对协议的部分条款进行修改,同时批准和审议接纳新的成员。

大会审议过程中,任何关于会员的接纳或终止、章程和程序的修改等重大问题的决策都必须得到 2/3 以上的正式成员同意。而且,在接受新的正式成员时,必须得到所有正式成员的一致赞成,也就是说,正式成员对新成员的申请有一票否决权。

大会的议程在会前一个月发送达各成员,因此,各成员有充分的时间准备会议的内容,提高大会的质量和效率。由于参加《华盛顿协议》的组织都是非政府组织,为降低成本,协议有专门条款涉及大会的费用问题,指出"大会的时间和地点安排应该尽可能减少各缔约方代表的差旅费用。如果条件允许,大会可以安排在一次相关的重要国际会议之前或之后"。

● 主席和秘书处

每次大会结束时,由大会提名并确定两个正式成员组织分别为主席单位和秘书长单位,秘书处即设在秘书长单位。主席和秘书长一般来讲应该来自不同的缔约方。主席和秘书长在大会闭会期间行使责任至下次大会闭幕。为了保证协议的公平和公正,《华盛顿协议》规定,担任本届主席的成员组织不能担任下一届主席;任何成员担任秘书长的职务不能连续超过 4 年。目前,担任主席的是澳大利亚工程师学会,美国工程与技术认证委员会为秘书长单位。

秘书处负责日常的行政管理工作,包括组建审查小组、制定审查和报告的时间表、记录每次大会的商议内容和决定,推动成员之间的交流,并提醒各成员组织和其他组织在制定和实施政策的过程中执行本协约的条款等。

● 审查小组

按照《华盛顿协议》的章程规定,每 6 年须对正式成员所取得的成果和认证体系是否还具有实质等效性资格进行审查。审查小组由各成员方的代表组成。每一个成员组织提名两位分别有学术背景和工业或者职业背景的代表,由秘书处从中选择三名与被审查机构没有任何直接或间接利益关系的代表组成审查小组。审查小组的名单需要得到被审查的组织的同意。这些措施能保证审查的公平和公正,维护被审查方的权益。

审查小组按照《华盛顿协议》的章程和程序对正式成员的认证体系进行审查,并向秘书处和各成员方提交审查报告和建议。报告需要明确指出,被审查的正式成员的认证体系在未来 6 年之内是否具有实质等效性。如果审查小组认为该体系有明显的不足,则建议此正式成员降格,恢复为临时成员的身份,由其他成员立即提供援助措施以帮助解决认证体系的不足。但此建议必须得到 2/3 以上正式成员的同意。此后被审查的成员有一次申诉机会。这样,《华盛顿协议》就构建了一个严密的审查与互助相结合的网络,既能保证各成员方按照协议内容认真履行责任,又能及时采取有效措施积极帮助各成员方提高高等工程教育的质量。

- 申诉委员会

如果有成员组织提出申诉,秘书处将组建申诉委员会,在 6 个月之内再进行一次独立的审查。

申诉委员会的组建与审查小组相同,但秘书处必须保证二者中没有共同的成员。申诉委员会有权决定其运作的程序和标准,但必须将程序和标准公开。审查结束后需向所有成员通报审查结果,申诉委员会的审查结果为最终结果。所有费用由提出申诉的一方承担。

三、《华盛顿协议》的申请

1. 申请加入《华盛顿协议》的程序

《华盛顿协议》的缔约方必须是能够代表所在管辖区域内(如国家、经济体、地理区域等)工程教育的权力机构、代理机构或者公共机构,并具有对培养方案进行认证的法定权力或者公认的专业权威,且只能在所管辖区域内进行认证。在既定区域内,有且只有一个组织可以加入《华盛顿协议》。目前,各缔约方多为非政府组织,也独立于所管辖范围内实施培养方案的学术机构。

希望加入《华盛顿协议》的组织,首先要申请成为临时成员。递交申请后,如果在大会上得到 2/3 以上的正式成员的赞成,该组织则成为《华盛顿协议》的临时缔约方,即临时成员。临时成员意味着该组织有能力和潜力达到正式成员的要求,但并不表示它一定能够成为正式成员。

在临时期内,申请加入《华盛顿协议》的组织所制定的认证标准和程序,以及实施这些程序和标准的方式,需要接受正式成员的全面检查。检查程序和每 6 年审查正式成员的方式一样。

临时成员的年限一般是两年,如果在临时期满后未能获得批准成为正式成员,但由于该组织的努力可以表明它所代表的国家或地区正逐步达到《华盛顿协议》的要求,那么在全体正式成员一致同意的情况下,可以继续保留两年临时成员的身份。

如果临时期满后,该组织所进行的认证工作已经达到《华盛顿协议》的要求,并且得到所有正式成员的一致同意,该组织即可成为正式缔约方(即正式成员)。其他正式成员所认证的工程专业培养方案的实质等效性,从该组织成为临时成员之日起生效。但该组织所认证的培养方案的等效性在它成为正式成员之日起方可生效。

如前所述,一旦成为正式成员后,还必须接受定期(一般是 6 年)审查。也就是说,每次审查的有效期是 6 年,在此期间该组织所认证的培养方案有效。6 年后,如果审查合格,其培养方案继续具有实质等效性;如果不合格,则被降为临时成员,需要对认证工作进行改进和完善。定期审查制度要求各成员组织建立质量保证体系,保证互认的工程专业教育能够随着科学技术发展得到持续改进。

2. 临时缔约方的申请

临时缔约方的申请者须向秘书处提交申请,并且得到两个正式成员的提名。为了体现国际性,《华盛顿协议》的工作语言是英语,因此要求所有申请的文件和信函都必须使用英语。

申请材料必须证明该组织所认证的培养方案的水平和内容与其他正式成员的方案有等效性,共包括 7 个部分。

第一部分,介绍代表某国或某地区申请加入《华盛顿协议》的认证机构的情况,包括名称、主要管理人员的简介、该机构与区域内其他工程专业团体、政府机构和工业协会的关系。这部分内容需要证明该机构在区域内的代表性、专业性、合法性、权威性和独立性。

第二部分须简要说明国家或地区的社会基本概况和工程科学的基本情况。

第三部分介绍该区域内教育教育情况,包括初等、中等和高等教育的概况,工程专业教育计划的特点以及录取标准,工程专业研究机构和培养方案的数量和类型,并注明这些机构的性质,是公共机构还是私人性质的。

第四部分须详细介绍工程学科毕业生从业的现状,包括工程行业的相关情况以及规范程度、工程从业所要求的专业背景和学位、成为注册工程师的要求、工程师的不同分类、从业的范围、与进行工程师注册机构的关系,以及注册机构承认认证结果的影响程度,等等。《华盛顿协议》虽然只是针对四年制本科工程教育的认证体系,但是也关注教育与就业的联系,体现了它在6个国际性协议中的重要地位。因此,也要求申请者对本区域的教育和从业资格都有清楚的了解。从一些国家或地区的实践来看,申请加入《华盛顿协议》的组织也往往会代表该区域加入其他国际协议。因此,在认证工作上就能实现区域内的统一与衔接,对工程教育的发展也有积极的作用。

第五和第六部分分别介绍认证的作用和该机构在区域内所实施的认证体系。认证的作用部分需要说明资格认证在注册中的作用;如果认证是自愿的,还要说明认证的参与程度。申请加入《华盛顿协议》的机构都有严密的组织结构,一般都是会员制的组织,从而保证认证工作的延续性和权威性,因此,《华盛顿协议》对实施认证的人员也有严格要求,需要是该组织的正式工作人员;如果个人是以志愿者的形式参与认证,其必须达到一定的学历要求。这些情况在申请书中都必须说明。

第六部分认证体系是最核心的部分,直接反映了该组织认证的专业与其他国家或地区是否具有实质等效性。这部分需要介绍区域内认证体系的发展和成熟度、认证机构的组成和权力、认证的目标、认证的标准、认证的实施、已经通过认证的项目名单和将要进行认证的项目列表、与国外工程专业机构的联系,以及签署的任何协议等。这部分所要求的文件非常详细,认证的标准包括了每一个专业培养方案的标准、课程与实践活动的比例、培养年限、师资要求、计划的名称,等等;认证的实施包括初始考察、自我评估问卷和报告、评估小组的选择、考察环节的组织、拟定的认证过程等。

第七部分是推荐者。在申请书的最后需要说明推荐和提名该机构加入《华盛顿协议》的两个正式成员名单。

四、《华盛顿协议》的影响及对我国的意义

《华盛顿协议》作为一项关于高等工程教育认证的重要协议,在工程教育界和工业界都发挥了重大影响。我国作为一个非英语的发展中国家,工程教育发展迅速,但缺乏完善的认证制度;工业发展对人才的质量数量需求都很高,但工程教育

的步伐还不能满足,因此制定国内高等工程教育专业认证制度,加入《华盛顿协议》对我国更有特殊的意义。

首先,加入《华盛顿协议》能促进高等工程教育质量提高。《华盛顿协议》是对各国各地区工程教育质量的肯定,能够提高本国或本地区高等工程教育的声誉;《华盛顿协议》签订 17 年以来,它不断促进各缔约方提高工程教育质量,进行教学改革。通过加入《华盛顿协议》,达到协议的要求并通过审查,可以使我们明确工程教育专业的标准和基本要求,促进高等院校和专业进一步办出自己的特色;可以改善教学条件、促进对教学经费的投入;可以促进教师队伍的建设和专业化发展;还可以发现大学相关专业院系教学管理的薄弱环节,促进建立科学规范的教学质量管理和监控体系,从而提高大学教学管理水平。

其次,加入《华盛顿协议》能加强高等工程教育与工业界的联系,促进高等工程教育的改革与发展。随着经济改革的深入,大学与工业企业的联系不断增强,但仍缺乏有效的连接纽带。政府对大学起着重要的领导与调控作用,而中介组织的作用尚处于发育阶段。加入《华盛顿协议》的组织能够很好扮演这样一个纽带的角色,通过认证的制度和组织的运作,把工业界对工程师的要求及时地反馈到工程师培养的过程中来,引导高等工程教育专业改革与发展方向,加强高等工程教育和工业界的关系。事实上,中国香港和德国加入《华盛顿协议》的过程,也是各自工程教育和工程教育认证体系改革的过程。

再次,加入《华盛顿协议》有利于高等工程教育的国际交流,强化学生就业竞争的优势,提升我国高等工程教育的国际竞争力。随着经济全球化和工业界国际竞争加剧,如何培养能够参与国际化工程项目的工程师,在实质等效性的要求下推进全球工程教育的交流,是世界各国或地区高等工程教育正在努力解决的问题。《华盛顿协议》的缔约组织大多是综合性的认证机构,既负责认证工程教育的学位(学历),也对工程师资格进行认证,这就在各国各地区构成一个完善的工程质量保证和评价体系。因此,加入《华盛顿协议》能促进获得学位的毕业生的国际流动以及各成员国之间的交流,为工程师执业资格认证奠定良好的基础,也为我国加入其他国际性互认协议提供平台,从而扩大我国工程教育的国际影响。

《华盛顿协议》作为一个体系比较完整的国际性协议,对缔约方的各方面工作都提供了明确的要求。从签约组织最近几年的变化趋势来看,越来越多的国家和地区的工程组织正在朝着《华盛顿协议》所要求的工程专业质量保证的方向前进,这表明《华盛顿协议》所要求的质量保证体系正日益得到各国认可。因此,加入

《华盛顿协议》是我国工程教育参与国际活动的最好切入点之一。按照《华盛顿协议》的要求,建立具有国际实质等效性的中国高等工程教育专业认证的制度,是我国高等工程教育界和工业界的共同诉求,也是提高我国工程教育质量面临的重要历史性任务。

附录:

《华盛顿协议》成员组织一览

		国家/地区	成员组织名称	加入年份
1	正式缔约国或地区	澳大利亚 (主席单位)	澳大利亚工程师学会 (Institution Of Engineers,Australia,IEAUST)	1989
2		美国 (秘书长单位)	美国工程与技术认证委员会 (Accreditation Board For Engineering And Technology,ABET)	1989
3		爱尔兰	爱尔兰工程师学会 (Institution Of Engineers Of Ireland,IEI)	1989
4		新西兰	新西兰专业工程师学会 (Institution Of Professional Engineers,New Zealand,IPENZ)	1989
5		英国	英国工程委员会 (Engineering Council,ECUK)	1989
6		加拿大	加拿大专业工程师委员会工程认证委员会 (Canadian Engineering Accreditation Board Of The Canadian Council Of Professional Engineers,CEAB OF CCPE)	1989
7		中国香港	香港工程师学会 (Hong Kong Institution Of Engineers,HKIE)	1995
8		南非	南非工程委员会 (Engineering Council Of South Africa,ECSA)	1999
9		日本	日本高等工程教育认证委员会 (Japan Accreditation Board For Engineering Education,JABEE)	2005

续表

	国家/地区	成员组织名称	加入年份
10	临时缔约国或地区	德国	德国工程、信息科学、自然科学和数学专业认证机构 (Accreditation Agency For Study Programmes In Engineering, Informatics, Natural Sciences And Mathematics, ASIIN)	2003
11		新加坡	新加坡工程师学会 (Institution Of Engineers, Singapore, IES)	2003
12		马来西亚	马来西亚工程师学会 (Engineering Accreditation Council Of Malaysia, EAC, Malaysia)	2003
13		韩国	韩国高等工程教育认证委员会 (Accreditation Board For Engineering Education Of Korea, ABEEK)	2005
14		中国台湾	台湾高等工程教育学会 (Institute Of Engineering Education Taiwan, CHINA, IEET)	2005

参考文献

［1］ 清华大学工程教育课题组.建立具有国际实质等效性的中国高等工程教育专业认证制度研究报告. 2006-10.

［2］ 余寿文,王孙禺.中国高等工程教育与工程师的培养[J].清华大学教育研究,2004(3).

［3］ 余寿文,李曼丽.培养21世纪的优秀工程师.高等工程教育研究.2005(4).

［4］ 毕家驹.走华盛顿协议之路.高教发展与评估.2005(6).

［5］ 毕家驹.关于华盛顿协议新进展的评述.高等建筑教育.2000(2).

［6］ 张文雪、王孙禺、李蔚.高等工程教育专业认证标准的研究与建议.高等工程教育研究.2006(5).

［7］ http://www.engc.org.uk.

［8］ http://www.iei.ie.

［9］ http://www.hkie.org.hk.

（原载《高等工程教育研究》,2007年第1期）

《华盛顿协议》影响下的各国/地区高等工程教育

王孙禹　雷　环

《华盛顿协议》作为一个各国或地区之间高等工程教育学历互认协议,自签订以来,对各国或地区的高等工程教育产生了很多积极的影响,推动了高等工程教育的改革,特别是本科教育培养方案的不断发展和完善,提高了教学质量,使毕业生的素质和能力都达到一个更高的标准。

一、《华盛顿协议》的主要内容

《华盛顿协议》(Washington on Accord)是 1989 年由美国、加拿大、英国、爱尔兰澳大利亚和新西兰等 6 个国家的工程专业团体分别代表 6 国签订的高等工程教育学历互认协议。自签订以来,影响不断扩大,逐渐成为国际上高等工程教育和工程职业认证体系中最重要的协议之一。继最初的 6 个缔约方之后,香港、南非、日本分别于 1995 年、1999 年、2005 年成为正式缔约方(或称正式成员)。2003 年德国、马来西亚和新加坡被接纳为临时缔约方(或称临时成员),2005 年韩国和中国台北也被接纳为临时成员。截至 2006 年,签约的正式缔约方和临时缔约方增加到 14 个。《华盛顿协议》承认缔约方所认证的工程专业培养方案具有实质等效性,也就是说缔约方相互之间承认各方对专业工程教育培养方案进行认证的政策、标准、程序和结果。这里的工程专业主要是指四年制本科的专业。

这样一种相互的认可构建了一个世界范围内的高等工程教育认证框架。首先,《华盛顿协议》通过会员制度设立了一个准入的标准,并且建立起会员之间相互认可的平台。协议的一个核心要素是一国或地区范围内的认证体系,这是一个认证组织代表该国或地区加入协议的首要前提条件。各缔约组织应当按照《华盛顿协议》的要求,制定符合本国或本地区现实特点的认证标准和程序,在通过审查之后,对本国或本地区的本科工程专业培养方案进行认证。除了完善的认证体系,《华盛顿协议》还对各缔约组织提出了其他组织制度及权威性的要求,以及6年一次的检查,以保证各组织认证工作的质量从而维护其他缔约方的利益。其次,《华盛顿协议》通过各缔约组织在所在辖区内的认证工作将《协议》的标准落实到每个教育机构的每一个工程学位培养方案,以保证每个毕业生具备良好的专业和个人素质,达到职业工程师的从业标准。各缔约组织认证的对象是各教育机构的培养方案,而不是学校或者院系。但是学校和院系的层面也是教育质量保障的一个重要环节,因为这构成了培养方案的实施环境特别是培养方案所反映出的教育理念和教育文化,同时学校和院系为培养方案的实施提供了重要的资源和设备。由此,《华盛顿协议》构成了"世界—国家/地区—学校/院系—培养方案—学生"的关系网络,既是一个保证培养质量的封闭系统,也是一个奠定职业工程师流动基础的开放环境。

二、《华盛顿协议》对各国或地区的影响

1. 以质量为核心

缔约方之间的相互认可是建立在工程学位培养计划的质量达到一定标准的基础上的,因此,在各缔约方的认证体系中,质量保障都是其中最重要的内容之一。各缔约方都要求申请认证的培养方案要有完整的质量保障体系,希望通过认证,使各教育机构和工程院系进一步明确工程教育专业的标准和基本要求,促进各院校和专业办出自己的特色、改善教学条件、提高教学经费的投入,促进教师队伍的建设和专业化发展;同时,发现教学管理的薄弱环节,建立科学规范的教学质量管理和监控体系,从而提高大学教学管理水平。

香港工程师协会(HKIE)认为:"工程学位培养方案的质量并不仅仅依靠课程和教学大纲。学术人员的构成、入学标准、学术水平、教学方法、设备、办学资金和评价方法等,都是影响教育质量的因素。"其工程学位培养方案的标准对每一个方面都做了详细的规定。例如:对教师,要求实施培养方案的教师中必须有一定数量的教师有较高的学术成就和工程实践经验,获得博士学位的教师应当占较大的比例,多数人应当是HKIE等专业组织的会员;对学生,入学条件要求学生在香港A级考试或类似的考试中,数学、物理学和工程科学都得到较高的分数,在读期

间,除了完成系统的专业学习,还应该参加各种实践活动和其他学科的学习,并鼓励学生成为 HKIE 的学生会员,参与 HKIE 的活动。

HKIE 所要求的质量保障体系包括内部体系和外部体系。内部体系主要是培养方案自我调节的标准和程序,这对于保持培养方案的学术水准是非常关键的。外部体系是借助外界的力量对培养方案进行监督,比如,邀请外部考试官参与重要的评估和考试,以做到客观公正地反映培养方案或学生的真实水平。HKIE 在对培养方案进行认证时,会对这些体系进行详细了解和评估。此外,HKIE 在认证程序中还设置了"评估员"的角色,以观察者的身份参与认证,这对整个认证程序来说也相当于是一种外部的监督。评估员将研究教育机构所提交的所有文件,并为认证委员会的认证决定提出建议。因此,评估员的角色在认证过程中的作用非常关键。

2. 以成果产出为导向

世界在变化,科学技术在变化,新一代工程师们需要的能力将不只是限于传统科学知识及基础工程概念,而应该具备在跨专业、跨领域团队中合作的能力,具备参与国际竞争的能力。这些能力的获得,除了在工程实践中积累经验以外,很大程度依靠工程院校的培养,使走出学校进入职业领域的毕业生具备全面综合的素质。因此,高等工程教育更应该根据环境的变化而不断调整,训练学生灵活运用基础知识进行工程设计和解决实际工程问题的基本能力,培养他们创新、务实、灵活和应变的能力。获得学位不仅意味着知识积累到一定程度,从某种意义上说更是学生的能力达到一定的标准,合格的毕业生应该在实际工作中得到认可。所以,以教育成果和毕业生的能力作为工程教育的目标和培养方案的评价标准已经成为各国或地区认证体系的一个重要特点。

以美国为例,近几年在高等工程教育领域所进行的改革就深刻体现了"以成果产出为导向"的观点。代表美国签署《华盛顿协议》的美国工程与技术认证委员会(ABET)是对高等教育机构的应用科学、计算科学、工程和技术等领域进行工程教育质量资格认证和工程师职业认证的团体。1997 年,ABET 采用了《工程标准2000》(Engineering Criteria 2000,以下简称 EC 2000)。EC 2000 所注重的是学生学到了什么而不是教师教了什么,也就是强调学生在经过培养方案的训练之后具备了怎样的综合能力,包括沟通、合作、专业知识技能、终生学习的能力及世界观,等等。

毫无疑问,注重"产出"的指标,对课程设置会有重要的影响,也为教师、教育机构在设计课程上提出了明确的方向与要求。学校和教师开始重新审视培养计划,树立注重学生专业知识和技能的培养目标。重视学生学习能力的结果还促进了课程的整合,有利于学生在跨领域或跨组织团队中与他人相处合作。同时,这一目标的实现还要求教师需具备足够的工程背景知识并能够协调工程以外的综合知识,以引导学生去学习本学科以外的课程。工程学科的课堂上出现了很多职业的工程师,他们开设短期的课程或讲座,将实践经验带入课堂。参与工程实践也成为培养方案的重要组成部分,每个教育机构在设计培养方案时,都对参与实践的要求和评价标准做出了明确细致的规定,以保证学生在这个环节能够真正了解工业界和职业领域。

3. 调动"利益相关者"的积极性

在工程教育认证中,加入《华盛顿协议》的各认证机构也将"利益相关者"纳入认证工作的范畴,在认证标准中包括了调动"利益相关者"的积极性。从《华盛顿协议》体系来讲,"利益相关者"有两方面的含义:其一,从宏观上看,要调动全社会的积极性培养高水平工程人才。《华盛顿协议》不仅对缔约机构自身的组织结构、认证标准、程序等方面做了详细而严格的规定,而且要求缔约机构承担推广《华盛顿协议》的责任。也就是说,认证机构应该与工程教育相关的领域和机构建立良好的关系,在工业界甚至整个社会推广等效性的理念。这与工程学科的实践性密不可分,因为培养高质量的工程人才不是教育机构单方面推动就能实现的,需要实践领域,也就是人才最终流向的用人单位也积极参与进来。这就为工程毕业生得到社会的认可和职业工程师获得专业机构的认证奠定了很好的基础。其二,从每个培养方案的层面看,要调动一切资源保证培养方案的实施。"利益相关者"顾名思义就是与工程教育(或某一个特定的培养方案)及其成果有利益关系的所有人员,而且这种利益是广义的,并不限制在经济利益上,不仅指能够影响培养方案实施的人,还包括受到培养方案影响的人,比如教师、学生、工程行业雇主、毕业生、校友、大学管理层、从事其他职业的人员、学术界、教育者和职业指导人员、行业内主要的利益相关者等。他们参与培养方案的程度,直接影响了培养方案的实施和教育成果的产出。

澳大利亚工程师协会(IEAUST)所制定的工程学位培养方案认证标准中,专门有针对利益相关者的内容:要求积极搜集利益相关者的反馈意见,并鼓励利益相关者持续地投入以推动培养方案的不断完善。具体措施包括开展师生合作论坛、专题小组或者建立其他直接投入的机制,不断对培养方案进行总结和完善;适当运用调查和其他手段获得系统的反馈意见;建立毕业生、校友、雇员、顾问团体和社会共同投入的机制;学生要直接参与文化环境的建设和质量保障体系,等等。此外,主要的教育理念和方针、重要政策的制订、各自的责权也应该让利益相关者有清楚的了解,使利益相关者的反馈意见和投入成为实现培养方案的目标以及毕业生能力的重要监督手段。在对培养方案的成果或者政策进行评估时,对利益相关者的全方位调查也是一种常用的手段。这种方式实质上是将工程教育放在一个开放的环境中,不再局限于以往的教学评估所关注的校内因素,而是随时从外界了解工程教育的成果和问题,进而为工程教育汇集更多的校外资源,加强与工业界和社会的联系。

4. 连接教育与就业

《华盛顿协议》提出:"在本协议所覆盖的每一个国家或地区,对工程培养方案的认证是职业工程实践的重要基础",并鼓励各培养机构以最好的方式为毕业生的从业奠定学术基础。在这样的框架下,各国或地区的认证体系都制定了相关标准要求高等工程教育肩负起向就业过渡的责任。下面以英国工程委员会(ECUK)的实践为例,分析在《华盛顿协议》的影响下,各国或地区如何完成教育到就业的过渡。

ECUK 的高等教育专业认证的标准从学习产出中对毕业生的能力做了详细要求,而这些能力大部分都是进入工程实践领域所必须具备的,例如"掌握一个工程学科及其基本原理,并有能力在工程项目中有效应用""具有工程所必须的社会、环境、商务、经济、管理、法律、道德、知识产权、合同、可持续发展、风险等方面的知识和鉴别能力""具有理论与经验相结合的在工程现场工作的能力。掌握有关知识和技能,包括材料、设备、流程、产品、经营、管理、风险规范和标准、质量问题、产出评价等""具有在多种场合下都有价值的通用技能,包括解决各种问题、人际沟通、与他人合作共事、应用一般的信息技术、利用技术文献、终生学习能力"等。这些能力的培养有的是通过单独的教学环节完成,比如实践、项目参与等;有的则是贯穿在培养方案的整个过程中,例如合作和交流能力、伦理观念、法律意识等。只有达到这些能力要求的学生才能获得学位,只有包括这些要素的培养方案才能得到认证。

英国工程专业认证的另一个突出特点就是建立了学位和职业资格的共同体系,只有获得相关学历的人才能获得职业资格,进入工程职业领域。共同体系不仅降低了教育认证和职业资格认证的成本,而且个体获得学历和职业资格的时间大幅缩短,提高了人力资本的效率。ECUK 不仅对工程专业培养方案进行认证,其最主要的任务是工程师和其他工程技术人员的注册。如果达到 ECUK 的相关标准,个人可以注册成为特许工程师(Chartered Engineer)、副工程师(Incorporated Engineer)或者工程技术员(Engineering Technician)。一般来说,在英国要想从事工程师的工作,并不是一定要在 ECUK 注册才行。但是,在许多工程领域内,注册工程师往往更容易被认可,而且在少数领域,例如与安全有关的工作,则一定要注册工程师才能担任。而达到注册标准的一个重要条件就是接受过经 ECUK 认证的专业培养方案的教育。所以,工程培养方案就成为了教育与就业联系的桥梁。而且,从世界范围来看,目前尚不存在国际性的职业资格认证体系,而各国或地区所承认的教育培养方案在某种意义上也成为了职业资格的代名词,只要是从经过认证的培养方案毕业,就能够得到其他国家或地区职业资格认证机构的承认,从而获得在其他国家或地区从业的许可。

以上四个特点并非某一个缔约方所特有,几乎体现在所有缔约方的认证体系中。在《华盛顿协议》的影响下,各国或地区的高等工程教育认证正在逐步进行改革和调整,呈现出很多相似的特点。

三、《华盛顿协议》对中国高等工程教育的借鉴意义

通过分析可以看出,《华盛顿协议》对各国各地区工程教育认证无疑具有积极的影响。我们可以从《华盛顿协议》及其缔约国或地区借鉴有益的经验,尽快建立我国的高等工程教育认证体系,完善高等工程人才的培养机制,在条件成熟的情况下积极加入《华盛顿协议》等国际性协议或组织,提高我国高等工程教育的水平,推动它走向世界的舞台。

首先,我国大陆地区应该积极争取加入《华盛顿协议》。我国已经建立了比较完整的工程教育体系,高等工程教育专业的学生总量在世界上位居前列,其中,就读工程专业的学生已经占到我国高等教育在校学生总数的 1/3 以上,是世界上的高等工程教育大国。但随着全球化进程的不断加快和加入 WTO 后所面对的人才流动需求,我国的高等工程教育必须走上世界舞台,而《华盛顿协议》是目前最佳的选择。因为自签署以来,《华盛顿协议》已经逐渐成为世界上体系最完整、权威性最高、国际化程度最广的国际工程互认协议。加入《华盛顿协议》,一方面,能够借鉴国际先进经验,提高我国工程教育的水平;另一方面,也能为世界培养和输送更多更优秀的工程技术人才。中国香港和中国台湾地区已经分别成为了《华盛顿协议》的正式会员和临时会员,为大陆地区提供了很好的参考,大陆地区应该加强

与香港工程师协会和台湾高等工程学会的联系,使两岸三地的高等工程教育共同走向新的高度。

其次,应该尽快建立起大陆地区的认证体系,这是加入《华盛顿协议》的必要条件之一。严格完善的专业认证体系是保障和促进高等工程专业教育质量发展的重要方法和途径。但迄今为止,专业认证制度在我国高等工程教育质量保障体系中还是一个薄弱环节,除在建筑工程领域对专业认证制度进行了一些有益的实践探索之外,我国尚处于小规模的专业认证试点工作阶段。建立高等工程教育专业认证制度,是实现我国高等工程教育全面、协调、可持续发展的迫切需要。

最后,应该调动一切有利资源,促进高等工程教育的全面发展。以成果为导向、调动利益相关者的积极性、连接教育与就业,实质上都是提高高等工程教育质量的手段,而且,运用这些手段和提高质量的最终目的都是培养出符合社会需要的人才。学有所用,才能更好地促进社会和人类的发展。我国目前的高等工程教育,还主要是高校在推动,缺乏与外界,特别是工业界的联系,不仅在培养过程中损失了很多资源,在完成学生培养后也缺乏一种有效的机制将学生输送到最需要的岗位上。将职业资格与教育培养联系起来,不仅能够提高从业者的质量,也能对就业问题产生很多积极的影响,从而促进整个社会的发展。

(原载《中国高等教育》,2007 年第 17 期)

建立专业认证制度　推进高等工程教育改革

张文雪　王孙禺

专业认证是高等教育认证的重要组成部分,2006 年以来,我国启动并实施了工程教育专业认证制度的研究和认证试点工作。开展工程教育专业认证,培养适应新型工业化需要和经济全球化发展趋势的工程科技人才,既需要亟待建立中国特色且具有国际实质等效性的认证体系,同时也客观上要求加快工程教育和人才培养模式改革的步伐。

一、开展工程教育专业认证的旨归与特征

建立具有国际实质等效性的工程教育专业认证制度,主要目的有三个:一是构建工程教育的质量监控体系,推进工程教育改革,进一步提高工程教育质量;二是建立与注册工程师制度相衔接的工程教育专业认证体系,构建工程教育与企业界的联系机制,增强工程教育人才培养对产业发展的适应性;三是促进我国工程教育的国际互认,提升国际竞争力。2006 年 3 月开始,我国在机械工程与自动化、电气工程及其自动化、化学工程与工艺、计算机科学与技术 4 个专业开展首批工程教育专业认证试点,8 所学校参与认证。2007 年,按照与国计民生、国家安全、生产安全、人身安全及环境保护等关系密切的原则,新增环境类、水利类、交通运输类、轻工食品类、地矿类 5 个试点工作组,18 所学校试点,并将机械、化工 2 个专业试点组分别改组为专业认证分委员会,将原委托建设部主持进行的土建类专业评估纳入新的专业认证组织体系。2008 年又增加安全工程专业,使专业认证试点范围达到 10 个专业领域。

相应地,有关工程教育专业认证的组织体系、文件体系建设与试点工作实践并行推进。经过教育部和中国工程院的立项,清华大学的学者和专家2005年开始就"建立具有国际实质等效性的中国高等工程教育专业认证制度"课题进行了深入研究,研究成果的核心内容是认证标准和实施方案。2006年3月,教育部成立了工程教育专业认证专家委员会及其秘书处,正式起草了工程教育专业认证系列文件。2007年6月召开的全国工程教育专业认证专家委员会全会审议通过了认证系列文件,包括《全国工程教育专业认证试点办法》《全国工程教育专业认证专家委员会章程》《工程教育专业认证标准(试行)》等。此后,随着认证试点工作的开展,对这些文件进行了多次修订。

我国工程教育专业认证尚处于起步阶段,深刻理解和准确把握工程教育专业认证制度的理念和内涵至关重要。我们认为,工程教育专业认证具有如下主要特征。

1. 工程教育专业认证是针对工程专业进行的教育评估

专业认证标准是学校进行专业建设、自我评价以及专家审阅自评报告和实地考察的基本依据。适用于普通高等学校工程教育本科专业认证的《全国工程教育专业认证标准(试行)》包括通用标准与专业补充标准两个部分。通用标准设7项考察指标,并从18个方面诠释指标内涵。7项考察指标分别为:专业目标、质量评价、课程体系、师资队伍、支持条件、学生发展、管理制度。专业补充标准是在通用标准基础之上根据本专业特点提出的特有的具体要求。

2. 工程教育专业认证由非营利性的非政府机构组织实施,由被认证专业所在学校自愿申请参与认证

在我国特定的历史背景下,专业认证实施初期还必须由政府机构介入并推动,在实施过程中逐步引入政府授权与指导的中介机构。目前,全国工程教育专业认证专家委员会负责组织开展全国工程教育专业认证试点工作,其下按各专业领域设立专业认证分委员会(试点工作组)作为专业认证分支机构。此外,还设立全国工程教育专业认证监督与仲裁委员会,对专业认证试点工作实施监督,受理被认证学校关于专业认证结论或专业认证过程的申诉,接受社会各界对专业认证试点工作的投诉。

3. 专业认证实行过程评估与产出评估相结合,特别重视专业培养目标和产出的设定与实现

质量标准一般覆盖教育的投入、过程、产出3个方面。早期的认证比较注重

前二者,而近年来质量标准则越来越注重学习产出。产出评价(outcome-based)已被国际教育评估界普遍接受为保证质量的标准。例如,2001年开始实施的美国ABET工程专业认证标准EC2000,被称为革命性的变革是"以产出为导向",专业认证的重点从教育投入(教了什么)转向教育产出(学到什么)。立足于现阶段我国工程教育规模巨大、发展不平衡的特点,必要的过程考察仍不可或缺。因而在专业认证通用标准部分,既突出专业培养目标的设定,明确学生必须达到的知识、能力与素质的基本要求,考察毕业生质量和用人单位对毕业生的评价,同时也要考察人才培养的过程管理、办学条件能否保证人才培养目标的实现。

4. 专业认证贯彻"以人为本"的评价理念

首先,专业认证标准体现"以学生为中心"。如前所述,认证标准强调"学生学到什么",考察指标中还相应地设立"学生发展"指标,以大多数的学生状况作为考察整体,关注培养过程中学校是否对学生提供足够的指导。其次,认证标准强调教师在人才培养中的关键作用,不仅考察教师队伍结构状况,还考察对教师发展的支持。最后,以同行专家为主,依靠和信任专家能够通过考察获取的信息以及自身智慧和经验对专业办学质量做出正确判断。因而,对于通用标准所设7项指标,并不规定各项指标的权重;对于教学经费等教学资源条件,一般也并不规定具体的量化指标,但要求经费有保证,能满足教学需要;对教室、实验室、实习和实训基地和相关设施,要求在数量和功能上满足教学需要,重点考察教学资源被学生利用的情况。定性评价对同行专家提出了很高要求,他们不仅要具有丰富经验,还要遵守相应的诚信准则。

5. 专业认证引导并促进工程教育与产业和企业的紧密联系

从评估主体看,专业认证是一种社会评估。全国工程教育专业认证专家委员会、专业认证分委员会(试点工作组)、全国工程教育专业认证监督与仲裁委员会等专业认证组织机构的成员均由来自工程教育界、企业界以及行业管理部门的专家组成。从评估标准看,专业认证标准体现了加强工程界对工程教育的结合与指导。例如,专业设置应适应国家和地区、行业经济建设的需要,课程体系设计应有企业或行业专家参与,教师队伍中应有适当比例具有工程经历的专职教师,具有稳定的产学研合作伙伴,等等。

6. 专业认证强调工程教育的基本质量要求,保证并持续改进专业办学质量

专业认证是一种合格评估,强调基本要求而非专业评比和排名。学校可根据

自身优势、所在区域及人才培养定位,制定人才培养目标,在满足基本要求基础上突出各自的优势和特色。专家现场考察对各项指标的考察结果判定分4种:

(1)"合格(P)"表示完全符合标准要求(Pass);(2)"合格(P/C)"表示达到标准的要求,但有需要关注和改进的方面、或存在不确定性、或某些因素近期可能会发生变化,需要后续的关注和跟踪检查(Pass/Concern);(3)"合格(P/W)"表示基本达到标准的要求,但存在不足或问题,不足以持续保持到下一轮考察(Pass/Weakness);(4)"不合格(F)"表示未达到标准要求(Failure)。专业认证结论为"合格"表示各项考察指标全部合格,通过本次考察,但有效期分为两种:(1)有效期6年,即指标全部合格,且没有P/W项,学校应每两年向秘书处提交一次改进报告;(2)有效期3年,即指标全部合格,但有P/W项,学校应每年向秘书处提交一次改进报告。通过认证的专业如要保持认证有效期的连续性,须在认证有效期届满前一年重新申请认证。专业认证结论为"不合格",表示考查指标中有"不合格"项,不能通过本次认证考察,需要继续建设,一年之后允许重新申请认证。

7. 专业认证制度的设计与未来的工程师职业资格制度相衔接

美国、英国、加拿大等国家对工程专业人员有严格的资格认可制度。在美国,获得注册工程师注册登记一般须达到教育(education)要求、工作经验(experience)要求和考试(examinations)要求,具体要完成四个环节:毕业于经 ABET 认证的工程学士学位;通过工程基础考试(Fundamentals of Engineering,FE Exam);拥有必要的工作经验;通过工程原理和实践考核(Principles and Practice of Engineering,PE Exam)。因此,工程教育专业认证是实施注册工程师认证制度的重要环节和基础。目前,我国注册工程师制度尚处于研究阶段。从制度设计上使得工程教育专业认证制度与注册工程师制度相衔接,将有利于我国注册工程师制度的建立和实施以及工程师在国际市场的流动。

8. 专业认证力争具有中国特色并兼具国际实质等效性

在经济全球化教育国际化背景下,世界各国或地区相互签订了许多双边或多边的互认协议,探索国际间工程教育专业的互认途径,以便进一步实现注册工程师资格的国际互认。诞生于 1989 年的《华盛顿协议》(Washington Accord)已成为有关工程学士学位专业认证的最具影响力的国际互认协议。相互承认的核心内容是专业认证的可比较性和专业教育的等效性。工程教育专业认证制度设计的基本原则之一是建立具有中国特色且具有国际等效性的专业认证体系,专业认证标准力求与国际公认水准相当、认证程序与方法也力求符合国际惯例,为进一步取得工程专业和工程师的国际互认创造条件。

二、专业认证标准下我国高等工程教育改革的突破口和几点建议

毋庸置疑,我国高等工程教育在取得快速发展的同时,也面临不少问题与挑战。诸如人才创新能力不足、人才培养结构不合理、工程教育的"工程性缺失"和"实践薄弱"等问题长期未得到很好地解决。原因是多方面的,缺乏工程教育专业认证和工程师职业资格制度便是其中一个重要的影响因素。工程教育专业认证具有质量保障和质量改进的双重目的,认证标准对于高等学校的工程教育改革和发展具有非常重要的作用。高等学校应根据国家经济、科技、社会发展对工程科技人才的需求以及各自办学定位和特色,利用申请和接受专业认证的契机,对照认证标准查找自身存在的问题与劣势,有针对性地开展专业建设,推进专业建设和人才培养与国家经济社会发展的需要更加紧密结合,提高人才培养的整体质量。我们认为,以面向工程实践的人才培养质量为导向,明晰工程专业人才培养目标、优化课程体系、改善教师队伍结构、密切产学研合作等应成为工程教育改革的突破口。

第一,坚持以人才培养为根本、以提高人才培养质量为主线的改革思路。教育质量最终体现在培养对象的质量上。着眼于提高大多数学生的培养质量,学校在质量建设方面应从较多地关注教学资源和条件建设,转向更多地关注学生学习过程和学习产出,将学生的学习状态和学习产出作为评价学校和教师教育教学质量的核心要素。为此,学校的工程专业设置必须主动适应国家和地区、行业经济建设的需要,适应科技进步和社会发展的需要,符合学校自身条件和发展规划,有明确的服务面向和人才需求。在人才培养过程中,不仅要能够保证一定数量与较高质量的生源,而且要进一步优化校内外的各种教育资源配置,切实加强对人才培养的投入和对学生学习过程的指导,搭建良好的工程设计与科技创新活动平台,创造更多的国际交流和学习机会,在过去重视知识传授的基础上,更加重视实践教学,重视学生能力和素质的培养,促使学生更主动地投入学习,努力重塑学生课内和课外的学习经历,并最终转化为毕业生在国内外就业市场上的竞争力。

第二,进一步明确工科各专业人才培养目标和培养规格。各级各类学校的培养目标规定了培养对象的具体质量要求,是衡量其教育质量的标准。未来的工程科技人才不仅必须具有较高的专业知识和技能,还必须具有敏锐的社会洞察力、

有效交流能力、团队合作能力、终身学习能力,必须具有国际化的视野以及与工程有关的伦理、环境保护和可持续发展意识,能够处理在复杂的社会和伦理情境下由工程活动所引发的经济、法律、环境及其他相关问题。EC2000 规定的工程专业毕业生"11 种能力",可以看作是美国工程界和工程教育界对新世纪工程人才素质的基本要求。我国工程教育专业认证标准也规定了高等学校培养的学生必须达到的知识、能力与素质的 8 项基本要求(包括人文素养、职业道德;相关数学、自然科学知识等;解决工程问题的能力;资料检索的方法掌握;组织管理能力、团队能力;国际的视野和跨文化的交流能力等),使得工科毕业生为进入职业生涯作好充分准备。学校应以专业认证标准为基本依据,通过开展用人单位和毕业生调查、与共建单位的紧密合作等途径,加强对相关产业和领域发展趋势和人才需求的研究,结合相关产业和领域对专业人才的现实和未来需要,研究修订各个专业具体的人才培养目标和培养规格。

第三,构建适应经济社会发展需要的课程体系。改革人才培养方案和教学内容,吸收行业、企业界人士参与工科专业培养方案的制定,满足企业和社会所需的专业人才的培养需求。主干课程和主要实践环节要体现与生产实践、社会发展需要相结合的特征,充分反映相关产业和领域发展的新要求,在不削弱数学与自然科学基础训练的条件下,更加重视学生职业技能和主动学习能力的训练,特别是交流能力、团队合作能力、现代工程手段运用、写作能力、终身学习能力和工程设计能力的培养。教学内容和教学方法要面向工程实际,更多地采用案例分析、综合设计、小组学习、项目训练等形式,培养学生主动学习和团队合作能力,提高设计和交流技能。应设置完善的实践教学体系,为学生提供参与工程实践的机会,使学生在自主、动手、综合、实验和创新能力等方面得到一定的锻炼。毕业设计或毕业论文选题要尽可能紧密结合本专业的工程实际问题,使学生能够在解决实际问题的过程中学会应用所学知识,同时考虑经济、环境、伦理等各种制约因素,培养工程意识、独立解决问题的能力和协作精神。

第四,建设专兼结合的高水平教师队伍。从教师队伍来看,相当多的是从校门到校门的青年教师,由于缺乏工程实践经历而存在工程实践能力的缺陷,严重制约着工程教育的质量和水平。学校应通过完善机制改善工程教育教师队伍结构,使教师队伍中有适当比例具有工程经历的专职教师,同时有一定数量的企业专家作为兼职教师,形成一支了解社会需求、教学经验丰富、精干高效、专兼结合的教师队伍,提高他们的工程实践教育能力。通过制定激励措施和鼓励性政策,积极创造条件和机会使青年教师到生产一线、工程单位等相关产业和领域挂职实习、学习交流,参加国家重大项目、重点工程实践,在很好地完成教学任务的基础上从事一定的工程实际问题研究,将科研与教学相结合。学校在人才引进时应注重考察工程实践背景和经历,同时聘请国内外具有丰富工程实践经验的人才或实际工作部门的管理者参与教学工作,聘请相关产业和领域的人员到学校兼职授课。

第五,加强与产业界的联系与合作。一方面,充分利用校内各种科研资源为本科教学服务,依托学科建设促进本科教学,体现学科建设与专业建设和实验室建设的结合,鼓励科研实验室接收本科生完成毕业设计、参加研究训练项目等。另一方面,积极拓展社会资源,在互惠互利、相互促进的原则下,通过与共建单位在科研攻关及人才培养等方面开展合作等形式,吸引企业积极参与专业的教学活动,与企业合作共建校外实习和实践基地,引导和支持学生到国家重点发展行业重点发展地区和高新科技企业开展实践,到海内外主流企业参加企业实习计划。坚持实践教育与职业发展和就业引导相结合,增强学生对未来事业发展和社会环境的了解,提高学生思想素质和业务水平,培养学生交流、沟通能力和团队协作精神,促进学生知识、素质和能力的协调发展,鼓励更多的毕业生到重要行业和领域建功立业。

(原载《中国高等教育》,2008 年第 18 期)

服务公众　保障质量　激励创新[*]

——ABET 工程教育认证概述

迈克尔·密里根　乔伟峰 整理　王孙禺 审校

一、ABET 是谁

ABET 是非政府、非营利组织,总部位于美国的巴尔的摩。ABET 的前身是成立于 1932 年的美国工程师职业发展理事会。1980 年更名为美国工程与技术认证委员会。2005 年开始使用 ABET 这一简称作为组织的正式名称。在 80 多年的时间里,ABET 形成和发展了独特的认证理念和认证标准,开展了大量的认证活动,为推动美国和其他一些国家工程教育的改革发挥了积极作用。

ABET 的会员组织从最初的 7 个创始会员发展到了现在的 33 个。这些会员组织多数是工程领域的专业学会和技术协会,也有的是应用科学的专业学会,他们隶属于不同的专业,涵盖了最新的技术领域,代表了大约 150 万个个体的利益。这些会员组织负责制定本行业、本领域的专业标准,为开展专业认证提供志愿者,同时也最了解本行业、本领域的工程师。可以说,会员组织是 ABET 一切活动的基础。

在 ABET 的治理结构中,最上层是董事会,然后是各类委员会、行业顾问理事会、学术顾问理事会和全球理事会。此外,还有工程、工程技术等专业领域的认证

---

* 本文根据密里根在清华大学第 24 次教育讨论会的特邀报告"ABET 工程教育认证概述"改写而成,并经作者本人审阅授权。

委员会,最后是项目评估员。董事会由会员组织提名,负责确定战略规划,决定政策和程序,批准认证标准;行业顾问理事会告诉 ABET 哪些行业的认证相对比较重要,这些行业需要什么样的毕业生;学术顾问理事会的委员来自不同的学术机构,他们决定认证的标准和流程;全球理事会是一个新成立的机构,重点负责国际项目认证以及与其他组织的合作。

ABET 是一个以志愿者为主体的组织,志愿者都是由各个学会招聘的专业人员,他们参与本领域及相关领域的同行评议。认证专家要非常有经验,能准确判断认证项目的价值。ABET 要保证这些认证专家在相近的专业领域工作。在 2000 多名志愿者中,项目评估员是最大的群体。他们入校实地考察,对师生进行访谈,评估专业项目,提出改进建议。志愿者参加认证活动可以报销旅费但没有工资。出于对专业的忠诚和责任,他们专心致志地工作,牺牲了很多自己的时间。

ABET 的各个机构都异常忙碌。巴尔的摩总部共有 38 位专(兼)职工作人员来确保这个庞大的、主要由志愿者构成的机构的顺利运行。ABET 的总部是运营机构,主要功能是确定战略、制订标准、协调各方,而认证决定和改进建议则由专业的评估者做出,总部工作人员无权干预。这是 ABET 的一项非常重要的原则。事实上,很多教育机构甚至并不知道 ABET 总部的存在,他们主要和参与现场评估的专家进行交流。

ABET 的使命是为公众服务。希望通过认证改进工程教育质量,让毕业生学有专长,为进入专业领域做好准备,成为合格的雇员,更好地为社会工作。ABET 的愿景是保障质量和激励创新。ABET 的一切活动都聚焦在质量上,努力使专业认证成为质量保障的工具,推动被认证机构建立和完善质量保障的体系。ABET 并不要求所有专业都按相同的方式发展。例如,在美国,可能有几百个不同的教育机构开设同一个专业,发展情况各不相同。应该允许和鼓励他们的教育创新。

二、ABET 的全球活动

ABET 只对专业进行认证,目前覆盖工程、工程技术、计算机科学与工程、应用科学四个专业领域。认证的对象有三个层次,包括两年制项目、四年制项目和研究生项目。通过认证的前提是,专业达到了标准所要求的适当水平,所培养的毕业生适应劳动力市场的需要。现代的工程师不仅仅要有很强的技术技能,也要有很强的职业技能。在很多工程项目里,例如建筑工程项目,沟通技能和对工程伦理问题的理解能力都是必要的职业技能。再如,一个好的工程师要有团队合作精神,不能只是自己工作。此外,全球化进程中,跨文化的团队合作也越来越重要。

全球工程师的培养也是过去 10 年间讨论比较多的话题。

截至 2013 年 10 月,ABET 已经认证了全球 3300 多个项目,详见表 1。从 2007 年开始,ABET 也在美国之外的国家或地区开展认证。现在,这些认证活动非常活跃。ABET 建立了广泛的合作网络。第一是与重要的工程教育组织建立伙伴关系,例如国际工程教育学会联盟(IFEES)、全球工学院长理事会(GEDC)。第二是与各国的 16 个全国性学术机构,也包括中国科协(CAST)签订了一系列谅解备忘录。第三是签订认证互认协议,包括开展实质等效评估,如与加拿大工程师协会(CCPE)、国际工程联盟(IEA)等签订互认协议,在计算机领域的《首尔协议》,等等。全球有成千上万个工程教育专业,ABET 不可能认证所有这些专业项目,但是可以基于实质等效的要求认可同行机构高质量的认证工作。通过建立广泛的合作网络和签订互认协议,ABET 与其他机构共享最佳实践,共同推动工程教育的发展。

表 1　ABET 认证的专业与涉及的机构统计表(截至 2013 年 10 月 1 日)

认证委员会	美国国内		美国以外		认证项目总数
	项目数	机构数	项目数	机构数	
工程教育认证委员会(EAC)	2004	411	281	57	2285
工程技术教育认证委员会(ETAC)	585	204	35	8	620
计算机教育认证委员会(CAC)	360	281	45	29	405
应用科学教育认证委员会(ASAC)	72	55	1	1	73

三、专业认证的价值在于保障和提高教育质量

专业认证是一个非常有价值的工具,使我们可以与不同的机构、不同的教师共同探讨保障和提高教育质量的方式。ABET 的全部认证活动都是围绕保障教育质量、激励教育创新展开的。

(一) 学习成果是关注的焦点

学生的学习成果指的是什么呢?就是不管你采取怎样的学习方法,经过几年的教育后,可以达到相关专业的培养标准和培养目标,毕业生有足够的能力申请相关领域的工作。专业认证的首要目标是保证学生毕业时已经为进入专业领域做了充分的准备。现代科学技术的发展非常之快,大学要确保学生能够跟上科技

发展的步伐,掌握先进技术。更重要的是,要为他们的学习成功提供很好的支持条件。如果毕业生没有非常成功的职业,甚至找不到工作的话,那是非常危险的。

ABET 强调通过认证改进学生学习成果。不仅 ABET 采用了这样的评估理念,其他一些认证机构也是这么做的,或者正在向这种方式过渡。为了实现对质量的终极追求,ABET 的评估理念经历了从"以投入为基础"(inputs-based)向"以产出为基础"(outcomes-based)的转变。1997 年 ABET 引入了工程认证标准 EC2000,它直接体现了从分数评价到成果评价的转变。为什么会发生这样的转变呢? 根据 ABET 从各行业、各领域和雇主那里得到的反馈,雇主们在招聘时发现,有些学生成绩很好,但实际上其中很多人并没有掌握专业领域所要求掌握的内容,他们所在的院校也并不清楚这些学生的实际学习效果。所以,ABET 认为不能只通过分数,而要看学生学习的成果来评价教育质量。

ABET 认证要做的,就是通过认证帮助老师们了解学生学习的核心需求,更明确该专业的学生需要怎么学,学什么。也就是说,检验标准要从老师教了什么转为学生学到了什么。怎样检验学生学习的效果呢? 可以看分数,比如有的学生有很多 A。但是,这可能表明,这个学生考试考得不错,善于应付考试。但核心问题是:这真是他们需要学的吗? 学得到底怎么样? 成绩有时说明不了问题。从学生学习的需求和现状出发,教师们就可以找到改进空间,并且有针对性地采取积极行动,例如,增加一些讲座、实验和训练项目,帮助学生进一步提升学业,优化学习成果。认证原来有一个检查清单,包括学生分数等项目,现在 ABET 不用这个清单了。因为认证要显示的是学生真正的"产出",而不仅是分数。通过认证,教师、学生和整个专业都能从中受益,这个效果是完全不一样的。高质量的认证会帮助大学的专业得到高质量的发展,让它们从"很好"变得"更好"。

经过 ABET 认证的专业在国际上是得到广泛认可的。很多雇主希望聘用通过 ABET 认证的专业培养出的毕业生,因为认证是由资深专业人士做出的,通过认证意味着他们的教育质量有很好的保证。此外,在经济全球化的时代,每个国家既可能有工程师的"输出",也可能需要不少其他国家工程师的"输入"。为此,高质量的工程教育机构都希望在全球范围内进一步吸引到最好的学生和老师,希望他们的毕业生也能放眼全球,具备到海外留学或工作的能力。参与 ABET 认证的专业所在的大学包括加州大学伯克利分校、哥伦比亚大学、麻省理工学院、普林斯顿大学等一批世界一流大学。他们已经拥有了很强的教师和学生资源,并且一直致力于提升相关专业的学术水平和学生质量。

（二）自我评估是认证的基础

自我评估这个环节是非常重要的,因为他们了解自己的专业,自评的时候就会看到正面的东西和消极的东西。机构会自我比较,自我完善,知道哪些东西可以改进,如果有一个条件没有达成的话,就不能通过认证。这样,为了通过认证,学校和专业就要采取措施去弥补那些不足的地方。因此,自我评估的过程就是自我改进的过程。

评估实际上是系统收集各种资料、数据并进行评价的过程,其目的是提升学生的学习效果,促进他们的全面发展。这些资料包括学生课内、课外学习的各方面情况。例如在学期末采取一些方法或者寻找数据,来检验学生的学业到底完成得怎么样,而不仅仅是通过考试成绩来判断。自我评估时,根据班级特点和教学方法的不同,应该采取不同的方式对每个环节进行仔细的评估。评估方法可以是直接的或间接的、定性的或定量的,总之,要以恰当的方式来衡量成果与目标的匹配程度。通过整合、分析所收集的信息,教育机构可以判断出他们的教育项目在多大程度上与预期目标相符。如果没有达到目标,就要做出改变。

当然,认证建立在事实证据的基础上,以评估的方式验证某个教育项目是否达到了一定的质量水准。自我评估和研究,以及持续提升教育质量的进程都能提供很好的事实证据。如果教育机构认为自己的专业非常好,就要通过自我评估来证明学生的学业表现。而在持续提升教育质量的进程中,参加评估的教育机构必须尽可能采取措施以保证教育目标的实现。无论是实施各门课程的教学,还是开设各类讲座,都要以明确的培养目标和专业预期为指引。作业、论文、考试等教学手段和工具,也都是为持续提升教育质量服务的。为了保证学生在完成一个阶段的学习后能够成功实现预期的目标,教育机构一定会更加重视那些他们真正希望学生掌握的内容。

被评估机构需要做出持续提升质量的承诺。提升教育质量应该是一个有延续性、系统化的过程。在这个过程中,相关资料应该予以系统保存,以利于后续工作的开展。每位成员都应该为提升教育质量付出努力,新来的教师也可以加入这项工作中。此外,还应该将教学成果与评估标准进行对照,如果发现标准已经不适用于当时当地的情况,就要修改。最后,要注意教育成果、评价机制应该与总体的培养目标保持一致。

（三）认证标准是检验的标尺

在评估中确立明确的标准是非常必要的。这些标准的确立,是为了保证教育项目的质量,促进教育机构系统地、持续地提升教育质量,同时也是为了帮助他们在充满活力和竞争性的环境中发展出充分满足市场需求的教育项目。通过认证,教育机构有责任清晰地证明他们的教育项目达到了认证标准。

下面以工程认证委员会的标准为例进行说明。这些标准既包括工程领域适合所有项目的通用标准,也包括适合不同专业领域的特定的专业标准。通用标准主要包括 8 个方面:学生、培养目标、学习成果、持续改进、课程、教师队伍、基础设施和机构支持。

第一个标准是学生。学生是评估中非常重要的方面。ABET 相信,在校学生和毕业生的质量和表现,是所在专业取得成功的重要因素。为此,教育机构和相关专业应该建立起有利于人才培养的良好机制。在教育过程中,教育机构和相关专业除了尽可能为学生提供优秀的课程,安排教师或辅导员对他们的学习提出有益的建议,督促他们取得良好的学习效果外,还应该制订灵活的政策和程序,对学生转系和课程互认给予充分的保证。学生如果觉得在自己所在的专业很难获得发展,希望更换专业的话,教育机构应该对该学生的状况进行评估。可能他无法达到目前所在专业的一些标准,但是可能符合其他某个专业的要求,那就可以建议他转到别的系,相关制度保证他仍然可以顺利毕业。同样地,学生在别的院校或机构选修的课程,经过评估后如果符合专业要求,也应该得到相应的认可。最终,要确保所有学生都能达到相关专业的毕业要求。

第二个标准是培养目标。参加评估的专业必须设定与所在教育机构的使命、专业需求和评估标准相一致的培养目标。这些培养目标应该形成文字,并且付诸系统、有效的实践。与此同时,相关专业还应该定期检查自己的培养目标,看看它是否仍然与大学使命、专业需求和评估标准的精神相一致。事实上,一些专业在接受认证时讲不清楚自己的培养目标,也无法充分证明自己怎样实现这个目标。

第三个标准是学习成果。参加评估的专业同样需要阐明,为了保证毕业生达到他们的培养目标,他们需要学生取得怎样的学习成果。这些阐述应该是具体而精确的。例如,他们需要描述学生毕业时应该掌握哪些知识,能够进行哪些工作,这与他们入学后获取了哪些技能、知识和行为方式是密切相关的。

工程认证委员会要求相关专业必须证明他们的学生取得了以下 11 项学习成果[1]:(1)应用数学、科学和工程知识的能力;(2)设计、控制实验以及分析、诠释数

---

[1] ABET, Criteria For Accrediting Engineering Programs (Effective for Reviews During the 2014—2015 Accreditation Cycle), http://www.abet.org/uploadedFiles/Accreditation/Accreditation_Step_by_Step/Accreditation_Documents/Current/2014_-_2015/E001% 2014-15% 20EAC% 20Criteria% 203-13-14(2).pdf.

据的能力;(3)设计一个能够满足政治、伦理、健康安全、可制造性和可持续性等诸多现实条件约束的系统、零件或程序的能力;(4)在跨学科团队中发挥作用的能力;(5)识别、建构和解决工程问题的能力;(6)对专业精神和道德责任感的理解;(7)有效沟通的能力;(8)具有宽广的知识储备,能够在全球性的经济、环境、社会背景中理解工程解决方案的影响;(9)对终身学习的重要性有明确认识,并具备终身学习的能力;(10)对当代重大问题的了解;(11)具备在工程实践中运用所需的各种技术、技巧和先进设备的能力。除了这11项能力外,还可以加上专业标准中所规定的相关研究领域所需要的任何特殊技能。

第四个标准是持续改进。参加评估的教育机构和专业必须经常通过恰当的书面流程来评价学生究竟在多大程度上取得了应有的学习成果。得出评价结果后,他们可以以此为起点,继续系统地进行改进教育质量的努力。当然,在持续改进教育质量的过程中,他们还可以采用其他任何有帮助的信息。需要强调的是,任何专业都应该一直向前发展,否则就不可能办好。

第五个标准是课程。相关专业必须保证他们所开设的课程对培养目标的每个环节都给予了充分的关注,并且安排了足够的教学时间。例如,他们应该用一年时间进行相关专业所需要的高等数学和基础科学方面的教学,再用一年半的时间进行工程领域的教学,包括与学生所在专业相关的工程科学和工程设计方面的内容。在整个课程体系中,通识教育的部分应该与技术方面的内容互为补充,并且同样是与总体培养目标相一致的。工程专业的课程设置中还应该体现对学生整体设计能力的培养。在这类设计课程中,学生以此前学到的知识和技能为基础,综合考虑工程标准和各种现实条件的要求来进行设计,最后为真正的工程实践做好充分准备。

第六个标准是教师队伍。为了达成培养目标,一个专业应该拥有足够数量的教师,他们能够胜任专业所覆盖的全部课程领域,并且在教学方案制定、推出、评价、修订和持续改进的过程中拥有足够的权力。

第七个标准是基础设施。基础设施的作用是非常直接而明显的。要想让学生取得好的学习效果,必须为他们提供足够良好的基础设施,配备相关工作人员并且保证它们的正常运行。良好的基础设施可以促进师生互动,鼓励学生在专业领域开展各项活动、实现自我发展,并且为他们提供使用先进工程设备的机会。

第八个标准是机构支持。相关专业应该为教师提供充分的支持,为他们的职业发展提供持续的激励和保障。与此同时,还应该保证师生们都能方便地获取、使用和维护教学过程中所需的各种仪器设备。机构支持的核心是资金的支持。

本科、硕士层次的工程教育专业都要符合以上通用标准,还要符合具体层次和领域相应的特定的专业标准。这些特定的专业标准包括具体的学习成果、课程主题、教师资质等。例如,在工业领域,有些标准可能并不是所有工程人员都要满足的,但要想成为某些特定行业的工程人员,就必须达到这样的标准。专业教师也需要具备特定的专长,当他满足一定的资质时,才能开设该领域的课程或讲座。各专业必须满足所有相应的特定专业标准,才能通过认证。

为了促进专业教育的改进,ABET 的认证标准是鼓励创新的,鼓励教学方法和评估方法的创新,并会适时对认证标准进行更新。通常情况下,ABET 每年都会对评估标准进行适当的修订。当然,这种变通是局部性的,而不是整体性的。ABET 希望所有的学生都成功,所以并不对学生进行分类,ABET 只是看专业。当然不是所有学生都能进入到一流的学校。所以 ABET 的标准,实际上是可变通的。例如,美国有很好的研究型大学,例如麻省理工学院,还有一些教学型的技术学校,他们的生源是不一样的。这两种学校自身可能有不同的标准。ABET 要看他们的教育目标实现情况如何。如果学生读研究型大学,可能继续读硕士或者博士。但是如果去其他的教学型的学校,毕业以后也可以比较成功。他们的定位不一样,但都可以成功。

四、ABET 认证的原则与程序

(一) 认证的原则

ABET 认证是自愿的。向 ABET 申请认证不是强制性的,并非所有专业必须获得这个认证,这是最重要的原则。

ABET 认证追求公平。ABET 以专业性和规范性保障公平。ABET 的志愿者术业有专攻,都有丰富经验,所有认证也都按照既定的标准和流程进行。这是没有特例的,不管在哪儿,都是一样的。

ABET 认证不做排名。ABET 认证给出通过或者不通过的结论。ABET 把标准作为平衡点和杠杆,用它来引导专业的改进。虽然一些其他机构会进行排名,但是 ABET 不做排名。

(二) 认证的基本流程

认证的基本流程包括认证申请、准备评估、自我评估、实地考察和后续活动。需要明确的是,参加认证的每个项目必须至少已经有一届毕业生,必须是具备资质或政府支持的、可以合法发放文凭的教育机构,并且保证不违背 ABET 的认证标准和流程。

申请认证。正式提出认证申请前,要了解认证的标准和过程,这就要分析一系列的指导文件,包括项目管理、评价体系、课程体系、资源、支撑体系等方面的通用标准和专业标准,以及《ABET 认证政策和流程手册》。该手册详细阐明参加认证的必备条件和评估安排、信息公开、复审等环节的具体操作方法。ABET 的很多认证专家发现,认证工作中的最大挑战往往是:专业有时候没能很好地领会认证手册的精神,不理解认证标准和要求,或是没有为实地评估做好准备。这些机构在认证过程中准备不足的环节往往集中在课程体系、持续改进教育质量的承诺和努力以及对学生学习成果的呈现等方面。因此,对于新参与认证的专业,在申请之前和准备的过程中,明确自己要做什么十分重要。

准备评估。准备评估的参与者是那些在相关领域没有任何 ABET 认证经验的教育项目,ABET 受其委托对他们准备的文档进行检查筛选。对 ABET 项目认证有兴趣的教育机构提出申请后,建议参加认证前的准备评估。因为从未参加过认证的新专业如果没有作好相应的准备,很可能无法通过认证,导致耗费较多的精力和时间。他们可以通过准备评估积累一些经验,在正式启动评估程序前得到我们的反馈,从而更有效地检查自己是否做好了相应的准备。可以看出,准备评估并非一个完整的认证评估过程。

准备评估的流程大致如下:11 月 1 日前提交初步的自评报告,ABET 会在 12 月底或来年 1 月初返回建议书,之后再由相关专业提交评估申请书。需要说明的是,相关专业必须在准备过程中做好所有文件的编制工作,并针对自己发现的问题进行了充分改进,评估申请才会被如期批准。另外,为了保证有充裕的时间开展评估工作,建议不要在认证周期即将开始时提交评估申请。

自我评估。自我评估报告实际上是在参评机构和认证机构间传阅的一份"秘密文件",在自我评估中发现的缺点或问题,可以进行自我修正。评估小组通过自评报告,可以看到参加认证的项目与认证标准一一对应的各个环节,形成该项目在多大程度上与认证标准相符的第一印象,了解参评机构为即将到来的实地考察做了哪些准备,也可以看到学生成绩单的样本。

实地考察。在实地考察教育项目的过程中,评估专家可以直接观察到相关专业的发展情况。他们会参观教室、实验室等教学设施;检查学生作业、考试情况和其他学习材料;深入走访教师、学生、管理人员、实验室工作人员和其他技术支持人员;帮助参评机构补充自评报告等。实地考察为他们提供了大量直接、有显示度的证据,这是自评报告无法替代的。

评估小组由评估组长(专员)和评估专家组成。根据参评专业规模的不同,评估小组的人数也会有所不同,有时甚至多达 15 人。评估组长负责与院系主任和 ABET 执行委员会负责人直接沟通。

在实地考察后,主要是一系列内部过程,包括起草认证报告、提出问题、进行反馈,等等。被认证专业可以做一些整改,这种情况下,认证的结论可以推迟公布。按照一般的时间表,对于首次参加认证的,整个认证过程需要 18 个月。对于认证通过的专业,ABET 每隔几年还要评估一次,因此,要想通过认证和维持这一结论,专业需要持续不断的努力。

在认证过程中,信息资源和培训对于认证活动来说是很必要的。ABET 有很多的信息是免费向公众开放的。为了促进机构准备和经验交流,ABET 还举办大型(会期通常为 4 天)和小型(会期通常为 1 天)培训会,也会举办专题研讨会(会期通常为 2 天),机构之间可以分享经验,也可以听到专家的建议。此外,ABET 也会在这些会议上共享一些近期开展认证的数据和案例,这些对于开展认证和促进专业改进是有益的。

ABET 希望成为引领性的专业认证机构。这个目标正在实现,这是包括志愿者和被认证专业在内的所有参与者共同努力的结果。当然 ABET 也面临一些新的挑战,同样需要所有参与者一起去解决。ABET 将服务公众、保障质量和激励教育创新作为自己的使命,这也是很多教育机构和社会对 ABET 认证的期望。

(原载《清华大学教育研究》,2015 年第 1 期)

英国硕士层次工程教育专业认证制度探讨[*]

郑　娟　王孙禹

从全球范围来看,各国高等院校和主要国际工程教育专业认证组织的认证活动,大多集中在本科层次,较少涉及本科以上层次。究其原因,是与工程师群体的基本受教育情况和工程师职业资格的学历要求有关。在职业资格体系发育比较完善的发达国家,与国计民生相关的重要职业大都有最低的教育要求,以保证从业人员的基本知识和能力水平。以美国为例,参加工程师执照考试的报名者须已获得经过美国工程技术认证学会(ABET)认证的学士学位,而医生、律师等专业化程度更高的职业,最低学历要求则为博士层次。[①]

随着世界范围内人们受教育水平的普遍提高,工程教育专业认证从本科向硕士层次的拓展已成为一种趋势,目前已有一些国家和国际组织在进行这方面的尝试。

本文将重点探讨英国硕士层次工程教育专业认证的情况,并以英国为切入点,管窥欧洲硕士层次工程教育专业认证的基本特征和发展趋势,为我国硕士层次工程教育专业认证工作的开展提供借鉴。

一、英国工程教育专业认证体系建构

英国的工程教育专业认证活动有相当长的历史,部分工程职业学会从 1800 年代起就开始在英国开展活动,从 1970 年起进行工程教育专业认证。自 1981 年起,

　* 本文系中国工程院咨询研究项目"院校工程教育工程性与创新性问题研究——基于大工程教育观的院校专业学位研究生培养问题研究"及学位办"我国研究生层次工程教育认证体系的关键问题研究与总体方案设计"部分成果。

　① 潜睿睿、王晓蓬.美国专业学位等级与行业执业资格考试的衔接.教育评论,2013(2).

英国的认证活动由工程委员会(Engineering Council, EngC)统一协调各下属工程职业学会来进行①。

1. 自上而下的三级认证体系

英国自上而下形成了三级认证管理体系,即高等教育质量保障机构(Quality Assurance Agency for Higher Education, QAA)—工程委员会—由工程委员会许可的各领域工程学会。三级认证体系既保证了英国高等工程教育的质量,又体现了针对具体学科特色的灵活操作性。

成立于1997年的高等教育质量保障机构,其宗旨是保障并不断提高英国的高等教育质量,并在全国层面上制定各层次和类型学位的质量标准,其中就有关于工程教育学位标准的文件,对英国的工程教育质量进行总体控制。

英国工程委员会是英国工程教育专业认证和工程师注册的统筹负责机构,负责设置工程教育专业认证和工程师注册的总体要求与一般性标准。认证和工程师注册这两项工作在工程委员会的统一管理之下互相关联,认证为保证注册工程师的教育基础服务,工程师注册时则要求报名者有符合要求的经过认证的教育基础。工程委员会和高等教育质量保障机构对工程教育专业认证标准的定位是一致的,都是基于工程委员会颁布的英国工程职业能力标准文件(*UK Standard For Professional Engineering Competence*, UKSPEC),该文件规定了在英国范围内从事工程职业、注册为各类型工程师的标准。②

工程委员会并不执行具体的认证工作,而是对下属36个不同领域的工程职业学会授予许可,由各学会根据自身行业特色制定补充细则和针对性标准,并执行该领域内的具体认证和工程师注册管理工作。③

认证程序主要是同行评议。首先由教育机构向相关工程学会提交申请和基本信息,包括用来决定这个项目是否能满足认证要求的基本细节。如果满足,该学会将指定一个认证小组进行通常2~3天的实地考察,小组成员来源既包括学术界也包括工业界。每个学会都有一个委员会,该委员会将在认证小组报告的基础上评估这个教育项目能否为毕业生注册为某类工程师提供部分或全部支撑性的

---

① Giuliano Augusti, EUR-ACE: A System of Accreditation of Engineering Programmes Allowing National Variants, Presentation at the INQAAHE 2011Conference in Madrid 4-7 April 2011, http://www. enaee. eu/wp-content/uploads/2012/01/3a1985abb40303f6b 471a1466c85967e1. pdf.

② Subject Benchmark Statement: Engineering 2010, http://www. qaa. ac. uk/Publications/InformationAndGuidance/Documents/Engineering10. pdf.

③ 毕家驹. 英国 ECUK 的工程专业鉴定. 高教发展与评估,2006(1).

知识、理解和技能,从而做出是否对其进行认证的决定。①

2. 认证与工程师职业资格的紧密联结

英国工程教育专业认证和工程师职业资格是紧密联结的体系。正如工程委员会所说,要把工程教育专业认证的学习产出标准放在英国工程职业能力标准文件对特许工程师和技术工程师的能力与承诺的描述中去解读。②

英国有四类注册工程师,除了 2008 年新设立的信息和通信技术员因其特定的从业领域而具有特殊性之外,其余三种较为成熟的注册工程师类型分别为:工程技术员、技术工程师和特许工程师。虽然工程委员会认为这三类注册工程师体现的是类别和分工的差异而非层次的差异,但是,从英国工程职业能力标准的要求来看,这三者仍体现出了逐渐提高的教育基础、职业能力和实践经历的要求。从社会地位、收入和从业范围也能看出特许工程师在其中具有最高地位。因此,从工程技术员、技术工程师到特许工程师体现的是英国工程师职业发展道路中的三个阶段。③

上述特点从注册为工程技术员、技术工程师和特许工程师的教育基础要求中也能看出如下。④

注册为工程技术员需要:由被许可的工程职业学会核准的高级/现代学徒资格或其他基于工作的学习项目;或者,爱德思/皮尔森的 3 级商业与技术教育委员会(BTEC)文凭,或工程和建筑环境领域的延展文凭;或者,由被许可的工程学会核准的,不低于资格和学分框架中水平 3 或不低于苏格兰学分资格框架中水平 6 的工程或建筑领域资格;或者,由被许可的工程职业学会核准的相当的资格。

注册为技术工程师需要:经过认证的工程或技术的学士或荣誉学位;或者,经过认证的工程或技术的高等国家证书(HNC)、高等国家文凭(HND)(对于从 1999 年 9 月前开始的项目);或者,1999 年 9 月后开始的高等国家证书(HNC)、高等国家文凭(HND)(如果是 HNC,要在 2010 年前开始),或一个工程或技术的基础学位,外加未来合适的达到学位水平的学习;或者,由被许可的工程学会核准的国家职业资格水平 4(NVQ4)或苏格兰职业资格水平 4(SVQ4)。⑤

① THE ACCREDITATION OF HIGHER EDUCATION PROGRAMMES, http://www. engc. org. uk/ecukdocuments/internet/document% 20library/AHEP% 20 Brochure. pdf.

② THE ACCREDITATION OF HIGHER EDUCATION PROGRAMMES, http://www. engc. org. uk/ecukdocuments/internet/document% 20library/AHEP% 20 Brochure. pdf.

③ 韩晓燕、张彦通. 英美注册工程师制度的级别划分研究. 高等工程教育研究,2008(5).

④ UK-SPEC, http://www. engc. org. uk/professional-quali-fications/standards/uk-spec.

⑤ THE ACCREDITATION OF HIGHER EDUCATION PROGRAMMES, http://www. engc. org. uk/ecukdocuments/internet/document% 20library/AHEP% 20 Brochure. pdf.

注册为特许工程师需要:经过认证的综合型工程硕士学位;或者,经过认证的工程或技术的荣誉学士学位。此外,需要再加一个被许可的学会认证的合适的硕士学位或工程博士学位,或未来合适的硕士水平的学习。

考察英国的高等教育资格框架可以发现,英国高等工程教育类型丰富,层次多样,而将教育基础与进入职场资格的紧密联结,为各类型和层次的工程教育项目都提供了成为注册工程师的通道。由此可见,形成了层次多样、类型丰富、互相连接、沟通自如的工程教育专业认证与工程师职业资格衔接的体系。

二、英国硕士层次工程教育专业认证标准

1. 认证分类

英国共对 4 种高等工程教育项目进行认证:可注册为特许工程师的荣誉学士学位项目、综合型工程硕士学位项目、技术工程师项目,以及除综合型工程硕士之外的其他硕士学位项目(以下简称为其他硕士学位项目)。这其中,既有博洛尼亚进程定义的第一阶段学位(荣誉学士学位)和第二阶段学位(除综合型工程硕士之外的其他硕士学位)项目,还有直接通往第二阶段的综合型学位(综合型工程硕士学位)项目,而技术工程师项目中则包含更丰富多样的学位层次和类型。因此,认证并不是完全按学位层次进行分类,而是与注册为各类工程师的教育基础要求密切相关,这既体现了英国高等工程教育的多样性,也显示出认证和工程师职业资格的紧密联结。

2. 认证标准

英国工程教育专业认证遵循的是学生的学习产出标准。学习产出分为一般学习产出和特殊学习产出。

一般学习产出包括"知识和理解""智力能力""实践技能"和"通用的可转移技能"。一般学习产出具有普遍性,其认证标准会运用到所有的项目中,它是以可注册为特许工程师的荣誉学士学位项目为基础来制定的,对于其他认证项目则会设置适用性的标准。

知识和理解:必须证明学生能够具备所在工程学科基本事实、概念、理论和原则,以及具有支撑性的科学和数学的知识和理解;必须对更宽广的多学科工程背景及其潜在原则有所了解;必须能够领会影响其工程判断运行的社会、环境、伦理、经济和商业考虑。

智力能力：学生必须能够运用合适的、定量的科学和工程工具去分析问题；必须能够证明在综合解决办法和形成设计上具有创造性和创新性能力；必须能够领悟广阔的图景并且因而能够在细节上体现出适当的水平工作。

实践技能：学生必须拥有工程实践技能，可以通过例如实验室和车间工作，在工业界监督下的工作经验、个人或团队的项目工作、设计工作，以及在开发和使用计算机软件进行设计、分析和控制的工作中获得。可能会参与一个重要项目中的团队工作。然而，每个专业实体可能需要满足这个要求的特殊方法。

通用的可转移技能：学生必须掌握有价值的可转移技能在各种各样的解决方法中都能运用，包括解决问题、交流和与他人一起工作，以及有效利用通用的 IT 设备和信息检索的技能，还包括作为终身学习基础的自学计划和表现改进。

综合型工程硕士学位和其他硕士学位项目对通用可转移技能的认证标准要求更高。综合型工程硕士需要具备的通用可转移技能有：开发、监督和更新一个计划以反映变化的操作环境的能力；监督和修正一个持续工作的个人项目，以及独立学习的能力；理解团队中的不同角色，以及实施领导的能力；在不熟悉的情境下学习新理论、概念、方法等的能力。

其他硕士需要具备的通用可转移技能有：开发、监督和更新一个计划以反映变化的操作环境的能力；监督和修正一个持续工作的个人项目，以及独立学习的能力；主动履行作为团队成员或领导者的个人责任的能力；在不熟悉的情境下学习新理论、概念、方法等并应用它们的能力。

特殊学习产出包括"由相关工程学会定义的支撑性的科学和数学，以及相关的工程学科""工程分析""设计""经济、社会和环境背景"和"工程实践"。如表1所示，不同的认证项目在特殊学习产出的各项认证标准上均有所不同，特殊学习产出的认证标准可以充分显示出项目的特殊性。

三、英国硕士层次工程教育专业认证的特点分析

综上所述，英国共对两种硕士层次的学位项目进行工程教育专业认证，其硕士层次的认证具有下述特点：

1. 硕士是学士的拓宽和提高

从表1可以看出，两种硕士层次学位项目的认证标准具有较多共性，均高于荣誉学士学位项目，例如在"通用的可转移技能"这个一般学习产出中，对荣誉学士要求具备与他人一起工作的能力，而对硕士层次的毕业生，则要求具备理解团

队中的不同角色并进行领导的能力；在"由相关工程学会定义的支撑性科学和数学，以及相关的工程学科"这一特殊学习产出中，对荣誉学士要求具备对相关学科知识的理解能力，而对硕士层次的毕业生，则普遍要求在综合理解的基础上，对前沿、新技术和新发展有所意识，甚至是批判性的意识，还要有对工程外部领域知识的理解。硕士层次的一般学习产出和特殊学习产出标准均明显高于学士层次。

表 1　英国高等工程教育专业认证的特殊学习产出标准

	荣誉学士学位项目	综合型工程硕士学位项目	技术工程师项目	其他硕士学位项目
由相关工程学会定义的支撑性的科学和数学，以及相关的工程学科	对支撑学生在其所在工程学科中的教育，使他们能够理解该学科的科学和工程背景，并且对支持他们理解过去的、当下的和未来的发展和技术必不可少的科学原理和方法的知识和理解；对支撑学生在其所在工程学科中的教育，使他们能够在分析和解决工程问题时熟练地应用数学方法、工具和符号必不可少的数学原理的知识和理解；应用和整合其他工程学科的知识和理解以支持他们学习所在工程学科的能力	对所在专业和相关学科科学原理的综合理解；能够认识到与所在专业相关的技术发展；对和所在工程学科有关的数学和计算机模型的综合知识和理解，以及对它们的局限的领悟；对来自包括工程之外的一系列领域内容的理解，以及在工程项目中有效地运用它们的能力	对和当前技术及其进化相关的支撑性科学原理的知识和理解；对支持关键工程原理应用必不可少的数学知识和理解	对和所在专业相关的科学原理的综合理解；对当前问题和/或新见解的批判性意识，这些问题和新见解大多位于所在专业的前沿或由前沿所提示；理解和所在学科有关的，某些来自工程之外的概念，并有效运用它们的能力

	荣誉学士学位项目	综合型工程硕士学位项目	技术工程师项目	其他硕士学位项目
工程分析	理解工程原理以及应用它们分析关键工程过程的能力;通过使用分析方法和模型技术定义、分类和描述系统及其组成部分的能力;为了解决工程问题,应用与所在工程学科相关的定量方法和计算机软件的能力;理解并运用系统方法解决工程问题的能力	运用基础知识调查新的和正在出现的技术的能力;运用数学和以计算机为基础的模型解决工程问题的能力,以及评估特殊案例局限的能力;对一个不熟悉的问题提取相关数据,以及在合适的时候使用以计算机为基础的工程工具解决这个问题的能力	监测、解释并应用分析和模拟的结果进行持续改进的能力;通常在一个多学科的背景下,运用与所在工程技术专业相关的定量方法和计算机软件的能力;使用分析的结果解决工程问题,应用技术和执行工程过程的能力;通过运用相关技术的实践性知识,在工程问题上使用系统方法的能力	运用基础知识调查新的和正在出现技术的能力;运用合适的模型解决工程问题,以及评估特殊案例局限的能力;通过适当地创新、使用或改造工程分析工具,收集和分析研究数据的能力,以及运用合适的工程工具处理陌生问题,例如有着不确定或不完整数据或规格的问题的能力
设计	调查和定义一个问题,以及识别约束条件,包括环境和可持续性的限制,健康、安全还有风险评估问题;理解顾客和用户的需求,以及考虑到美学等问题的重要性;识别和管理成本动因;运用创造力设立创新性的解决方案;确保符合问题的目的和所有方面,包括生产、操作、维护和处置;管理设计过程以及评价产出	对设计程序和方法广泛的知识和综合的理解,以及在不熟悉的情境下应用和改造它们的能力;产出一个产品、系统、组成部分或过程的创新设计以满足新需求的能力	定义一个问题并确认其限制;根据客户和用户需求设计解决方法;在实践性的背景中使用创造力和创新性;确保符合目的(包括操作、维护和可靠性等);改造设计满足其新目的或应用	运用独创的思想发展对产品、系统、组成部分或过程的实际解决方法的能力

	荣誉学士学位项目	综合型工程硕士学位项目	技术工程师项目	其他硕士学位项目
经济、社会和环境背景	对工程过程的商业和经济背景的知识和理解;对于可能会在某种情境下被用来实现工程目标的管理技术的知识;理解对推动可持续发展的工程活动的需求;认识到支配工程活动的相关法律要求框架,包括人员、健康、安全,以及风险(包括环境风险)问题;理解在工程中需要高水平的职业和道德行为	对管理和商业实践,及其局限的广泛的知识和理解,以及怎样能更适当地应用它们;通过对类似风险的基础的理解,评估总体商业风险的能力	对工程过程的商业和经济背景的知识和理解;对于可能会在某种情境下被用来实现工程目标的管理技术的知识;理解对推动可持续发展的工程活动的需求;认识到支配工程活动的相关的法律要求框架,包括人员、健康、安全,以及风险(包括环境风险)问题;理解在工程中需要高水平的职业和道德行为	对管理和商业的实践及其局限,以及在特定专业背景下如何恰当应用它们的知识和理解;通过对类似风险的基础的理解,评估总体风险的能力
工程实践	对特殊材料、设备、过程,或产品特性的知识;车间和实验室技能;理解可以应用工程知识的背景(例如运行和管理,技术发展等);明白如何使用技术资料和其他信息来源;认识到知识产权和合同问题的本质;对合适的实践准则和工业标准的理解;意识到质量问题;带着技术不确定性工作的能力	对当前的实践及其局限的透彻理解,以及对类似新发展的感悟;对各式各样的工程材料和组成部分的广泛的知识和理解;在考虑到一系列商业和工业限制的情况下,应用工程技术的能力	对相关材料、设备、工具、过程,或产品的理解及运用能力;对车间和实验室实践的知识和理解;理解可以应用工程知识的背景(例如运行和管理,技术的应用和发展等);从技术资料中使用和应用信息的能力;使用合适的实践准则和工业标准的能力;理解管理工程过程的原理;意识到质量问题并持续改进	对当前的实践及其局限的透彻理解,并能领悟到类似的新发展;对各种工程材料和组成部分达到先进水平的知识和理解;在考虑到一系列商业和工业限制的情况下,应用工程技术的能力

英国高等教育质量保障机构认为,综合型工程硕士比起荣誉学士,应该是既宽且深的,综合型工程硕士被设计为用来吸引更有能力的学生,比荣誉学士增加的宽度可以通过对技术学科和对商业、管理和工业项目的额外学习来提供,增加的深度可以通过硕士水平的特殊学习和在荣誉学士水平已经开展的综合学习来提供。虽然综合型工程硕士学位是一种直接通往硕士层次的学位类型(大致相当于通常所说的本—硕连读),但它不应该被设计为或被视为是在荣誉学士上简单加上的一年,而应被设计为一个从入学到毕业的综合整体。①

英国工程委员会认为,综合型工程硕士学位和学士学位的不同在于它有更大范围的项目工作,经常包括一个团队项目。并且,前者还在研究和工业的环境中提供更大范围和更深度的专业知识,一个可以为领导力提供基础的更宽广更普遍的教育基础,以及对工程和经济、社会和环境关系的更广泛认识。

在英国高等教育资格框架中,荣誉学士处于水平 6 的层次,综合型工程硕士和科学硕士等其他硕士学位处于水平 7 的层次。综合型工程硕士通常包括相当于至少 4 学年的全日制学习,其中至少有一学年的学习是在水平 7 层次上的,因此,它是在满足水平 6 的基础上增加的学习阶段,最终要达到水平 7 的层次。从英国高等教育资格框架对每一层次应达到的知识和能力水平的描述来看,硕士层次也无疑是学士层次的提高和扩宽。

2. 综合型工程硕士认证的优势地位

从对各类注册工程师的教育基础要求来看,只需拥有一个经过认证的综合型工程硕士学位即可满足注册为特许工程师的教育基础要求,否则,在至少需要拥有一个经过认证的工程或技术的荣誉学士学位基础上,还要外加一个经过认证的合适的硕士学位或工程博士学位,或合适的未来硕士水平的学习才能满足条件。因此,经过认证的综合型工程硕士具有其他项目无可匹敌的优势地位。

这种优势地位与综合型工程硕士的定位有关,综合型工程硕士与科学硕士在原则上是不同的,科学硕士被设计为一个独立的项目。② 前者通常根据英国工程职业能力标准被设计成为工程职业实践提供的一个强化准备,后者在本质和目的

---

① Subject Benchmark Statement: Engineering 2010, http://www.qaa.ac.uk/Publications/InformationAndGuidance/Documents/Engineering10.pdf.

② www.qaa.ac.uk/academicinfrastructure/benchmark/masters.

上则是非常多样的。①

对照综合型工程硕士学位项目和其他硕士学位项目的认证标准,以"由相关工程学会定义的支撑性科学和数学,以及相关的工程学科"这一特殊学习产出为例,对前者强调能够认识到与所在专业相关的新技术的发展,而对后者则要求对专业领域的前沿问题和见解具有批判性意识,更强调科学研究的素质和能力;对前者特别要求具备与所在工程学科有关的数学和计算机模型的综合知识和理解,以及对其局限的领悟,此处强调的是应用方法的能力,对后者并无此要求。

又如,在"设计"这一特殊学习产出上,同样是针对"产品、系统、组成部分或过程",对前者要求具备"产出一个产品、系统、组成部分或过程的创新设计以满足新需求的能力",强调通过创新的设计来满足工业新需求,对后者要求具备"运用独创的思想发展对产品、系统、组成部分或过程的实际解决方法的能力",不再针对满足具体需求,而是要探寻更深层次的解决方法,涉及了科学技术原理的层面,并且强调在这个过程中创新能力和创造性思想的重要性。

在"工程实践"这一特殊学习产出上,同样是关于"对各种工程材料和组成部分的知识和理解",对"知识和理解"的限定词,前者是广泛的,而后者是先进水平的,对前者要求广泛是因为综合型工程硕士有着面对工程实践的职业指向性,而在工程实践中遇到的往往是复杂的现实问题,面对的是各种工程材料和组成部分问题的综合集成,因此知识要广泛,而对后者则要求其知识水平先进,对各种工程材料和组成部分的前沿性知识有敏锐的把握,有明确的研究指向性。

可见,虽然这两种硕士层次学位项目在认证标准上有很多共性,但侧重点各不相同,对综合型工程硕士更注重应用能力,而对其他硕士学位则更注重研究能力。前者有更多工业界参与的项目工作和团队工作要求,以及更明确的工程职业指向性,因此经过认证的综合型工程硕士学位在工程师注册中具有优势地位也是理所当然。

四、与欧洲工程教育专业认证制度的关系

英国工程委员会的认证标准和程序已在国际上被广泛认可,它是《华盛顿协议》《悉尼协议》的成员,也是欧洲工程教育认证网络(European Network for

---

① THE ACCREDITATION OF HIGHER EDUCATION PROGRAMMES, http://www.engc.org.uk/ecukdocuments/internet/document%20library/AHEP%20Brochure.pdf.

Accreditation of Engineering Education，ENAEE）的成员之一。

欧洲工程教育认证网络成立于2006年，它是博洛尼亚进程的产物，致力于欧洲高等工程教育的专业认证和互认，欧洲工程教育认证网络建立的欧洲工程教育专业认证（European Accredited Engineering Programmes，EUR-ACE®）制度对欧洲范围内的第一阶段（学士）和第二阶段（硕士）学位项目进行认证，它提供了一套认证欧洲高质量工程学位项目的通用标准，为推动欧洲高等工程教育的一体化和加快工程职业的流动提供了基础。①

EUR-ACE® 认证制度采取授权制，英国工程委员会获得了欧洲工程教育认证网络的授权，因此，凡经过英国工程委员会的认证，被评定为部分或全部满足了特许工程师注册要求的学位项目，包括荣誉学士学位、工程硕士学位和科学硕士学位项目，可相应被授予第一阶段或第二阶段 EUR-ACE® 认证标签。

EUR-ACE® 标签代表着一种被广泛认可的国际地位，是对一个毕业生的知识、理解和实践能力能够满足国际标准的确认，由此经过工程委员会认证的英国硕士层次工程教育项目具备了在欧洲范围内的流动性和可接受性，这也为英国的高等工程教育机构带来了巨大的潜在收益。

1. 英国高等教育资格框架的修改

如表 2 所示，2008 年英国根据博洛尼亚进程建立的欧洲高等教育资格框架（the Framework for Qualifications of the European Higher Education Area，FQ-EHEA）调整并校准了英国原有的高等教育资格框架。此前英国的高等教育资格分为 C 级（证书级，Certificate）、I 级（中级，Intermediate）、H 级（荣誉级，Honours）、M 级（硕士级，Master）和 D 级（博士级，Doctoral）。调整后则按照学习阶段纵向划分从 4 到 8 五个等级：水平 4 包括高等国家证书（HNC）和高等教育证书（CertHE）资格；水平 5 为短阶段资格，短阶段资格可以包括在或可以连接到第一阶段资格；水平 6、7 和 8 分别相当于第一阶段（学士）、第二阶段（硕士）和第三阶段（博士）资格。②

---

① http://www.enaee.eu/eur-ace-system.

② The framework for higher education qualifications in England，Wales and Northern Ireland，August 2008，http://www.qaa.ac.uk/Publications/InformationAndGuidance/Documents/FHEQ08.pdf.

表2 英国高等教育资格框架(FHEQ)中各水平的典型资格及其对应的欧洲高等教育
资格框架(FQ-EHEA)阶段示例①

各水平的典型高等教育资格	FHEQ 水平	相应的 FQ— EHEA 阶段
博士学位,倒如:哲学博士(PhD/DPhil),包括新制博士(new—route PhD)、教育博士(EdD)、工商管理博士(DBA)、临床心理学博士(DClinPsy)	8	第三阶段资格
硕士学位,例如:哲学硕士(MPhil)、文学硕士(MLitt)、研究硕士(MRes)、艺术硕士(MA)、科学硕士(MSc)	7	第二阶段资格
综合型硕士学位,例如综合型工程硕士(MEng)、化学硕士(MChem)、物理学硕士(MPhys)、药剂学硕士(MPharm)		
研究生教育证书(PGCF)		
研究生证书		
荣誉学士学位,倒如:荣誉文学/理学学士(BA/BSc Hons)	6	第一阶段资格
学士学位		
专业研究生教育证书(PGCE)		
研究生文凭		
研究生证书		
基础学位,倒如:文学基础学位(FdA)、理学基础学位(FdSc)	5	短阶段(包括在或连接到第一阶段)资格
高等教育文凭(DipHE)		
高等国家文凭(HND)		
高等国家证书(HNC)	4	
高等教育证书(CertHE)		

英国工程委员会在2013年1月发布了最新版认证手册,对原有的2004年版本认证手册进行了修改,修改原因之一便是应对英国高等教育资格框架的上述调整②。在博洛尼亚进程大背景下对本国高等教育资格框架进行修改,这使得英国高等工程教育的学位体系更具国际兼容性和可比性,也为其工程教育专业认证的国际互认提供了基础。

---

① The framework for higher education qualifications in England, Wales and Northern Ireland, August 2008, http://www.qaa.ac.uk/Publications/InformationAndGuidance/Documents/FHEQ08.pdf.

② THE ACCREDITATION OF HIGHER EDUCATION PROGRAMMES, http://www.engc.org.uk/ecukdocuments/internet/document%20library/AHEP%20Brochure.pdf.

2. 认证标准比较

EUR-ACE® 和英国的工程教育专业认证都是基于学习产出标准,对比可发现,二者对学习产出包含的内容有一致的认识,但分类方法不同。EUR-ACE® 对学习产出的分类更加简洁,分为:知识和理解、工程分析、工程设计、调查、工程实践和可转移技能六项;英国工程委员会将学习产出分为"一般产出"和"特殊产出","一般产出"包括"知识和理解""智力能力""实践技能"和"通用的可转移技能"四项,"特殊产出"包括"由相关工程学会定义的支撑性的科学和数学,以及相关的工程学科""工程分析""设计""经济、社会和环境背景"和"工程实践"五项。

从认证项目来看,EUR-ACE® 按博洛尼亚进程对高等教育资格的定义,对第一阶段(学士)和第二阶段(硕士)学位项目进行认证。如前所述,英国工程委员会对认证项目并不完全是按照学位层次来划分的,而与注册为各类工程师的教育基础要求关联。考虑到 EUR-ACE® 是博洛尼亚进程的产物,因此 EUR-ACE® 对认证项目的分类必然是以欧洲高等教育资格框架为依据的,而且应更具包容性,以使其认证标准具有广泛的适用性和可操作性,为各国的工程教育认证都能提供依据。

从 EUR-ACE® 和英国工程教育专业认证的关系来看,二者互相影响、相互促进、共同发展。EUR-ACE® 作为欧洲层面的认证制度,它的建立是从欧洲各国现存的认证标准和程序中总结而来,从现实的法律和文化差异中发源而来的,并且不应该是"替代性的"或"均质的",而应是兼容并包的和综合的[①],在 EUR-ACE® 认证制度的形成过程中,英国积累几十年的认证经验并不会被忽视。而英国工程委员会是欧洲工程教育认证网络的成员,并且从欧洲工程教育认证网络获得了 EUR-ACE® 认证标签的授权,能够获得授权,就说明英国工程委员会的认证标准符合 EUR-ACE® 的要求。英国对高等教育资格框架的修改和校准,体现出英国的认证活动受到了博洛尼亚进程影响,并对 EUR-ACE® 的认证标准做出了响应。

五、对我国硕士层次工程教育专业认证的启示

虽然英国的综合型工程硕士与我国的工程硕士在制度上有所不同,但从学位的定位和培养目标上来说,二者有很多共性。因此,英国的经验可以为提高我国

---

① Augusti, Giuliano, Accreditation of engineering programmes: European perspectives and challenges in a global context, European Journal of Engineering Education, 32:3, 273-283, http://www.enaee.eu/wp-content/uploads/2012/01/Augusti-Chapter-in-Patil-Grays-book-Europ-Eng-System-of-Eng-Education-and-its-global-context.pdf.

工程硕士的培养质量和开展硕士层次的工程教育专业认证工作提供借鉴。

1. 通过开展认证，进一步提高工程硕士的培养质量

综合型工程硕士在工程师注册中的优势地位，增强了工程硕士对优质生源的吸引力，提高了工程硕士的社会认可度。通过设置明晰的认证标准，综合型工程硕士进一步确立了自身的特色，这为高等教育机构提供了指导，既保证了工程硕士宽广的知识面，又强调了在工程实践和设计上的优势，从而将其与其他学位区别开来。

我国的工程硕士专业学位从 1984 年试点到 1997 年正式设立至今，已经历了30 年的发展。2011 年我国工程硕士录取人数达到 139 401 人，已成为我国专业学位中涉及领域最多、招生规模最大的一种。但工程硕士的培养仍存在很多问题，突出表现在工程硕士的社会认可度不高、工程硕士和工学硕士区别不明显、工程硕士的工程实践能力不足等方面。

因此，可以考虑通过设置工程硕士和其他学位项目的专业认证标准，进一步明确工程硕士的定位，突出其区别于工学学士和工学硕士的特色，加强经过认证的工程硕士在工程师职业体系中的优势地位，以增强工程硕士的吸引力和社会认可度，提高工程硕士的培养质量。

2. 与本科统筹考虑，尽早开展硕士层次的认证研究

英国所有的高等工程教育项目都由统一的认证机构，遵循同样的认证程序，并按照相同的学习产出内容来进行认证，只是区别在于，硕士层次的认证标准在深度和宽度上都比学士有更高的要求。

我国已于 2013 年加入《华盛顿协议》，本科层次的工程教育专业认证经过多年的研究和筹备，已经进入正式确立和快速发展期。目前国际上进行硕士层次工程教育专业认证的国家不多，各大国际认证组织对硕士层次的认证也处于探索阶段，因此我国可参照英国和欧洲的经验，以加入《华盛顿协议》为契机，统筹考虑并综合设计我国本科和硕士层次的认证标准，让我国硕士层次的工程教育专业认证工作走在国际前列，为未来可能在国际范围内推广普及的硕士层次工程教育专业认证活动提供经验和借鉴，同时提高我国工程硕士人才的国际竞争力。

3. 更加紧密联结，进一步完善工程教育专业认证和工程师职业资格体系

英国的工程教育专业认证和工程师职业注册是互相依存的统一整体，通过将

不同类型和层次的学位项目与注册为各类工程师的教育基础要求相对应,一方面为各种的高等工程教育项目都提供了通往工程师职业的通道;另一方面通过不同工程师从低到高的教育要求,鼓励工程师在职业发展道路上的继续教育。

我国的工程师职业资格体系和工程教育专业认证体系是分离的,学生接受的工程教育并未显示出在未来从事工程职业时具有何种优势,工业界对工程师知识水平和实践能力的期待也没有通过认证这一渠道反馈到工程教育中。因此,应进一步完善我国的工程教育专业认证和工程师资格制度,使二者紧密联结、互相依存,以此打造各层次和各类型工程教育和工程师职业资格衔接有序的立交桥。

4. 加强国际交流,积极开展硕士层次工程教育专业认证的国际互认

随着世界范围内高等工程教育专业认证制度的不断完善,以及高等教育大众化的持续推进,硕士层次工程教育专业认证的尝试和推广将是一种趋势,英国和欧洲已经开展的认证经验值得我国借鉴。

因此,建议我国依托当前已组建的中国工程教育专业认证协会,开展本科和硕士层次的工程教育专业认证统筹研究和实施工作,同时加强与人力资源与社会保障部、各工程师职业学会的沟通衔接,使该协会成为我国开展工程教育专业认证的独立专业实体,并由其加强与已开展硕士层次认证的国家和国际组织的交流,通过交流和创新,使我国逐步形成具有中国特色,并与国际兼容的本科和硕士层次工程教育专业认证制度,并期待未来为形成国际通行的硕士层次工程教育专业认证标准奠定基础、贡献力量。

(原载《高等工程教育研究》,2015 年第 1 期)

工程教育评估与认证及其思考

余寿文

一、关于教育评估与认证

当我们讨论工程教育的质量保证及其相关的评估与认证时,必然直面一个困难而重要的问题:什么是真正意义上的工程教育评估? 评估的目的是什么? 主导工程教育评估的教育价值观念是什么? 这些看似易于清楚回答的问题,却需仔细分析方能找出其真实的答案。许多具有法律或法规意义上的明晰的提法,在现实生活的实施过程中,往往会像雾里看花变得模糊起来。本文拟就此一问题试作分析,看看有何答案。

首先,林林总总的各种评估易于搜索而呈现眼前[①],择其大类者有三曰:认可评价、认证评价、社会评价[②]。其中,认可评价是由政府主导的一种行政性评价,强调制度遵循,注重评价投入;认证评价多由中介组织进行,有由民间组织实施的,也有准政府组织实施的,它反映与认识对象的利益相关者的需求;而社会评价属于多元化的市场评价,面向多元主体和多元需求,提供不同的评价系统,以满足不同的主体的信息需要。

我国《高等教育法》第44条规定:"高等院校的办学水平,教育质量,接受教育行政部门的监督和由其组织的评估。"教育部在《2003—2007年教育振兴行动计划》中,实施普通高校教学工作水平评估制度。此外,也开展了研究生培养相关的"一级学科选优评估"。由于90%以上的高校设有工科,约1/3的高校的研究生毕

---

① 王孙禺等. 中国工程教育. 北京:社会科学技术出版社,2013.
② 周光礼、莫甲风. 从政府问责到社会问责. 中国人民大学教育学报,2014(2).

业于工程的学科门类。因此,上述评估属于工程教育的认可评价范畴①。

我国的工程教育的认证评价及其实施(20 世纪 80 年代有过专业评估的研究与试点),还应追溯到20 世纪 90 年代的建设部启动的建筑学和土木工程专业的评估。尔后于 2006 年开始展开了直至今日的覆盖 15 个专业类的工程教育专业认证。它由全国工程教育认证协会实施,是一个由第三方组织实施的,由高等学校、工业企业界和人力资源部门等利益相关方组织的一种认证评估。

与之相平行,国内亦有不同社会组织的各种大学评估,专业办学质量评估、研究评估,也由不同媒体公布了各种评估排名排行榜,提供给社会,受到学生、家长和各种社会组织的关注,为社会提供各方关心的信息。

在国外,也有多种多样的社会评估,其中影响国内较大者可列举几类评估,特别是大学评估(排行榜)。可试图作一比较分析:其中泰晤士报(Times)大学排行榜②的指标示于图 1(a),美国新闻(U.S.News)③示于图 1(b),QS 示于图 1(c)。

泰晤士报的大学排行榜评估指标中,研究和论文引用占了60%的比例,教学约占30%,其中还含有师均学校收入等与研究经费相关的内容,计入产业收入等项,与研究相关内容占七成;U.S.News 更主要以科研声誉(25%)及论文发表(65%)为主要指标,属于学术研究评估的内容;汤森路透(Thomson-Reuters)的大学及其学科发展绩效评价体系 ESI(基本科学指标数据库)QS 评价体系中,雇主评价、师生比、国际化程度等项指标约占40%,教学资源投入与绩效还占了 1/3 强。

然而,近年来,上述的评估组织,也推出了更强调教育的评估标准。如 U.S.News 的美国国内大学评估标准:大学本科学术声誉(22.5%);学生保有率(22.5%);师资力量(20%);教师薪资(25%);学生素质(12.5%);财务资源(10%);毕业率(5%);校友捐赠率(5%)。"2013 年泰晤士报大学排行榜综合排名"的评分指标共有8 项,依次为学生满意度、研究质量、入学标准、师生比例、服务与设施支出、学生毕业率、荣誉学位获得率、毕业生就业率,最后算出各所大学的总分。这些表明国际上也出现了既有学术研究的大学排名,也有强调教育的大学排名的相应的标准和权重的两类评估。

① 周光礼、莫甲风. 从政府问责到社会问责. 中国人民大学教育学报,2014(2).

② http://www. indexedu. com/learn/edu/14308. html; http//ranking. tiandaoedu. com/introduction; www. thompsonscientific; http://www. igo. cn+2010/news/lxxw/dxpn/2014.

③ http://www. indexedu. com/learn/edu/14308. html; http//ranking. tiandaoedu. com/introduction; www. thompsonscientific; http://www. igo. cn+2010/news/lxxw/dxpn/2014.

泰晤士报			
教学	30%	教学声誉调查	15%
		师生比	4.50%
		平均博士学位数(与学士学位相比)	2.25%
		学科门类齐全度	6%
		师均学校收入	2.25%
研究	30%	学术声誉调查	18%
		研究经费	6%
		师均论文发表数	6%
论文引用	30%	师均论文引用数	30%
国际化程度	8%	国际教员比例	3%
		国际学生比例	2.50%
		国际合作研究比例	2.50%
产业收入	2.50%	与企业联系	2.50%

(a)

美国新闻			
声誉	25%	全球科研声誉	12.50%
		地区科研声誉	12.50%
文献	65%	论文发表数量	12.50%
		归一化引用影响指数	10%
		总引用次数	10%
		高引用论文数	12.50%
		高引用论文百分比	10%
		国际合作	10%
学校相关	10%	授予博士学位数	5%
		每名科研人员授予的博士学位数	5%

(b)

汤森路透	
学术同行评议	40%
全球雇主评价	10%
师生比	20%
教师人均论文引用次数	20%
国际学生比例	5%
国际教师比例	5%

(c)

图 1　国外三种影响较大的大学评价体系

随着办世界一流、国际知名大学的潮流在国内的涌动,竞相偏重学科建设与学术评价。论文发表与引用、科学研究的成果与获奖成为大学评价、学科评价、专业评价的强音与主旋律。而强调教育的评估多年来趋向式微,但近年来已引起教育的研究者和管理者的关注。若论及本文所讨论的主题——工程教育评估与认证,它所论的是教育的评价,而不是学科研究的评价;而且是工程教育,不是纯粹的理科门类的教育。但以科研评价为主的评估体系,成为一股巨大的思维定势,影响甚至主导着教育的评价,以至于扭曲了高等工程教育的以培养各类工程技术人才为目的的评价,实在是必须引起工程教育工作者反思的,这将在本文的第三部分来讨论。

由于高等教育的改革与发展,近年来,高等工程教育的评估也发生了重要的变化。由于教育部推进了高等教育质量工程,实施了"卓越工程师培养计划",加强了工程硕士专业学位的人才培养与建设,推进了高等工程教育专业认证,在工程教育评估方面有许多重要而且可喜的变化,兹列举其大者:建立了"五位一体"的大学本科教育的评估体系:自我评估、院校评估(含合格评估与审核评估)、专业认证与评估、国际评估和教学基本状态数据常态监测;学科评估也由重点学科评估、一级(二级)学科评估转向以研究生教育相关、以研究生质量为评估主要目标的自我评估与合格评估。我国开展了基于学生学习结果的工程教育专业认证,去年已经成为国际工程教育互认体系《华盛顿协议》的预备成员,标志着我国工程教育正在走向世界。通过认证的专业达到了国际实质等效的认证标准的要求。这些重要变化,说明我国工程教育的评估与认证,适应了高等教育从精英教育走向大众阶段在工程教育质量评估上与时俱进的发展。

这里要特别强调的是:工程教育评估与认证,其评估的目标主体是教育。而教育是"影响人的身心发展为直接目的的社会活动",教学是"在学校工作中由教师和学生共同组成的活动"(《辞海》第 1778 页)[1],而教育评价"是通过系统收集与处理信息,对教育成就和价值所作的判断"。(同上)它不同于"学术研究评价"。因此,不能将"科研评价""学术评价"用于"教育评价"。而工程,具有综合性,不只求真,也求善求美。而如果将论文发表与引用当作学科评价的全部且套用来进行工程教育的评价,用通俗的话来讲叫"牛头不对马嘴";用叙理的话来说,是错误地应用了评价标准。总之,对于针对教育质量保证、学术研究、管理问责和向社会提供信息的不同类别的需求,必须使用相应类别的评估标准。当前尤其应

---

① 辞海. 上海:上海辞书出版社,1999.

注意区分教育评估与学术评估。两者评估目的不同,不可错用学术评估的标准来进行工程教育评估。

二、工程教育认证的理念与关节点

在讨论了教育评估之后,我们来重点考察分析我国的工程教育认证。它不是认可评估而是属于认证评估,关于认证的标准、步骤、实施与结果①。这里只着重分析工程教育认证的基本理念及实施中应注意的几个重要的关节点。

在介绍工程教育认证的理念之前,先讨论工程教育进入大众化阶段,社会对工程科技人才呈现多样性需求:如应用型、研究型、复合型等不同类型。孟子云"夫物之不齐,物之情也",且随社会发展其要求的标准也会随时间而变化。但不同的类型都要满足最低的门槛(如图2所示)。

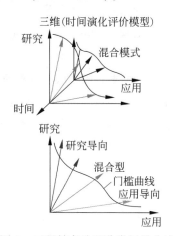

图 2   工程教育认证分类门槛曲线

由于我国的工程教育认证,是一种按国际实质等效标准的认证,认证的主要目的是保证工程教育的质量。认证的对象是对被认证专业授予的工程学士学位的国际实质等效的认证或鉴定。它的认证结果是通过与不通过。判定是基于培养人才的多样性需求下根据各专业对培养目标的定位,对其实施过程和学生毕业所达到的毕业要求而提供的自我评估与证据的判定。而如果在我国成为国际工程教育互认协议的《华盛顿协议》的正式成员后,这一认证的结果将实现协议成员之间的工程学位认证的互认。这将为我国的工程建设与制造业走向世界的同时,

① 　中国工程教育专业认证协会. 工程教育认证标准(2014 年版).

实现工程师的交流互认准备条件,这将是不远的将来的一个努力的目标,也开启了中国工程科技人才随着"一路一带"项目的发展而走向世界的新的契机。

认证的核心是认证的标准,而标准制定的核心理念不同于以往着重于教育投入的评估,这一理念是我们常说但并未很好实现的"以人为本""以学生为本"的基于学生学习结果的准则——基于结果的教育(Outcome Based Education, OBE)。它着重于在教育过程中及学生毕业取得学位毕业后的"学习结果"。对于工程教育开展认证与评估,在美国已经有 80 多年的历史了。近年来,特别是 2000 年以来,以美国工程技术认证局推出认证标准 EC2000,其主要的评鉴准则是"结果导向"(Outcome)型的准则。它以专业的产出结果为主要的认证目标,其各项指标均针对评鉴"全体学生"的"学习结果"产出。开宗明义,首先评鉴关于学生的毕业生素质要求,也关注各项投入,包括课程体系、师资队伍、支持条件、质量的持续改进等。且各项标准达到的考核,必须是面对全体学生的。当前,国际上对评鉴与认证的标准的提法,已从"专业结果"(Program Outcome)向着"学生学习结果"(Students Learning Outcome)过渡。以往的评鉴即评估与鉴定,其所选择的要素指标,往往是注重其投入,唯独缺乏学生的培养成果。若有,也列举其拔尖者曾获得国际性或全国性科技竞赛中获得的奖项。总之,理论上讲是"以人为本",但却少见评鉴"全体学生的培养成果"。我国施行的"工程教育认证标准"也是以基于"结果导向"的。而这个结果导向是以"毕业生素质"(Graduate Attributes)的展开为主要检测对象的。它要求工程专业根据自身办学的定位,制定出本专业可度量、可测评的具体的毕业生素质要求。这些描述的规定的结果(知识、能力、品德)的各分项矩阵式地分解到各门课程与各个培养环节中,而最终以多年的全体毕业生素质的产出结果来证明是否达到原来预设的培养目标。这样的评鉴标准,聚焦于毕业生的培养结果。专业的一切教学活动,都服务与指向毕业生的产出,应该说这是教育教学评估鉴定以及专业认证的思想上的一个重要转变,即从重视投入向着重视结果产出的转变;专业教育从关注名师与拔尖学生的教学与研究成果向着全体毕业生结果产出的转变;从只关注学校的教学向着强调理论与实践相结合、学校中学习和向工业界向社会学习结合的转变;从完全由学校和专业的教师从事人才培养向着学校与社会和工业界相结合,来加强对学生的培养的模式转变。这也自然将会牵动着对教师的职务聘任和职称评定,从着重研究成果与研究论文发表向着教学与研究相结合、重在育人的评价标准转变。

当然,师资队伍、教学资源、管理与质量保证、经费投入、实验—实习—实践环节,都是对教育过程的投入,是十分重要的,但这一切都聚集于培养质量合格的学生。对学生的"毕业要求"的具体翔实的描述,要通过设计合理的并得以实施的几十个培养环节来实现,以培养各环节为行、以毕业要求为列的教育计划的大矩阵中的每个元素,都有科学合理的设计,并得以实现;而这些过程的实现,必须有客观的证据予以证实,这当中列重要者如:教师对学生实现毕业要求的相关方面的证据,在读学生、毕业后的学生或读研的研究生、毕业多年的校友、用人单位的反馈意见,就业人才市场的毕业生就业率等数据及信息反馈、社会的满意度、学生在入学至毕业的增长值、毕业后职业与学习专业的关联、学生的毕业率,等等。然而,这些信息与数据,教育举办方并没有被要求定期采集、反馈,用于定期作持续的质量改进(Continue Q uality Improvement, CQI)。通过上述的分析,我们可以看到,这是教与学的观念上的巨大的转变,即对学生(当然也可推广到研究生)培养的从重投入到重过程与最终学习结果的巨大转变。这是工程教育认证中所体现的基本教育理念与价值观判断上的转变。例如,早先将教育评估,看成教学评估(且被译成 Teaching Assessment 而不是直译的 Teaching and Learning Assessment);看似一种不经意的译法,实际上反映了人们将教育缩写成了教学再聚集于评"教"了。这是较之早先重分层评优且注意教的投入向注重学生学习结果的重要转变。

这里需要强调指出的一个工程教育中的"短板",即应该特别强调本科工程教育中教学过程面向"复杂工程问题"。一则由于近十几年来,工科学生数成 4~5 倍地扩张,教学资源的投入无法充分承载对全体工科学生在学习、实践、研究的过程中聚集面向"复杂工程问题"。二则工程教育受着追求"科学化""研究型"的影响。整个教育环境逐步远离"大工程",被逐渐地虚拟与"软化"。与此同时,国际上工程教育的潮流却是向着"回归工程"流动,以"大工程观"来审视与要求培养 21 世纪的工程师。《华盛顿协议》(WA)近 5 年来反复强调并在"毕业生素质要求"的标准中,多次出现认证实施过程中,要按面向"复杂工程问题"的标准条文来要求。而我国的工程教育界发现这是我们需要着力的地方。WA 列出复杂工程问题的具体条文可抄录于下[①],"复杂工程问题"具备下述特征(1),同时具备下述特征(2)~(7)的部分或全部:

(1)如果不具备深厚的工程知识且达到相应的水平,就无法解决的问题。

(2)涉及了宽泛的或技术冲突的工程及其他方面的问题。

(3)没有显而易见的解决方法,需要通过抽象的、有创造性的分析以建立合适的模型才能解决的问题。

----

① 中国工程教育专业认证协会. 工程教育认证标准(2015 年版).

(4) 涉及了不太常见的问题。

(5) 属于专业工程实践标准及规范涵盖范围之外的问题。

(6) 涉及了多种不同的利益相关者多样化需求的问题。

(7) 属于高水平问题且包含许多组成部分或子问题集。

从上述"复杂工程问题"的解释可以看出,要求工程教育的培养过程中要有深厚的工程知识,会解决复杂性工程问题的某一或某几个方面;会创造性地分析建模与解决问题,会解决涉及工程与其他方面及不同利益相关者的多样化需求,能深入于工程标准与规范涵盖之外的可能不太常见的问题,还能开展研究以解决高水平且包括多个组成部分或子问题集的问题。它体现了工程教育的实践性、创新性、系统性。因此我们必须要求教育过程合理地规划与实现在工程资源范围、系统相互作用的层次水平、工程实施的社会环境后果、培养学生的创新能力以及相关学科的基础理论应用于复杂工程问题等方面的工程教育活动。

在讨论工程教育质量评估与认证的问题上,还应该讨论工程教育评估的策略的历史发展与演化。笔者曾著专文申论,这里不重复该文的内容,只是着重指出两个重要的视点,以引起从事工程教育评估工作的同仁们注意①。

图 3(a)表示一种金字塔式分层排名评估的示意图,它说明当高等教育还在精英阶段时,为提高教学质量,有限的资金投入以保证重点,并引领全面。在高等教育系统体量不大、资源不足时,分层择优,有其必要性,但同时引发了不同类型办学单元的趋同性和单元间的非协调的互相挤压性。但当高等教育进入了大众化的阶段、企业与社会对人力资源的需求多样化特征明显之时,应当适时将评估与认证转向如图 3(b)所示的基于分类发展基础上的分层评估。它的特征是:各办学单元之间,有差异,无相互挤压之虞,有协同发展之便。不同办学单元,自己恰当定位,寻求企业社会的合作,政府根据国家与地区发展的需要以不同的管道支持办学单元的发展。以分类发展面向多样性需求,在发展中提高并动态地形成不同

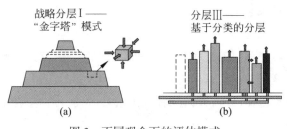

图 3　不同观念下的评估模式

①　余寿文. 工程教育发展的目标与分类分层推进的策略思考. 高等工程教育研究,2013(6).

类别中的能级并自然形成分层,这种模式可称为"分类发展基础上的分层"模式。它减少了发展过程中的内耗,扩延了内在发展的自由度与空间,在成长的演化中自然形成了不同的能级与层次,不失为新的一种协同发展的办学生态。

与此相关,对工程教育的评估通常出现的一个问题做一些分析:在我国办学的语境中,本科办学单元是"专业",而研究生的办学评估单元是"学科"。规定"学位授予单位按目录中各专业所归属的学科门类,授予相应学位"[①],且注明"划分专业的范围相当于二级学科"。因此,学科的语境已不完全相同于通常所称谓的学科:"学科是知识体的形成、应用与制度化"[②],而是指"学界或学术"的"组织单位",但讲到学术研究时,它又是"学问的分支"。

在工程教育评估的视角,当今本科的"专业"与研究生的"学科",其评估的策略,都体现了图3的从"3(a)"到"3(b)"的不同程度的变化。如果说以往的评估着重于分层评优;今后的学科评估和专业的认证,都将更关注学生培养的质量,关注学生(研究生)的结果或"产出"。

工程人才的培养,除了学生的知识—能力的要求外,更重要的是价值观的塑造。爱我们的国家,服务于人民,有高尚的品德,讲职业道德。认证标准的毕业要求的第一条,即要求培养学生"具有人文社会科学的素养、社会责任感和工程职业道德"。第五条要求"设计过程中能够综合考虑经济、环境、法律、安全、健康、伦理等制约因素"。这些直接要求落实"工程职业道德""伦理"。其余各条分别要求落实实施"能正确认识工程对于客观世界和社会的影响""具有表达能力、人际交往能力以及在团队中发挥作用的能力""具有国际视野和跨文化的交流、竞争与合作能力"。这些能力要求写入工程教育认证的通用标准,是从事工程师工作的职业要求。国际工程联盟指出,工程师活动是一种社会实践活动,"工程伦理是对在工程实践中涉及的道德价值、问题和决策的研究"。各大工程师协会的章程都把"工程师的首要义务是把人类的安全、健康、福祉放在至高无上的地位"作为章程的根本原则。气候变化、洁净能源、绿色生产、仿生工程、基因工程、智能制造等都对当代的道德伦理、可持续发展、科技政策提出了新的问题。工程项目的要件如操作实施、人际沟通与人力资源、财务资金、组织体制、工作环境界面等都与人的活动相关联。工程师要申请职业工程师执照,也有工程职业伦理道德表现的硬性要求。美国国家科学院、国家工程院在《2020年的工程师:新世纪工程学发展的远

---

① 秦惠民主编. 学位与研究生教育大辞典. 北京:北京理工大学出版社,1994:20.

② 孔寒冰. 工程学科:框架、本体与属性. 杭州:浙江大学出版社,2011:26.

景》中指出工程师应该成为"受全面教育的人,有全球公民意识的人,在商业和公务事务中有领导能力的人,有伦理道德的人"。不少国家的工程教育认证要求,必须把培养学生"工程职业和实践的伦理特征的认识"作为接受认证的一个条件。因此,工程伦理教育是工程教育的一部分。要求应当开设相关工程伦理的课程,在实践环节中加强工程伦理的教育。《易经》云:"君子以厚德载物。"工程是物事之功,它御之德,也承载德。因此落实工程教育中关于培养学生人文社会科学的素养,具有工程职业道德,是培养全面发展的人的应有之义。

三、工程教育评估与认证的再思考

近年来,高等工程教育专业认识正在逐步推进,其中有三项具有相当难度的工作,需要同仁们共同研究与推动实施:

其一是教育思想的转变,即教育评估从重评教、重投入转变到注重学生的学习结果上来。注意加强工程实践能力培训,学校与工业企业协同育人。它对什么是好的教师、好的教与学,从教师发展与聘任的机制上有实质的推动与提升,牵一发动"全身",牵动着培养计划的重新设计、学校企业的合作育人、教师评聘的人事制度、教学与科研评价的平衡。

其二是从教与学的管理上,教务部门与学生工作部门,要做到合力协同培养学生,对评教评学的举证机制化,综合教务数据库与学生就业、毕业生调查、用人单位反馈等方面的信息,以学生的学习结果为汇聚点,提供教学基本状态与学生发展的数据。真正实现课程与各培养环节的教师、学生工作系统与教学管理人员在几十个培养环节协同育人。

其三是在实施工程教育认证标准过程中,注意加强学生培养全过程中面向"复杂工程问题"的训练与能力培养,增强教师队伍面向于解决"复杂工程问题的能力",从而提升工程教育长链条中真正能面向复杂工程问题,通过"真刀真枪"的实践与设计环境,在工业企业中的实践经历中,培养能解决工程实际问题的受工业企业欢迎的质量好的大学生。

上述三者,属于不同层面的问题,是相互联系共同起作用的。

行文至此,实际上工程教育评估与认证面临要回答的一个基本问题:什么是大学? 大学是培养人,培养大学生与研究生的地方。什么是办得好的大学? 培养出满足国家与社会需求且受学生欢迎的学校。什么是好的教师? 以培养好的全面质量合格和优秀的学生的教师。教师要做好研究,但大学中教师的研究有别于科研院所工作人员的研究。教师们要和学生一起,研究式地学习,边教边研边学边习。和学生、研究生一起将研究成果贡献给世人,既探究客观世界,又培养一批又一批人才,薪火相传。因此,我们应该回归清华大学原校长、教育家梅贻琦先生的名言"大学非大楼之谓也,乃大师之谓也",同时还应该引用他同一文章下一行的两句:"教师要教给学生精深的知识,还要引领学生的灵性(inspiration)。"固"大学乃大师育才之谓也"。对此,笔者曾经在文献①中详述。

综上所述,本文回顾与比较了国内外各种大学、学科、专业评估与认证的历史及其发展之后,指出教育评估与别的各种评估不同。不可用"学术评估""学科评估"以及各类大学排名、专业学科排名之类的所谓"评估"代替"教育评估"。上述其他评估有它自身的用处,却不能用于"教育评估",特别不可用于"工程教育评估"。工程教育评估与认证之内核和聚焦点在于:学生(含研究生)的学习结果。各种投入、条件保障、师资发展等是为学生的成长服务的;而且工程教育的评估,在我国当前的情况下,特别要重视面向"复杂的工程问题"。对此所做的各种试验与措施,均值得鼓励。因为"大学不仅是传授知识和技能的场所,更是培养人的思想、情感、品德、意志之所在,是铸造灵魂的地方"。②

(原载《高等工程教育研究》,2015 年第 3 期)

---

① 余寿文. 大学者,育才之谓也——中国特色高等工程教育十议. 高等工程教育研究,2011(2).
② 陈吉宁. 就职清华大学校长的演说. 2012-2-20.

英国工程教育专业认证与工程师职业资格衔接机制研究*

2016 年 6 月在马来西亚吉隆坡举行的国际工程联盟大会全票通过了中国的转正申请,由此,我国成为《华盛顿协议》第 18 个正式成员,我国工程教育专业认证工作正式踏上国际互认的平台。这将有助于推动我国工程教育更好地满足工业界的人才需求,保障学生接受到较高质量的工程教育,使其获得与工业界需求相适应的技能,并引导其走向工程职业。

建立工程师职业资格体系和注册制度,是为了向雇主、政府和更广泛的国内外社会公众建立对注册工程师和技术员知识、经验和承诺的信心①;建立工程教育专业认证和工程师职业资格的衔接机制,对工程教育和工程人才成长、发展具有重要意义。目前,我国还缺乏全国层面统一的工程师职业资格体系,工程教育专业认证与工程师职业资格之间的衔接机制更有待建立。本文通过介绍英国的相关经验,为我国建立和完善工程教育专业认证和工程师职业资格的衔接机制提供有益的借鉴。

一、建立统一的管理机构

美国的工程教育专业认证工作由工程及技术教育认证委员会(ABET)负责,工程师注册则由各州工程师注册局管理。各州工程师注册局组成全国工程和测量考试委员会(NCEES),与 ABET 就工程教育专业认证和工程师注册的衔接工作

---

① Engineering Council. http://www.engc.org.uk/about-us.

进行密切的合作①。英国的管理体制与美国不同,这两项工作均由英国工程委员会(Engineering Council)及其下属各专业学会统一管理。

工程委员会是英国工程教育专业认证和工程师注册在全国层面的统筹负责机构。作为英国工程职业的管理机构,工程委员会管理着英国境内22.2万名注册工程师和技术员,其使命是在工程职业能力和职业承诺设定方面维持广受国际认可的标准②。

工程委员会并不直接进行工程教育专业认证和工程师注册的管理工作,而是由在某一具体工程领域获得工程委员会授权许可的各工程专业学会负责。英国现有相关专业学会35个(表1)。例如,高等教育机构开设的土木工程专业认证和全国土木工程师注册均由土木工程师学会(Institution of Civil Engineers,简称ICE)负责。英国工程专业学会自19世纪初就开展活动,并从20世纪70年代开始进行工程教育专业认证工作。自1981年起,英国皇家授权工程委员会在全国层面统一管理和协调英国的工程教育专业认证和工程师注册工作,统筹设置全国各行业工程教育专业认证和工程师注册的总体要求与一般性标准,下属各专业学会则负责维护、促进和细化相关的标准,并进行具体的管理工作③。

表1 英国工程专业学会一览

学会	注册类别			
	特许工程师 (CEng)	技术工程师 (IEng)	工程技术员 (EngTech)	信息通信 技术员 (ICTTech)
BCS,特许信息技术学会(BCS)	√△	√△		
英国非破坏性测试学会(BINDT)	√	√	√○	
特许建筑服务工程师学会 (CIBSE)	√△	√△	√○	
特许高速公路和运输学会(CIHT)	√△	√△	√○	

---

① 王瑞朋,王孙禺,李锋亮.论美国工程教育专业认证制度与工程师注册制度的衔接.清华大学教育研究,2015(1).

② Engineering Council, http://www.engc.org.uk/about-us.

③ 袁本涛,郑娟.博洛尼亚进程后欧洲工程教育专业认证的发展研究.清华大学教育研究,2015(1).

续表

学会	注册类别			
	特许工程师 （CEng）	技术工程师 （IEng）	工程技术员 （EngTech）	信息通信 技术员 （ICTTech）
特许管道和暖气工程师学会 （CIPHE）		√	√〇	
特许水和环境管理学会（CIWEM）	√	√	√〇	
能源学会（EI）	√△	√△	√〇	
农业工程师学会（IAgrE）	√△	√△	√〇	
土木工程师学会（ICE）	√△	√△	√〇	
化学工程师学会（IChemE）	√△	√△	√〇	
铸造金属工程师学会（ICME）	√	√	√〇	
工程设计师学会（IED）	√△	√△	√〇	
工程和技术学会（IET）	√△	√△	√〇	√〇
防火工程师学会（IFE）	√△	√△	√〇	
燃气工程师和管理者学会（IGEM）	√△	√△	√〇	
高速公路工程师学会（IHE）	√△	√△	√〇	
医疗工程和物业管理学会 （IHEEM）	√	√	√〇	
照明工程师学会（ILP）	√	√	√〇	
海事工程、科学和技术学会 （IMarEST）	√△	√△	√〇	
机械工程师学会（IMechE）	√△	√△	√〇	
测量和控制学会（InstMC）	√△	√△	√〇	
皇家工程师学会（InstRE）	√	√	√〇	
声学学会（IOA）	√	√		
材料、矿物和采矿学会（IOM3）	√△	√△	√〇	
物理学学会（IOP）	√△			
医学物理和工程学会（IPEM）	√△	√△	√〇	
铁路信号工程师学会（IRSE）	√	√	√〇	
结构工程师学会（IStructE）	√△	√△	√〇	
水学会（Institute of Water）	√	√	√〇	
核学会（NI）	√	√	√〇	

续表

学会	注册类别			
	特许工程师 （CEng）	技术工程师 （IEng）	工程技术员 （EngTech）	信息通信 技术员 （ICTTech）
皇家航空学会（RAeS）	√△	√△	√○	
皇家海军建筑师学会（RINA）	√△	√△	√○	
环境工程师学会（SEE）	√	√	√○	
操作工程师学会（SOE）	√	√△	√○	
焊接学会（TWI）	√△	√△	√○	

注：√表示学会可评估候选人的注册；△表示学会可认证学术性课程；○表示学会可批准资格和专业。

资料来源：Engineering Council. Pocket Guide To Professional Registration for engineers and technicians 2016. （http://www. engc. org. uk/engcdocuments/internet/website/Pink%20Book%202016. pdf）

由此可见,工程委员会与其授权的专业学会之间形成了分工合理、衔接有序的二级管理体系,统一管理着英国的工程教育专业认证和工程师的职业资格。管理机构的统一,首先,保证了工程教育和职业需求之间的衔接,将工业界对工程人才的需求高效、准确地传达到教育体系内部,从而进一步提升了工程教育的针对性。其次,简化了管理流程和环节,避免了工程教育与工程师职业资格多头管理、九龙治水的局面。最后,认证标准和工程师的职业能力标准均由工程委员会统一制定,由各专业学会进行补充修订,保证了专业认证标准和工程师职业标准之间的有效对接。

二、取得已认证专业的学位是获得职业资格的门槛要求

与德国和法国通行的从已认证的专业毕业即可获得文凭工程师的制度不同,英国工程教育专业认证和工程师职业资格之间采用的是"准入门槛"与职业资格阶梯相结合的衔接模式。

英国共有四类工程职业资格:特许工程师（CEng）、技术工程师（IEng）、工程技术员（EngTech）和信息通信技术员（ICTTech）。虽然工程委员会认为在任何一类工程职业中进行注册都能证明一个人的工程能力和承诺受到认可,工程职业资格分类体现的主要是分工的差异,然而,不论从英国工程职业能力标准文件的要求来看,还是从社会地位、收入水平和从业范围来看,"技术员—技术工程师—特许工程师"都呈现出职业资格的阶梯特征[①]。个人职业的进步、经验或其他学习的发

---

① 韩晓燕,张彦通. 英美注册工程师制度的级别划分研究. 高等工程教育研究,2008(5).

展,通常都会使一个工程从业人员逐步从工程技术员晋级为技术工程师和特许工程师①,这也是英国工程从业者职业发展的一般路径。

工程委员会明确规定,要想注册为某一类型的技术员或工程师,首先应该取得经相关专业学会认证的、相应层次和类型的工程学位(表2)。在博洛尼亚进程启动后,英国依据欧洲高等教育资格框架(FQ-EHEA)规定,将国内原有的高等教育资格进行了整合,并明确了与 FQ-EHEA 相对应的资格水平等级②。在工程师注册所需的教育门槛要求上,总体来说,较高层次的工程师职业资格需要具备较高的经过认证的教育资格水平;在同一层级的教育资格水平中,应用型学位通常比学术型学位在注册上更具有优势。以最高层次的特许工程师为例,只需具备经过认证的综合型工程硕士学位,即可一次性满足注册所需的教育门槛要求。

表 2　英国注册工程师和技术员的教育要求

类型	教育要求	最终要达到的教育资格水平
信息通信技术员	英格兰和北爱尔兰资格和学分框架/国家资格框架水平 3 的资格	
	苏格兰学分和资格框架水平 6 的资格	
	威尔士学分和资格框架水平 3 的资格	
工程技术员	由被许可的工程专业学会核准的高级/现代学徒资格或其他基于工作的学习项目	3(高级学徒)
	爱德思/皮尔森 3 级商业与技术教育委员会(BTEC)文凭,或工程或建筑环境领域的延展文凭(Extended Diploma)	
	由被许可的工程学会核准的,不低于资格和学分框架中水平 3 或不低于苏格兰学分资格框架中水平 6 的工程或建筑领域资格	
	由被许可的工程职业学会核准的相当的资格	

---

① UK-SPEC. http://www.engc.org.uk/professionalqualifications/standards/uk-spec.

② 袁本涛,郑娟.博洛尼亚进程后欧洲工程教育专业认证的发展研究.清华大学教育研究,2015(1).

续表

类型	教育要求		最终要达到的教育资格水平
技术工程师	经过认证的工程或技术的学士或荣誉学位		6(学士)
	经过认证的 1999 年 9 月前开始的工程或技术的高等国家证书(HNC)、高等国家文凭(HND)		
	1999 年 9 月后开始的高等国家证书(HNC)、高等国家文凭(HND)(如果是 HNC 则应于 2010 年前开始),或一个工程或技术的基础学位	再加未来合适的达到学位(degree)水平的学习	
	由被许可的工程学会核准的国家职业资格水平 4(NVQ4)或苏格兰职业资格水平 4(SVQ4)		
特许工程师	经过认证的综合型工程硕士学位(integrated MEng)		7(硕士)
	经过认证的工程或技术的荣誉学士学位(Bachelors(Honours))	再加一个被许可的学会认证的合适的硕士学位或工程博士学位(EngD),或未来合适的硕士水平的学习	

资料来源:英国工程委员会发布的 UK-SPEC(第三版)、ICTTech Standard(第二版)、AHEP Brochure.

英国通过整合高等教育资格框架和确立工程职业资格阶梯,并利用工程师注册时的教育门槛要求,在工程教育专业认证和工程师职业资格之间构建起了紧密衔接关系,工程教育专业认证为保障注册工程师必备的知识和理解服务,而工程师职业资格又反映出其理应具备的教育基础。这一衔接体系为各类型和层次的工程专业毕业生提供了成为注册技术员或工程师的通道,也为工程从业者的职业发展和继续教育带来了动力和方向[1]。

对于不具备已认证的专业学位资格的申请人,一方面,可以通过全职或兼职的方式,在未来的进修中获得符合要求的学位;另一方面,工程委员会也为其保留了注册的"特殊通道",即申请个别路线评估(Individual Route Assessment),由相关专业学会对申请人的先前学习和当前表现进行评估,考核其是否达到了申请注册所应具备的知识和理解,并与具备已认证的专业学位资格的申请人达到了相同的

---

① 郑娟,王孙禺.英国硕士层次工程教育专业认证制度探讨.高等工程教育研究,2015(1).

知识和理解水平①。具体选择哪种方式最为适合，申请人可向所属学会进行咨询。

以工程委员会下属的特许高速公路和运输学会（Chartered Institution of Highways & Transportation，CIHT）为例。若要申请注册成为一名工程师，申请者首先需要提交一个初步评估的申请（表3），根据自身所获得的学位资格，有两条路线可以选择：若具备工程委员会要求的已认证专业的相应工程学位，可遵循标准路线；若不具备，则 CIHT 会考虑对其使用个别路线评估，而申请者必须清楚地证明已获得与走标准路线的申请者相同的知识和理解水平。具体的证明方法包括：撰写技术报告或进一步的学习报告，以证明对工程原则的认识和理解；进一步的学术性学习；在工作场所环境中的具体学习等。

表3　特许高速公路和运输学会职业注册路线

标准路线	个别路线	
	基准标准	
	教育基础部分符合要求	教育基础需被证明
	可选择进一步学习的报告以完成教育等效	可选择技术报告以证明教育等效
教育基础完全符合要求	按照基准标准评估非认证的正式学习	按照基准标准评估工作基础的证据：个人履历、简要职业历史、概要、导师细节
	提交详细的报告以供评估	提交详细的报告
		参加技术面试
	个人职业发展	
	附加 在职的个人职业发展 如何作为工程师发展自己的能力和承诺	
	最终阶段	
	附加 职业审查过程以评估职业能力和承诺 提交证据组合（portfolio of evidence），参加职业审查面试	
	顺利完成后，申请者可注册为一名合格的工程师	

资料来源：CIHT. CIHT Education Qualifications Booklet.（http://www.ciht.org.uk/en/education-cpd/professional qualifications/engineering-technician/index.cfm）

---

① UK-SPEC. http://www.engc.org.uk/professionalqualifications/standards/uk-spec.

当申请者的教育基础经过 CIHT 的评估和批准后,即可进入下一步"职业审查"(Professional Review)阶段。这一阶段需提交证据组合并参加专业评审面试,以证明申请者已经达到了由工程委员会设置的工程师能力标准。

三、工程教育专业认证标准与工程师注册标准的衔接

工程委员会对工程教育专业认证标准与工程师注册标准关系的定位十分明确,二者都是基于工程委员会发布的英国工程职业能力标准文件(*UK Standard For Professional Engineering Competence*,UK-SPEC)制定的,该文件规定了在英国从事工程职业、注册为各类工程师所应具备的知识、能力和承诺的标准[①]。因此,要把工程教育专业认证的学习产出标准放在英国工程职业能力标准文件对特许工程师和技术工程师的能力与承诺的描述中去解读[②],即对工程教育专业的认证和考察,是以毕业生未来所从事的工程职业为目标和指向的。并且,在不同类型和层次专业的认证标准与相应的工程师注册标准之间,对毕业生和申请者的知识、能力要求形成了大致的对应关系,例如与荣誉学士学位毕业生对应的是技术工程师,与综合型工程硕士学位毕业生对应的是特许工程师。

英国工程教育专业认证遵循的是学生的学习产出标准,如表 4 所示。学习产出分为一般学习产出(General Learning Outcomes)和特殊学习产出(Specific Learning Outcomes),前者具有普遍性,其认证标准会运用到所有的项目中,它是以可注册为特许工程师的荣誉学士学位项目为基础制定的,对于其他认证项目则会设置适用性标准;后者在不同认证项目中的标准设置均有所不同,可充分显示出项目的特殊性。

表4 英国工程教育专业认证的学习产出分类

一般学习产出	知识和理解	智力能力	实践技能	通用的可转移技能	
特殊学习产出	由相关工程学会定义的支撑性的科学和数学,以及相关的工程学科	工程分析	设计	经济、社会和环境背景	工程实践

资料来源:英国工程委员会发布的 AHEP Brochure.

---

① Subject Benchmark Statement:Engineering2010[DB/OL]. http://www. qaa. ac. uk/Publications/Information And Guidance/Documents/Engineering10. pdf.

② The Accreditation Of Higher Education Progrannes[DB/OL]. http://www. engc. org. uk/ecukdocuments/internet/document% 20library/AHEP% 20 Brochure. pdf.

与学习产出标准形成对应的是,英国工程职业能力标准和信息通信技术员标准文件(*Information and Communications Technology Technician Standard*, ICTTech Standard)将特许工程师、技术工程师、工程技术员和信息通信技术员的能力和承诺分为五项(表5):知识和理解,设计和开发过程、系统、服务和产品,责任、管理或领导力,沟通和人际交往能力,职业承诺。在每一项之下又分别设置了细化的标准。

表5 英国工程职业资格标准

	特许工程师	技术工程师	工程技术员	信息通信技术员
A 知识和理解	将通用的或专业的工程知识和理解相结合,使现存或正在出现的技术应用最优化	将通用的或专业的工程知识和理解相结合,应用于现存或正在出现的技术之中	使用工程知识和理解来运用技术和实践技能	能够在运用技术的、实践的和系统的技能时使用信息通信技术(ICT)的知识和理解
B 设计和开发过程、系统、服务和产品	运用合适的理论和实践方法分析和解决工程问题	运用合适的理论和实践方法设计、开发、制造、构建、投入使用、操作、维护、停止使用和循环使用工程过程、系统、服务和产品	有助于设计、开发、制造、构造、调试、操作或维护产品、设备、过程、系统或服务	有助于设计、开发、配置、测试、调试、安装、部署、操作、迁移或维护信息通信技术的解决方案、产品、流程、系统、服务或应用
C 责任、管理或领导力	提供技术和商业领导	提供技术和商业管理	接受并履行个人责任	接受并履行个人责任
D 沟通和人际交往能力	展示有效的人际沟通技巧	展示有效的人际沟通技巧	使用有效沟通和人际交往的技能	使用有效沟通和人际交往的技巧
E 职业承诺	证明个人对职业标准的承诺,认识到对社会、职业和环境的责任	证明个人对职业标准的承诺,认识到对社会、职业和环境的责任	对适当的职业行为准则做出个人承诺,认识到对社会、职业和环境的义务	对适当的职业行为准则做出个人承诺,认识到对社会、职业和环境的义务

资料来源:根据工程委员会发布的 UK-SPEC(第三版)、ICTTech Standard(第二版)整理.

四、英国工程师和技术员的注册流程和职业发展路径

英国工程委员会及其许可的各专业学会对注册申请者的考察主要是评估其能力和承诺是否符合工程职业资格的各项标准,申请者个人发展能力和承诺可以通过支撑性的知识和理解(主要通过教育项目)以及职业发展和经验两部分的组合获得①。

图1展示了从已认证的工程专业毕业,符合注册所需教育门槛要求的申请人注册为工程师或技术员的流程和职业发展路径。申请者在通过了所属工程专业学会对其教育基础的评估后,就进入了学会组织的"职业审查"阶段。这一阶段申请者需提交大量证据并参加专业评审面试,以证明自身已经达到了由工程委员会

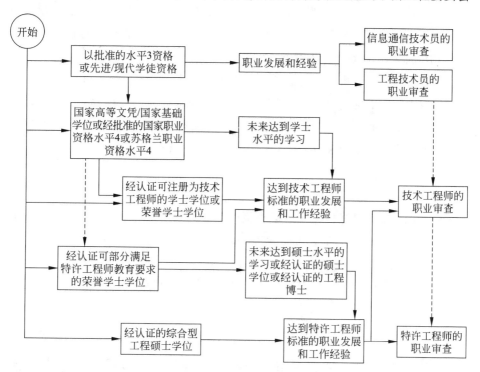

图1 英国工程师和技术员注册流程(对于符合教育门槛要求的申请人)

资料来源:Engineering Council. Standard Routes to Registration as a Professional Engineer or Technician. (http://www.engc.org.uk/engcdocuments/internet/website/Pink%20Book%202016.pdf)

① Engineering Council Registration Code of Practice (Registration Code)[DB/OL]. http://www.engc.org.uk.

和所属专业学会设置的各项工程师能力标准。

职业审查包括两部分：对文献证据的审查和面试。对于所有特许工程师或技术工程师的申请者来说，必须在注册的最后阶段接受面试；对于工程技术员和通信技术员申请者，学会可自行决定是否需要接受面试。学会也有权在职业审查的基础上增加其他的考核项目。对申请者应如何更好地呈现自身培训或经验的证据，学会可为申请者提供指导；证据不足之处，学会通常也会提出相应的建议，告知申请者应如何处理，以及可能需要的进一步培训或工作经验。

申请者首先需要按照学会的格式要求，提交能够支持其申请的证据。证据必须包括如下细节：教育记录以及拥有规定所需的或其他的学位资格；结构化的或其他职业发展；运用工程和技术判断负责的领域；了解所做决定的技术、金融和可持续性影响的证据；对未来职业发展的计划；由其他国家、地区或国际当局授予的职业资格。所有申请者还应在职业审查的过程中证明自身尝试履行持续职业发展（CPD）的义务，满足工程继续教育的相关要求。

职业审查的面试将由两名合格的并经过训练的面试专家主导，他们应至少在申请者寻求注册的类别中已成为注册者，其中必须至少有一人在相关工程学科领域具有丰富的经验。学会将采取一切合理的步骤来选择面试专家，以确保避免潜在的利益冲突。面试专家应对每一位申请者做出一份总结报告并对申请者进行推荐，这份报告应覆盖能力和承诺的标准，并反映面试官对申请者是否证明了自身具有所需能力和承诺的职业判断。

学会的委员会最终将在职业审查报告基础上做出是否推荐申请人注册的决定，结果应告知申请人，学会也应为未能成功注册的申请者提供申诉程序。如申请人达到了注册标准，学会将代表申请人向工程委员会提交一份注册表格①。

对申请者发展能力和承诺的时间，工程委员会没有规定固定的年限。是否能够通过，取决于很多因素，诸如先前的资历或经验、工作角色和个人环境等。在对申请者所提交的文献证据的评审过程中，学会将会决定该申请者是否已经准备妥当。

五、对我国构建工程教育专业认证与工程师职业资格衔接体系的启示

我国已初步建立起本科层面的工程教育专业认证制度和标准，但硕士层次的

---

① Engineering Council. Standard Routes to Registration as a Professional Engineer or Technician[DB/OL]. http://www.engc.org.uk/engcdocuments/internet/website/Pink%20Book%202016.pdf.

认证标准和体系仍有待研究和确立。目前,尚未在全国层面建立起相对统一的工程师职业资格体系,注册标准和要求不明,职业资格阶梯和发展路径模糊;教育基础和职业资格之间缺少有序衔接,管理部门之间也缺乏协同合作,在获取职业资格过程中体现不出从已认证的专业毕业有何优势,工业界对工程师知识和能力的需求也很难通过认证和注册标准反馈到教育系统中。因此,在我国构建工程教育专业认证与工程师职业资格的衔接体系是十分必要和紧迫的。针对我国国情,借鉴英国经验,可从以下几方面着手开展此项工作。

1. 进一步理顺管理机制,加强部门之间的沟通协调,强化专业学会的力量

目前,认证工作主要由教育部门主管,职称和职业资格则由人事部门负责,部门之间尚未形成有序的沟通和协作。应进一步理顺管理机制,建立起部门之间的长效沟通机制,成立由相关领导负责、专人沟通联络的工作小组,定期就衔接问题举行联合办公会进行协商。此外,在具体的认证和注册工作中,应借鉴英美等发达国家的普遍经验,明确政府部门监督评估和规则制定的定位,进一步强化工程专业学会第三方机构的力量,加强学会在学位资格认定、认证标准和职业资格标准确立、认证评审小组成员构成等方面的参与,以及在工程人才职业发展路径过程中的指导作用,使学会充分发挥行业代表的力量,扮演好教育界和工业界沟通桥梁的角色。

2. 进一步明晰工程职业发展路径,建立起全国层面的工程师职业资格体系

我国工程科技人才队伍规模巨大,多年来一直实行工程师职称评定制度。职称评定按行政系统规则由单位自行开展,并无统一标准,质量难以保证;职称与从业岗位之间缺乏必然联系。近年来,国家一直在推进相关制度的改革,已在部分工程行业建立了注册工程师制度,例如,建筑领域内的注册建筑师和结构工程师,但目前尚没有建立起全国层面的工程师注册制度和职业资格体系①。随着我国工程建设规模和投入的不断加大,工程职业复杂性和科学性要求的不断提高,以及全球化背景下工程职业国际流动的日益频繁,建立全国层面的工程师职业注册制度成为一项关系到国计民生的紧迫任务。此外,通过建立工程职业资格阶梯,明确工程师的职业发展路径,可以进一步增强工科毕业生选择工程职业的目标性和

---

① 李茂国,张彦通,张志英. 工程教育专业认证:注册工程师认证制度的基础. 高等工程教育研究,2005(4).

自信心。

3. 进一步完善认证体系，加快硕士层次专业认证标准和制度的确立

目前，大部分国家和国际认证组织的工程教育专业认证主要针对本科层次，但随着世界范围内受教育水平的普遍提高以及工程问题复杂性程度的不断加深，提升工程职业的教育基础要求，开展硕士层次的工程教育专业认证将是一种趋势。我国已成为《华盛顿协议》正式成员，本科层次认证标准和制度已初步确立并在不断完善之中，可以考虑加快建立硕士层次的专业认证标准和制度，统筹布局，进一步细化和丰富我国工程教育专业认证体系，使其更加高效和完善。

4. 进一步明确已认证专业和职业资格间的对应关系，统一认证标准和职业资格标准

未来应进一步明确，申请者在申请成为注册工程师时，需具备相应的已认证专业的学历和学位。通过这一教育"门槛要求"，在制度上确立起专业认证和工程职业资格之间的衔接机制。同时，也应为尚未达到教育"门槛要求"的申请人预留特别申请通道和未来发展空间。此外，需统筹考虑如何制定工程教育专业认证标准和工程师职业资格标准，将二者根植于各层次工程从业人员应具备的知识、能力和素质这一背景之下，并且通过建立起认证专业与职业资格之间的对应关系，实现认证标准与职业标准两个体系内部纵向的升级，以及相互之间横向的衔接。

（原载《中国大学教学》,2017 年第 2 期）

后　　记

近年来，我国高等工程教育有了很大的发展。国家将提高教育的质量列为高等教育的首要任务，把加强高等工程教育与工业企业界的联系作为工程教育改革的重要举措。目前，高等工程教育专业认证在国际上得到了越来越多国家或地区的重视，作为具有国际实质等效性的中国高等工程教育专业认证制度的建立是促进我国高等工程教育质量的提高，促进我国工程教育的国际互认和注册工程师制度改革的重要机制和手段。因此，高等工程教育专业认证的工作得到了我国政府和有关部门的高度重视。

在教育部、中国工程院、清华大学等单位的大力支持下，经过教育部和中国工程院的立项，我们从 2005 年 2 月至 2006 年 10 月，组织了清华大学相关部门的学者和专家一同就"建立具有国际实质等效性的中国高等工程教育专业认证制度"课题进行了深入的研究。为了做好本课题的研究，课题组还组织专家组对德国高等工程教育及其认证制度进行了专门考察。此后，本课题研究的相关内容曾经在教育部组织的"工程师制度改革对工程教育影响"座谈会（2005 年 4 月）、中国高等工程教育研究会 2006 年年会（2006 年 8 月，昆明）等会议上进行了大会交流，得到了不少领导和专家的关注与帮助。

作为我国工程教育认证体系构建的亲历者，我们试图通过对认证体系的构建过程与完善进行总结回顾，作为今后继续深入推进这项事业的参考。

本课题在研究过程中，得到了清华大学校长顾秉林、教育部副部长吴启迪、中国工程院副院长朱高峰和杜祥琬等领导的关心和指导；教育部的有关领导和一些兄弟院校的同志们对本研究给予了大力支持和帮助；清华大学的有关教师陈皓明、袁本涛、李曼丽、刘惠琴、沈岩、乔伟峰、徐立辉、孔钢城、郑娟等参与了本课题的研究工作。

在此，对所有领导和同仁们的帮助和支持一并致谢！

编著者

2021 年 6 月于清华园